Renate Syed

„Ein Unglück ist die Tochter“

Renate Syed

„Ein Unglück ist die Tochter“

Zur Diskriminierung des Mädchens im alten und im heutigen Indien

2001
Harrassowitz Verlag · Wiesbaden

Der Umschlag zeigt eine Wandmalerei der Frauen des Warli-Stammes, der in der Küstenregion des nördlichen Maharashtra lebt. Die ausschließlich von Frauen angefertigten Malereien auf Wänden, Stoffen und neuerdings auf Papier dienen rituellen und religiösen Zwecken; die Warli-Frauen fungieren als Magierinnen und Priesterinnen.
Die Abbildung ist dem Buch von Roxana Lehri, *Folk Designs from India*, Amsterdam and Singapore 1999, entnommen und wird mit freundlicher Genehmigung der Pepin Press, Amsterdam, wiedergegeben.

Die Deutsche Bibliothek - CIP-Einheitsaufnahme
Ein Titeldatensatz für diese Publikation ist bei Der Deutschen Bibliothek erhältlich

Die Deutsche Bibliothek - CIP Cataloguing-in-Publication-Data
A catalogue record for this publication is available from Die Deutsche Bibliothek

e-mail: cip@dbf.ddb.de

Gedruckt auf alterumgsbeständigem Papier.
Druck und Verarbeitung: WS-Druckerei Werner Schaubruch, Bodenheim
Printed in Germany

ISBN 3-447-04334-2

Danksagung

Ich danke Herrn Perry Schmidt-Leukel, einst München, jetzt Glasgow, für den Hinweis auf einige Stellen in der buddhistischen Literatur. Ich danke auch Herrn Uwe Dubielzig, München, für seine scharfsinnigen Anmerkungen zu einer frühen Fassung dieser Arbeit. Mein Dank gilt daneben Herrn Hubert Filser und Frau Johanna Dichtl, beide am Lehrstuhl für Religionspädagogik der Universität München, für ihre Hilfe hinsichtlich der hebräischen Bibel und Thomas von Aquin sowie für menschlichen Beistand.

Meinen besonderen Dank möchte ich meinen Studentinnen und Studenten für Dialog, Anregungen und Kritik während und außerhalb der Vorlesungen aussprechen; allen voran danke ich Herrn Oleg Kosizkij, München, für seine unschätzbare Hilfe bei der Formatierung des Textes. Zu Dank verpflichtet bin ich auch Frau Barbara Krauß vom Harrassowitz Verlag für ihre sorgfältige Überarbeitung des Typoskriptes und für ihre konstruktive Kritik.

München, Januar 2001 Renate Syed

Inhalt

Vorwort 9

Einführung 27

I. Die Diskriminierung des weiblichen Ungeborenen und Kindes im heutigen und im alten Indien 43

1. Präkonzeptionelle Geschlechtsbeeinflussung 45
   Das heutige Indien 45
   Das alte Indien 47

2. Pränatale Geschlechtsbestimmung und Abtreibung 63
   Das heutige Indien 63
   Das alte Indien 67

3. Mädchen-Infantizid 83
   Das heutige Indien 83
   Das alte Indien 87

4. Die Benachteiligung weiblicher Säuglinge und Kinder 93
   Das heutige Indien 93
   Das alte Indien 103

5. Kinderehe 111
   Das heutige Indien 111
   Das alte Indien 116

II. Die traditionellen Grundlagen der Diskriminierung des Mädchens 127

1. Die Bevorzugung des Sohnes 129
   Vater und Sohn 129
   Mutter und Sohn 142

2. Die Ablehnung der Tochter 159

III. Indiens Töchter heute 175

1. Indiens unerwünschte Töchter 177

2. Indiens fehlende Töchter 199

IV. Und anderswo? 207

Ausblick 223

Literatur 225

Vorwort

Die vorliegende Untersuchung versteht sich in der Tradition der Arbeit „Die Frau in den indischen Religionen. I. Teil: Die Frau im Brahmanismus“ von MORITZ WINTERNITZ, die 1920 in Leipzig erschien. WINTERNITZ, zu jener Zeit Professor der Indischen Philologie und der Ethnologie an der deutschen Universität in Prag, behandelte die Stellung der Frau als Tochter, Gattin, Mutter und Witwe in der altindischen Kultur und ging gleichzeitig auf die Lage der Mädchen und Frauen im Indien seiner Zeit ein. Er untersuchte den Mädchen-Infantizid, die Kinderehe, die Stellung der Witwe und die Witwenverbrennung, zog neben der altindischen Literatur zeitgenössisches Material, vor allem die Census und die Statistiken der Briten heran (S. 24f.) und stellte Vergleiche mit anderen Kulturen an. Auch die vorliegende Arbeit versucht die heutige Lebenssituation indischer Mädchen in ihrer Abhängigkeit von der altindischen Tradition aufzuzeigen, und stützt sich auf die altindischen Texte sowie auf neue, meist in Indien erschienene Publikationen zu den einzelnen Themen und betrachtet vergleichbare Vorstellungen in anderen Gesellschaften.

Eine erneute Behandlung des Themas erscheint mir angesichts der Situation vieler indischer Mädchen in jüngster Zeit angebracht. In den achtzig Jahren, die seit der Veröffentlichung der Arbeit WINTERNITZs vergangen sind, hat sich die Lage eines Großteils der indischen Mädchen und Frauen trotz der liberalen Gesetzgebung der Republik Indien, des wirtschaftlichen Aufschwungs und engagierter Sozialarbeit nicht wesentlich verbessert. Die in den altindischen Texten dargelegten Vorschriften und Lebensformen sind keinesfalls bedeutungslos geworden, sondern in weiten Kreisen der heutigen indischen Gesellschaft immer noch maßgebend. Hinzu kommt, daß im andauernden Prozeß der sogenannten ‚Sanskritization‘, der Übernahme brahmanischer Glaubensinhalte und Lebensformen durch andere Kasten und Stämme, Praktiken wie die Mitgift übernommen werden und hierdurch die Frauenfeindlichkeit zunimmt. So schreibt der indische Soziologe SRINIVAS: „Sanskritization results in harshness towards women. [...] Sanskritization results in increasing the importance of having sons by making them a religious necessity.“ (S. 46f.) Die indischen Stämme, die meist weder die Töchterfeindlichkeit noch die Mitgift kennen (siehe BHANTI), übernehmen „practices of a surrounding mainstream Hindu society" und damit die Unterdrückung der Frauen und die Ablehnung von Töchtern (PUNALEKAR S. 61). Nach A. R. Momin, Professor an der Universität Bombay, setzt sich bei den Khasis, den Garos, den Juntia, den Nairs und anderen Gruppen mit matrilinearer Tradition die patriarchalische brahmanische Tradition und damit die Geringschätzung der Frau durch (nach CHATTERJI S. 129). Und schließlich kämpfen konservative und fundamentalistische Gruppen, darunter die Hindu-Nationalisten, für die Beibehaltung oder, wo sie es für nötig halten, für die Erneuerung der Traditionen.

Im Gegensatz zu dem Buch WINTERNITZs bedarf die vorliegende Arbeit einer Rechtfertigung. Der westliche Indologe kann in unseren Tagen eine Arbeit, in der die indische Kultur und die indischen Menschen des Altertums oder der Neuzeit betrachtet und in ihrer Situation beurteilt werden, nicht mehr mit der Selbstverständlichkeit und Selbstsicherheit vorlegen, wie sie in der Zeit WINTERNITZs bei europäischen Orientalisten anzutreffen waren. Der wissenschaftliche Blick des Westens auf die östlichen Kulturen wurde in den letzten fünfundzwanzig Jahren einer harschen Kritik von seiten der Literatur- und Kulturtheorien, vornehmlich der postkolonialen und der feministischen Theorien, unterzogen. Bekanntlich hat der Literaturwissenschaftler E. W. SAID in seinem 1978 erschienenen Buch „Orientalism" den in der neuzeitlichen westlichen Orientalistik entstandenen wissenschaftlichen Diskurs über die orientalischen Kulturen als eine neue, mehr oder weniger verschleierte Form des geistigen Kolonialismus kritisiert.[1] Nach SAID besteht das Ziel dieses westlichen Diskurses, der nach seiner Auffassung überheblich und nicht selten von einer abwertenden Darstellung des Orientalen als des ‚Anderen' geprägt ist, in einer von bewußten und/oder unbewußten Projektionen bestimmten Konstruktion einer minderwertigen ‚orientalisierten' Kultur, eines ‚Orients', die zur Erhöhung der westlichen Kultur und ihrer Hegemonieansprüche dienen soll: „European culture gained in strength and identity by setting itself off against the Orient." (1978, S. 3) Es geht, so SAID, um die Herstellung des Gegensatzes „Europe, the West, ‚us', und „the Orient, the East, ‚them'." (ebd. In seinem 1993 erschienenen Buch Culture and Imperialism gab SAID dieses strikte Konzept binärer Oppositionen von Kolonisator:Kolonisierter, Selbst:Anderer und Ost:West zugunsten einer differenzierteren Betrachtung kultureller Heterogenität und Hybridität auf.)

Seit den achtziger Jahren untersuchen indische und amerikanische Wissenschaftler, hauptsächlich Philosophen, Psychologen, Literaturwissenschaftler und Indologen unter dem Einfluß der ‚Orientalismus'-Debatte das postkoloniale Bild ‚Indien' kritisch. Nach dem indischen Psychologen NANDY stellt die westliche Konstruktion ‚Indien' das Gegenbild oder die Umkehrung des ‚Westens' dar und dient dazu, des Westens dunkle Seite, den verdrängten ‚Schatten' („shadow"), abzubilden; da das der Aufklärung verpflichtete westliche Denken das Mystische, Spirituelle, Weibliche, Poetische ablehne und unterdrücke, um der Forderung nach dem rationalen, emotionsfreien Wissenschaftler gerecht zu werden, projiziere der Orientalist und Indologe, so NANDY, die genannten Eigenschaften auf den angeblich irrationalen, verweiblichten Orientalen, der als „religious but superstitious, clever but devious, chaotically violent but effeminately cowardly", oder als „superstitious but spiritual, uneducated but wise, womanly but pacific", also je nach Bedürfnis abwertend oder überhöht, dargestellt werde (1983, S. 71f.). Die Auseinandersetzung mit dem westlichen kolonialen und postkolonialen Bild Indiens führte auch zu einer Kritik der Indologie. So wirft INDEN der Indologie Essentialismus vor: „Inden [...] suggests that Indological analysis functions to portray Indian thoughts, institutions and practices as aberrations or distortions of normative (i. e. Western) patterns of behaviour. [...] Inden also suggests that the essentialism inherent in most Orientalist discourses should be comprehensively refuted." (KING S. 90 und S. 92)[2] Westliches Denken oder Schreiben über Indien ist dieser Sicht zufolge stets eine Form der Anmaßung, da Indiens Kultur aus eurozentrischer Perspektive mit dem Anrecht auf Bewertung und immer den eigenen Bedürfnissen entsprechend selektiv wahrgenommen und essentialistisch dargestellt werde: „Simplicistically speaking, we can speak of two forms of Orientalist discourse, the first, generally antagonistic and confident in European superiority, the second, generally affirmative, enthusiastic and suggestive of Indian superiority in certain key areas. Both forms of Orientalism, however, make essentialist judgements that foster an overly simplicistic and homogenous conception of Indian culture." (ebd. S. 116) Hiernach ist eine bewundernde oder verklärende Darstellung der Kultur des alten und des modernen Indien ebenso überheblich und anmaßend wie ihre kritische Beurteilung. Eine derart verallgemeinernde, im Falle INDENs teilweise polemische Kritik an der zwei Jahrhunderte alten Indologie muß angesichts ihrer verschiedenen Standorte, Epochen, Schulen, Gegenstände, Methoden und Motivationen, aber auch im Hinblick auf ihre unterschiedlichen Forscherpersönlichkeiten als oberflächlich und zu allgemein (sprich: essentialistisch[3]) und daher teilweise als ungerechtfertigt angesehen werden. Dennoch sollte man die folgenden Einwände INDENs bei der eigenen indologischen Arbeit stets im Auge behalten: „[...] Indological discourse transforms Indians into subjugated objects of a superior (i. e. high-order) knowledge, which remains in the possession of the Western Indological expert." (ebd. S. 90) Bereits nach SAID ist das „Erklären des Orients" („explaining the Orient") durch den Orientalisten ein grundlegendes Kennzeichen des Glaubens an seine intellektuell höhere Position; hieraus ergibt sich für SAID die oftmals arrogante Haltung des westlichen Orientalisten, der sich den Orientalen bewußt oder unbewußt überlegen fühlt (KING S. 94 und ROBBINS S. 50).

Auch die feministische Betrachtung und Interpretation der orientalischen Kulturen ist Gegenstand der Kritik. Feministinnen kritisieren ebenfalls die Konstruktion eines „Orients" durch die westliche Kulturwissenschaft und die feministische Kulturkritik. JUDITH BUTLER etwa schreibt: „Darüber hinaus versucht sie [die feministische Theoriebildung, R. S.], gleichsam eine sogenannte ‚Dritte Welt', ja einen ‚Orient' zu konstruieren, indem sie unterschwellig die Geschlechter-Unterdrückung als symptomatisch für eine wesentlich nicht-westliche Barbarei erklärt." Die nichtwestlichen Kulturen, so BUTLER, würden hierbei geistig kolonialisiert (S. 19). Tatsächlich betrachtet die Mehrzahl der feministischen Theoretikerinnen das Patriarchat (die vaterrechlich organisierte, die Dominanz des Mannes sichernde Gesellschaftsform) jedoch eher als eine in allen Kulturen herrschende „Barbarei". Bei den *gender studies* oder ‚Frauenstudien' geht es gerade nicht um die Verteufelung einer bestimmten Kultur zum Zwecke der Relativierung oder Verharmlosung der Mißstände in anderen Gesellschaften oder in der jeweiligen Herkunftskultur, ihr Anliegen ist es vielmehr, die ‚eigenartigen' Diskriminierungsformen der untersuchten Kultur aufzuzeigen. Die Frauenfeindlichkeit und die mit ihr einhergehenden Benachteiligungen werden von den meisten Feministinnen als in allen patriarchalischen Gesellschaften auftretende Universalien verstanden.

Ernst zu nehmen sind jedoch die Einwände der Inderinnen SPIVAK und MOHANTY, die dem westlichen Feminismus die Konstruktion einer südasiatischen Frau vorwerfen, die in dieser essentialistisch beschriebenen Form nicht existiere und die zum Forschungsobjekt werde, ohne selbst zu Wort zu kommen. Für GAYATRI CHAKRAVORTY SPIVAK, gebürtige Bengalin und heute in den Vereinigten Staaten lehrende Anglistin und Literaturtheoretikerin, war und ist die Inderin einer zweifachen Unterdrückung ausgesetzt: Sie war einst das Opfer der einheimischen patriarchalischen Tradition und des Kolonialismus und ist heute das Opfer des indischen Patriarchats und des eurozentrischen Blicks des westlichen Subjekts („the subject of the West, or the West as Subject", 1988, S. 271) auf die Inderin, die nach SPIVAK durch und für den westlichen Feminismus zum „gendered subaltern" wird.[4] In ihrem bekannten, 1985 veröffentlichten Aufsatz „Can the Subaltern Speak?" kommt SPIVAK zu dem Ergebnis, die indische Frau sei zur Sprachlosigkeit verdammt, der Diskurs über sie bringe sie zum Verschwinden. Angesichts dieser Erkenntnis hat die Intellektuelle die Aufgabe, die Lage der indischen Frau zu beschreiben; der Aufsatz endet mit den Worten: „There is no space from which the sexed subaltern can speak. [...] The subaltern cannot speak. [...] The female intellectual has a circumscribed task which she must not disown with a flourish."[5]

Diese Kritik an der westlich-feministischen Interpretation östlicher Kulturen steht nicht allein. In Analogie zur Theorie SAIDS, der abendländische Diskurs über den ‚Orient' sei aus dem (unbewussten) Bedürfnis entstanden, durch die Konstruktion des Orientalen als eines ‚Anderen' die eigene westliche Identität zu stärken und den Kolonialismus sowie den postkolonialen abendländischen Herrschaftsanspruch zu rechtfertigen, argumentiert die Inderin CHANDRA TALPADE MOHANTY in Hinblick auf im Westen entstandene feministische Arbeiten: „Without the overdetermined discourse that creates the *‚third world'* there would be no (singular and privileged) first world. Without the ‚third-world woman', the particular self-presentation of western women [...] would be problematical." (1993, S. 215f.) MOHANTY kritisiert hauptsächlich die westlich-feministische Konstruktion einer ‚Frau' („‚Woman' – a cultural and ideological composite Other constructed through diverse representational discourses (scientific, literary, juridical, linguistic, cinematic etc.) […]", die mit den realen südasiatischen Frauen der Vergangenheit und der Gegenwart nichts zu tun habe. (1985, S. 334. Konsequenterweise hat MOHANTY mehrere Sammlungen zeitgenössischer Kurzgeschichten indischer Autorinnen herausgegeben.) Die Kritik an SPIVAK und MOHANTY möchte ich der Inderin LEELA GANDHI überlassen, die schreibt: „[…] Talpade Mohanty and Spivak each idealise and essentialise the epistemological opacity of the ‚real' third-world woman. […] it is also worth noting that each of the critics under consideration [MOHANTY und SPIVAK, R. S.] is guilty of the sort of reversed ethnocentrism which haunts Said's totalising critique of Orientalism." (S. 88)

Das indische Mißtrauen angesichts der Arbeiten westlicher Frauen über indische Frauen ist gerechtfertigt, wenn man das 1927 erschienene Buch „Mother India" der Engländerin KATHERINE MAYO betrachtet. Bei ihrer zum Teil unrealistischen und dramatisierenden Beschreibung des Leidens indischer Kindehefrauen, Kindmütter und Witwen behandelt MAYO unter anderem die sexuellen Praktiken und angeblichen Grausamkeiten indischer Männer. Das Buch wurde innerhalb und außerhalb Indiens, vor allem bei britischen Lesern, zu einem Bestseller, weil es zum einen unter dem Deckmantel der Aufklärung von Mißständen die stark tabuisierte Sexualität behandelte und zum anderen die indischen Männer generell als brutal und unfähig darstellte; allein 1927 erschienen acht Auflagen, 1986 wurde es erneut aufgelegt. Da das Buch zu einem Zeitpunkt erschien, als die indische Nationalbewegung erstarkte und die britische Herrschaft in Indien ins Wanken geriet, war die von MAYO vorgebrachte Kritik an den indischen Männern und den kulturellen Mißständen des Landes bei den Briten überaus willkommen. In der in London erscheinenden Zeitung New Statesman and Nation war zu lesen, das Buch zeige „the filthy personal habits of even the most highly educated classes in India – which, like the denigration of Hindu women, are unequaled even among the most primitive African or Australian savages." (zitiert nach LOOMBA S. 171) Das Buch wurde nur deshalb so positiv rezipiert, weil es dazu benutzt werden konnte, die britische Herrschaft über Indien, ein Land mit angeblich barbarischen Sitten (deren ausführliche Darlegung durch MAYO der Leser gleichzeitig lustvoll und empört genießen durfte), zu legitimieren. Ein britischer Rezensent konnte daher schreiben, das Buch MAYOS „[makes] the claim for *Swaraj* (self-government) seem nonsense and the will to grant it, almost a crime." (zitiert nach THARU und LALITHA S. 47)[6] MAYOS Buch läßt jedoch Mitgefühl und Sympathie für die indischen Frauen erkennen, wenn sie auch zu Pauschalurteilen und Verallgemeinerungen neigt. Daß sie aus unreflektierter eurozentrischer und selbstgerechter Perspektive urteilt, kann man der Autorin angesichts der Zeit, in der sie schrieb, nur bedingt vorwerfen; kritikwürdig ist jedenfalls die voyeuristische Betrachtung (angeblich) indischer Sexualität, die sie dem Leser ermöglicht. Das Buch MAYOS ist ein gutes Beispiel für die perfide Methode der Kolonialherren, die kolonialisierte Kultur dadurch zu diffamieren, daß sie sich mit dem Anspruch, Befreier zu sein, scheinbar für die Unterdrückten der Unterdrückten einsetzen: für die einheimischen Frauen, die es aus der Barbarei des (in diesem Falle) indischen Patriarchats zu befreien gilt. SPIVAK hat diese Methode in dem Satz „White men are saving brown women from brown men" brilliant charakterisiert (1985, S. 296).[7]

Dürfen Nichtinder die indische Kultur überhaupt bewerten? Ein indischer Psychologe meinte, die Publikation eines Buches wie des vorliegenden habe nur dann eine Berechtigung, wenn es, von einem Inder oder einer Inderin verfaßt, in Indien erschiene, weil die Publikation nur in diesem Falle ein politischer Akt sei. Ansonsten sei der Text: „liable to a critique from the culturalist corner that believes however unjust, oppressive or disgusting a cultural practice may appear to an outsider, it can only be evaluated within the framework of its own culture." (Briefliche Mitteilung) Angesichts meiner Überzeugung, die in Indien anzutreffenden Diskriminierungen gegenüber Mädchen und Frauen seien nicht spezifisch indisch, sondern patriarchalisch und in Indien nicht wesentlich anders und dramatischer als anderswo (siehe dazu den Teil IV), gibt es für mich keine indischen oppressiven oder abstoßenden Praktiken, die sich einem westlichen Verständnis entziehen oder die nicht auch von einem westlichen Standpunkt aus erörtert werden könnten. (Abgesehen von der in dieser Arbeit nicht behandelten Witwenverbrennung sind alle Formen der Diskriminierung von Mädchen und Frauen auch in anderen Kulturen, einschließlich der westlichen, bekannt.) Die Theorie, nur ein Einheimischer könne seine Kultur verstehen und beurteilen (und die Darstellung durch einen Außenseiter stelle, da sie unpolitisch sei, a priori eine Diffamierung dar), ist nichts anderes als Ethnozentrismus, wobei der tadelnde Blick diesmal von Osten nach Westen geht.[8] Ein Dialog wird dadurch, wie LEELA GANDHI zu Recht bemerkt, unmöglich: „The figure of the ‚feminist imperialist' – much like that of the ‚third-world woman' – fractures the potential unity between postcolonial and feminist scholarship." (S. 91)

Auch die westliche Indologie beurteilt die kritische Auseinandersetzung mit Indien bisweilen negativ. Für den Indologen MICHAELS sind „Kindesaussetzungen und -tötungen, leibeigenschaftliche Kinderarbeit, absichtliche Verkrüppelungen für die Bettelei, mangelnde Pflege im Krankheitsfall und die hohe Kindersterblichkeit" in Indien Ausnahmen, für ihn gilt: „Nur auf die abschreckenden Extreme zu schauen, ist eine Variante des Exotismus, seine negative Form." (1998, S. 116) MICHAELS ist nach eigenen Angaben bemüht, den „Normalfall" indischer Kindheit zu beschreiben, ist sich aber gleichzeitig bewußt, daß der Normalfall empirisch nicht vorliegt, sondern „schon ein Theorem, eine Abstraktion und eine Vereinfachung, ein Idealtyp im Sinne Max Webers, eine soziale Tatsache im Sinne Emile Durkheims" ist (ebd.). MICHAELS hat selbstverständlich Recht, wenn er in einem allgemein gehaltenen Buch, das dem westlichen Laien den „Hinduismus in Geschichte und Gegenwart" (so der Titel) nahebringen will, das Normale und nicht die Abweichung oder das Extreme darlegt. Er hat auch Recht, wenn er davon ausgeht, die Mehrheit der indischen Menschen repräsentierten den Normalfall. Im Gegensatz zu ihm glaube ich aber nicht, daß Gewalt und Diskriminierungen in Indien Ausnahmen sind, sondern daß sie eine nicht unwesentliche Minderheit treffen, deren Ausmaß jedoch nicht zu bestimmen ist. Diese Positionen sollten aber nicht dazu führen, Arbeiten, die eine kritische Behandlung einzelner kultureller Erscheinungen vornehmen, als Ergebnisse eines negativen Exotismus zu bewerten, zumal dann nicht, wenn das vordergründig „Exotische" Indiens nicht als etwas Fremdes und Kurioses verstanden, sondern als das in vielen patriarchalischen Kulturen Übliche erkannt und dargestellt wird, oder wenn es nicht bei der Beschreibung des „Exotischen" bleibt, sondern eine historische Deutung versucht wird. Beide Sichtweisen, die auf den Normalfall wie die auf den Sonderfall, müssen gestattet sein, wobei beide Standpunkte das jeweilige andere Verständnis der Dinge nicht aus den Augen verlieren sollten.

Darf es angesichts dieser zahlreichen Einwände überhaupt noch westliche Arbeiten über Indien geben? Ist eine Kritik an Indien per se eurozentrisch und eine Fortsetzung des überheblichen kolonialen Blicks? Eine profunde Kenntnis der altindischen Kultur, ihrer Sprache und ihrer Texte, Erfahrungen im Lande, Gespräche mit Indern und Inderinnen und eine von Respekt für Indien und seine Menschen bestimmte Grundhaltung sind nach meinem Verständnis die Kriterien, die dem westlichen Indologen und der Indologin das Arbeiten über das indische Altertum und die Moderne auch angesichts der genannten Einwände und auch in Zukunft gestatten. Eine kritische Betrachtung und Bewertung einzelner Erscheinungen der indischen Kultur muß möglich bleiben, vor allem, wenn als Informanten und Kritiker hauptsächlich Inder und Inderinnen zu Wort kommen wie in der vorliegenden Arbei. Ich habe, wo immer dies möglich war, indischen Autoren und vor allem Autorinnen zitiert,[9] denn ihnen kann man von europäischer Seite nicht unterstellen, ihr Blick sei verzerrt, oder sie mißverstünden oder mißinterpretierten indische Phänomene.[10]

So neu ist die selbstkritische Einsicht, Indien ließe sich aus westlicher Perspektive nur bedingt verstehen, nicht. So stellt JOHANN JAKOB MEYER sich in dem 1914 verfaßten Vorwort zu seinem Buch über „Das Weib im altindischen Epos" die Frage: „Ob es aber in allem der Wahrheit entspricht, so sehr ich auch die Quellen selber reden lasse? Wie wenig können wir doch von dem eigentlichen Wesen dahingegangner Zeiten und Menschen, ja sogar gewöhnlich von dem der heutigen, w i r k l i c h w i s s e n !" (S.VIII; Hervorhebung im Original) Und er fügt eine indische Aussage über die Unmöglichkeit, die Wahrheit zu erkennen, an: „Sarvā vidyā viḍambakā, erkannten schon die alten Inder, ‚alles Wissen und alle Wissenschaft ist äffender Trug'." (ebd.) Seine anschließende Bemerkung – „Uns bleibt nur Lessings bescheidnes und doch wunderbar erhebendes Wort vom S t r e b e n nach der Wahrheit" – gilt selbstverständlich auch für die vorliegende Arbeit.

Man muß sich jedoch bewußt bleiben, daß die Bearbeitung eines Themas immer eine selektive Auswahl an Textstellen bedeutet und daß man niemals die Wahrheit, sondern immer nur Ausschnitte, Repräsentationen, liefern kann. Es war daher von großer Bedeutung, jede Aussage über das alte Indien durch mindestens eine, wenn möglich mehrere indische Textstellen zu belegen und eigene Erklärungen sowie

Spekulationen als solche auszuweisen. Aber schließlich gilt: „[...] if *everything* is representation, then representation is not a scandal. Or if *all* representation is a scandal, then no particular representation is especially scandalous.“ (ROBBINS S. 54)

Die teilweise generalisierenden Aussagen in dieser Arbeit müssen Widerspruch hervorrufen: Indien hat mehr als eine Milliarde Menschen und ist eine überaus heterogene Gesellschaft, und dies verbietet verallgemeinernde Aussagen. Wie hoch die Zahl der von den einzelnen Mißständen betroffenen Mädchen ist, läßt sich nicht feststellen, es kann aber kein Zweifel daran bestehen, daß nicht wenige der ungeborenen und geborenen Töchter Indiens Diskriminierungen ausgesetzt sind; ob dies aber, wie einige indische Autoren und Autorinnen meinen, die Mehrzahl der indischen Mädchen ist, erscheint fraglich. Es gilt, die Relationen im Auge zu behalten: So hoch und erschreckend die Zahlen der abgetriebenen weiblichen Föten, der Fälle von Mädchen-Infantizid, der Vergewaltigungen und der Mitgiftverbrechen als absolute Zahlen auch sind, so gering fallen sie aus, wenn man sie an der hohen Bevölkerungszahl Indiens mißt.

Es mag schwer sein, den negativen Zahlen und Berichten Glauben zu schenken. Besonders westliche Zuhörer meiner Vorträge zu diesem Thema bezweifelten nicht selten die geschilderte Situation indischer Mädchen. Es ist jedoch zu bedenken, daß der westliche Besucher, der Tourist wie der Wissenschaftler, soweit er nicht Ethnologe ist und in Dörfern lebt, bei seinen Indienaufenthalten kaum mit den Menschen, die mit Diskriminierungen zu kämpfen haben, in Berührung kommt. Er lernt hauptsächlich gebildete, Englisch sprechende Männer und Frauen aus der städtischen Mittel- und Oberschicht kennen, und diese sind meist aufgeschlossen und äußern sich kritisch über die Traditionen. Die verbale Kritik an Traditionen wie der frühen Verheiratung der Töchter oder der Mitgift bedeutet jedoch nur selten deren konsequente Aufgabe, zumal diese Angelegenheiten nicht von Einzelnen, sondern von der ganzen Familie geregelt werden.[11] MURLI DESAI, Vorstand des Unit for Family Studies des Tata Institute of Social Sciences schreibt: „Kinship and the ethnic community have a strong hold on marriage and other family practises which perpetuate patriarchy. Individuals or families who deviate from the patriarchal norms often face ostracism.“ (S. 39) DESAI betont, es seien vor allem die älteren Frauen, die

die Durchsetzung der patriarchalischen Normen, die sie verinnerlicht hätten, überwachten.

Oftmals wird von Indern und von westlichen Besuchern betont, in der indischen Gesellschaft vollziehe sich ein tiefgreifender, auch das Geschlechterverhältnis betreffender Wandel. Es sollte jedoch nicht vergessen werden, daß beinahe 80% der indischen Mädchen und Frauen in den Dörfern und den städtischen Slums leben, und hier werden die Traditionen, die für zahlreiche Diskriminierungen verantwortlich sind, befolgt. Ob der wirtschaftliche und gesellschaftliche Wandel, der bei einigen in den Städten lebenden Gebildeten und Begüterten zu beobachten ist, die Mehrheit der Inderinnen und Inder betreffen wird, bezweifeln die meisten indischen und westlichen Soziologen, denn „der ländliche Raum ist nach wie vor der typische Lebensraum der Inder." (BRONGER S. 121) Die Anthropologin HELEN LAMBERT, die um 1985 fünfzehn Monate in einem rajasthanischen Dorf lebte, kehrte 1995 dorthin zurück und stellte fest, daß sich die traditionellen Vorstellungen und Praktiken bezüglich der Kasten, des Geschlechterverhältnisses und des Heiratssystems etc. nicht verändert hatten; als Ursachen für die Stabilität der Tradition nennt LAMBERT das Analphabetentum, den mangelnden urbanen Einfluß auf die Dörfer und die langsame Entwicklung der Infrastruktur in ländlichen Gebieten (S. 98).

Ein düsteres Bild zeichnen die Sozialwissenschaftler GOPALDAS und GUJRAL, nach denen ein sehr großer Teil indischer Mädchen unter schwierigsten Bedingungen aufwächst: „Since 80 percent of the Indian population lives in urban slums and rural areas, the girl child for this paper is defined as ‚a rural underprivileged girl'. […] Girl children in rural and slum areas live in unhealthy and insanitary environments with deleterious effects on their health, nutrition and growth as the health parameters of a girl keep on diverging from the standard levels as well as her male counterparts and ultimately become an unhealthy mother with serious implications for the health of the future generation." (S. 226)

Das Wirtschaftswachstum Indiens kommt der Mehrzahl der Menschen, vor allem aber den Mädchen und Frauen, nicht zugute; einen zunehmenden Wohlstand erlebt nur eine Minderheit. Der Sozialwissenschaftler und ehemalige Vizekanzler der Universität Delhi, K. D. GANGRADE, kommt in seinem Artikel „Social development and the girl child" zu dem Ergebnis, die soziale Entwicklung bleibe in Indien weit hinter dem wirtschaftlichen Aufschwung zurück, der für die meisten Mädchen und Frauen Indiens keine Verbesserung ihrer Lebenssituation bedeute: „Economic Development minus Social Development is No Development." (S. 70) GANGRADE belegt dies mit Zahlen: „Indians may be happy to know that the World Bank Report of 1994 has ranked India as the fifth developed of 132 countries. The Human Development Report, however, places India at the 135th position in a ranking of 173 countries. While the WBR ranking is based on purchasing power parity, the HDR ranking is based by combining indicators of life expectancy, educational attainment, and income." (ebd. S. 71) Auch SETH zufolge führen die wirtschaftlichen und in einigen Bereichen zu verzeichnenden sozialen Fortschritte Indiens nicht zu einer Verbesserung der Lage der Mehrheit der Mädchen: „A girl child remains a phenomenon of no change amidst myriad changes in social development. [...] She is only a remote shadow of the male. She remains and grows into womanhood without a right to individual expression or desire." (S. 108)

Die Berufstätigkeit von Frauen wird oft als Beweis für ihre Unabhängigkeit und Fortschrittlichkeit betrachtet. Doch für Indien wie für den Westen gilt: Daß eine Frau im Beruf steht oder sich in der Politik engagiert, bedeutet nicht, daß sie geistig oder wirtschaftlich unabhängig oder gar emanzipiert ist und sich für die Belange anderer Frauen einsetzt. SARKAR spricht von einem modernen, brahmanischen Patriarchismus, der es ermöglicht, ein traditionelles und religiös bestimmtes Leben, in dessen Mittelpunkt nach wie vor die Rolle der Frau als Ehefrau und Mutter steht, mit schulischer Bildung, Berufstätigkeit und sogar politischer Arbeit zu verbinden (S. 2162f.) Aber belegen nicht die berühmten Töchter Indiens, wie Indira Gandhi oder die langjährige Ministerpräsidentin Tamil Nadus, Jayalalitha, daß gebildete Frauen im modernen Indien unbegrenzte Möglichkeiten besitzen? SHOMA CHATTERJI weist darauf hin, daß die bedeutenden Politikerinnen Indiens, die oft als Beweis dafür herangezogen werden, daß die gebildete Frau in Indien nicht diskriminiert wird und alles erreichen kann, ihre Macht in den allermeisten Fällen durch den Status als Tochter oder Ehefrau eines bedeutenden Mannes erhielten: „Political power for most Indian women who have risen to prominence in politics, such as Indira Gandhi, Shalinitai Patil, Sucheta Kripalani,

Jayalalitha and now Laxmi Parvathi and Rabri Devi is the direct outcome of their close relationships with politically important men." (S. 103) Ohne die Verbindung zu dem jeweiligen Mann hätten diese Frauen kaum etwas erreicht; nicht weil sie nicht fähig gewesen wären, sondern weil sie als weibliche Einzelpersonen keine Möglichkeiten des Aufstiegs besessen hätten. Sarojini Naidu betonte immer wieder, sie verdanke ihre Redegewandtheit, ihre Ausbildung und ihre politische Karriere ihrem Vater Shri Aghore Nath Chattopadhyay (CHATTERJI S. 155), und Amarjit Kaur, die Tochter des Chief Ministers der damaligen Patiala-Punjab State Union, erhielt im Jahre 1976 einen Sitz in der Rajya Sabha, ohne an Wahlen teilgenommen zu haben (CHATTERJI S. 104). Auch Maneka Gandhi verdankte ihren Erfolg wesentlich dem Umstand, daß sie Sanjay Gandhis Witwe war (ebd.). Man spricht in Indien von „widow-cracy" und „daughter-cracy", weil die betreffenden Frauen ihre Macht in den meisten Fällen erst nach dem Tode ihres Mannes oder durch ihren alternden Vater erhalten. Jawaharlal Nehru hatte keine Tochter und die beiden Söhne des pakistanischen Staatsmannes Zulfikar Bhutto waren Schwächlinge, so daß beiden Männern nur die Töchter zur Weiterführung ihrer politischen Ambitionen blieben: Indira Gandhi[12] und Benazir Bhutto. Die Politikerin Neelam Gorne spricht in Hinblick auf diese politische Abhängigkeit von Ehemännern und Vätern von einer „intellektuellen Gewalt" der die betreffenden Politikerinnen ausgesetzt seien, weil sie stets als „hero-worshipper, listener, follower to a leader, perhaps [as] part of the lobby their husbands belong to" zu leben und zu handeln gezwungen seien (zitiert nach CHATTERJI S. 105). Nach CHATTERJI ist die Zugehörigkeit zu einer Familie, deren Mitglieder politisch tätig waren oder sind, fast unerläßlich; nur sehr wenige Politikerinnen kämen „directly from the grassroots level" (S. 103).

Der Versuch, die betroffenen indischen Frauen zu Wort kommen zu lassen, ist in jüngster Zeit mehrfach gemacht worden. Die Arbeit der Amerikanerin BUMILLER etwa, die während eines mehrjährigen Indienaufenthaltes mit indischen Frauen aus unterschiedlichen Gesellschaftsschichten gesprochen und ihre Lebenssituation ausführlich und aufschlußreich beschrieben hat, trägt wesentlich zum Verständnis der Lage der Mädchen und Frauen bei. Dies gilt auch für das Buch ANNA REITERS, die eindrucksvoll Einzelschicksale indischer Frauen schildert. Andererseits können die Schicksale einzelner Frauen nur beschränkt etwas über die eigenen Erfahrungen Hinausgehendes aussagen, auch ist der Kontakt zu den Frauen meist vom Zufall bestimmt und die Aussagen sind nicht repräsentativ. Wertvolle Quellen zum Verständnis der Situation indischer Mädchen und Frauen sind daher aus meiner Sicht Berichte von indischen Wissenschaftlern und Wissenschaftlerinnen sowie von Personen, die in der Praxis als Sozialarbeiter und Aktivisten, Ärzte, Krankenschwestern, Rechtsanwälte, Lehrer etc. gearbeitet haben und noch tätig sind, sowie – bei gebotener Skepsis hinsichtlich einiger Zahlen – die Veröffentlichungen von staatlicher Seite, einschließlich der Census. Die vorliegende Arbeit stützt sich hauptsächlich auf von indischen Autoren und Autorinnen stammende neuere wissenschaftliche Arbeiten, Statistiken und Forschungsberichte. Die Statistiken sprechen eine deutliche Sprache, selbst wenn man sie mit Vorsicht betrachtet: Sie dokumentieren den Frauenmangel und die Mädchensterblichkeit, die hohen Zahlen weiblicher Analphabeten und im Kindesalter verheirateter Mädchen, und vieles mehr.

Die das alte Indien betreffenden Aussagen habe ich durch Textzitate belegt, wie dies auch WINTERNITZ tat, und von ihm nicht berücksichtigtes Material herangezogen. Die vorgelegte Auswahl altindischer und zeitgenössischer Aussagen ist nicht selektiv und zielt nicht bewußt darauf ab, ein negatives Bild vom Status und von der Behandlung der Gesamtheit der indischen Töchter und Frauen zu konstruieren; Gegenstimmen wie Varāhamihiras Preisung der Frauen werden daher ebenso angeführt wie die Aussage des Buddha über den Wert der Tochter im Saṃyuttanikāya oder die Verse 1, 3 und 6 des Ṛgveda-Liedes 10.159, die von einer selbstbewußten Frau zu stammen scheinen oder eine solche zumindest beschreiben. Die zitierten altindischen Aussagen über Töchter und Frauen geben das mit Sicherheit gesellschaftlich weit verbreitete Frauenbild des indischen Altertums wieder, das in dieser Gestalt in den vorchristlichen Jahrhunderten entstanden ist und bis heute wirkt. Daß dieses Frauenbild vornehmlich negativ war, ist bedauerlich, aber nicht zu leugnen. So stellte WINTERNITZ fest: „Und die ganze indische und besonders die brahmanische Literatur ist voll und übervoll von Schmähungen gegen die Frauen.“ (1920, S. 45) So sieht es auch eine Betroffene, die Brahmanin RAMABAI SARASVATI, die in ihrem 1888 in Philadelphia erschienen Buch „The High Caste Hindu Woman“ schrieb: „I can say honestly and truthfully, that I have never read any sacred book in Sanscrit literature without meeting this kind of hateful sentiment about women." (S. 56)

Hinweis für die Leserinnen und Leser

Sanskritbegriffe werden bei ihrem ersten Erscheinen im Text erklärt. Bei der ersten Nennung eines altindischen Textes wird die im folgenden verwendete Abkürzung in Klammern angegeben; die Abkürzungen der altindischen Texte sind dem ersten Teil der Bibliographie zu entnehmen. Beim ersten Zitat eines altindischen Textes wird in der Endnote seine zeitliche Einordnung vorgenommen. Die Datierung der altindischen Werke erfolgte auf Wunsch des Verlages und ist angesichts der Verwendung von Textmaterial aus über 2000 Jahren auch sinnvoll. Allerdings ist die Datierung altindischer Werke schwierig, es können meist nur ungefähre Daten angeführt werden. Die Datierungen sind den Arbeiten indologischer Autoritäten wie MORITZ WINTERNITZ und JAN GONDA entnommen.

Anmerkungen

1 „An ‚Orientalist' is anyone who teaches, writes about, or researches the Orient – and this applies whether the person is an anthropologist, sociologist, historian or philologist [...]." SAID S. 2f. SAID geht von einem latenten sowie von einem manifesten Orientalismus aus; ersterer wird von unbewußten Bildern, Projektionen und Wertungen des Orientalisten über den Orient bestimmt, letzterer äußert sich in seinen Aussagen über die orientalische Gesellschaft, die Sprachen, die Literaturen, die Geschichte usw. Zur Kritik an SAID siehe KING S. 83ff. und S. 228ff. sowie PORTER.

2 Nach INDEN geht die Indologie prinzipiell von der Irrationalität der Inder aus und impliziert, Indiens kulturelle Produkte, vornehmlich die Texte, bedürften daher der Kritik, Analyse und Deutung durch die vom Geist der Aufklärung geprägten rationalen westlichen Wissenschaftler, die die indische Kultur besser verstünden als die Inder selbst (1986, S. 415 und S. 441).

3 INDEN wirft der Indologie Essentialismus vor, beurteilt die Indologen und ihre Arbeit aber seinerseits essentialistisch. So hat das Indienbild der

deutschen Indologie einen anderen Hintergrund und eine andere Geschichte als etwa das der britischen Indologie. (Mit der deutschen Orientalistik und Indologie setzte sich vor allem SHELDON POLLOCK kritsch auseinander.) Die teilweise einseitige und überzogene Kritik INDENs an der Indologie wird zu Recht von FOX kritisiert, S. 144ff.

4 SPIVAK beschreibt die Unsichtbarkeit der betroffenen Frauen anhand der im 19. Jahrhundert geführten Debatte über die Witwenverbrennung: Als Subjekte treten die betroffenen Inderinnen nicht in Erscheinung, sie bleiben abstrakte Verhandlungsobjekte zwischen den indischen Intellektuellen und den Briten.

5 Bereits SAID hatte von der Unsichtbarkeit des „wissenschaftlich bearbeiteten“ Orientalen gesprochen: „Orientals were rarely seen or looked at; they were seen through, analyzed not as citizens, or even people, but as problems to be solved or confined or – as the colonial powers openly coveted their territory – taken over.“ (S. 329) SPIVAK setzt sich kritisch mit dem bekannten Buch „About Chinese Women“ der französischen Philosophin Julia Kristeva auseinander, der sie Solipsismus vorwirft, da sie ohne wirkliche Kenntnis der chinesischen Kultur und der gesellschaftlichen Situation der Chinesin und ohne diese anzuhören und zu Wort kommen zu lassen, Fragen stelle und Antworten fände, die letztlich nur sie selbst, Kristeva, beträfen: „Her question, in the face of those silent women, is about her own identity rather than theirs.“ (1987, S. 137) Die Kritik SPIVAKs an Kristevas Buch über die Chinesin ist aus kulturwissenschaftlicher Sicht gerechtfertigt, weil Kristeva über keine sinologische Ausbildung verfügte und sich offenbar nur sehr kurz mit China auseinandersetzte. Auch in ihrem ebenfalls 1985 erschienenen Essay „Three women's texts and a critique of imperialism“ spricht SPIVAK vom Verschwinden der beschriebenen Frau der ‚Dritten Welt‘.

6 Während Gandhi und Tagore gelassen auf das Buch reagierten, waren einige indische Nationalisten empört und verbittert und antworteten mit heftigen Angriffen auf MAYO, die auch ins Persönliche gingen. Der anonyme Verfasser der noch 1927 erschienenen Streitschrift „Sister India“ bezeichnete sie als „an old maid of 49, and has all along, been absorbed in the attempt to understand the mystery of sex.“ (Anonymus S. 103f.) Der Autor vertrat die Meinung, die indischen Frauen bedürften der Hilfe westlicher Frauen nicht und deren Lebensstil sei für die Inderin nicht erstrebenswert (S. 163).

7 Siehe hierzu vor allem FANONs Buch A Dying Colonialism, in dem er zeigt, daß die Kritik der französischen Kolonialherren am algerischen Patriarchat das Ziel hatte, die algerische Freiheitsbewegung zu zersplittern.

8 Angesichts dieser Einwände stellt sich die Frage, wer wen verstehen kann und wer über wen schreiben darf; race, class, gender und nation sind nun auch die Wissenschaftler und Wissenschaftlerinnen betreffende Kriterien. SPIVAK spricht – wie zitiert – von „the female intellectual", was Männer als Schreibende über die indischen Frauen ausschließt. Der zitierte indische Psychologe schließt Nichtinder beider Geschlechter aus, da die Phänomene einer Kultur nur von ihren Angehörigen verstanden und beurteilt werden könnten. Da aber Kultur maßgeblich von der Religion bestimmt wird, stellen sich die Fragen: Dürfen alle Inder über alle Inder schreiben? Hindus über Muslime und umgekehrt? Und wer versteht und beschreibt die indischen Christen angemessen? Die anderen Inder als Angehörige derselben Gesellschaft oder die außerhalb Indiens lebenden Christen als Angehörige derselben religiösen Kultur? Ist die indische Christin eher als Christin zu verstehen oder als Inderin oder als Frau? Da die Kultur auch von der Klasse, der wirtschaftlichen Situation und der konkreten Lebens- und Arbeitserfahrung bestimmt wird, stellt sich aus einer anderen Perspektive die Frage, ob privilegierte, akademisch ausgebildete Inder und Inderinnen (Nichtinder und Nichtinderinnen schließen wir vorsorglich aus) in der Lage sind, über „the (gendered/sexed) subaltern" und sein/ihr Leben zu sprechen, vor allem, wenn jene im Ausland leben. Kann die Ausbildung in einer Kulturwissenschaft entscheidend sein? Verstehen nur Indologen und Indologinnen die altindische Kultur? Oder nur indische Indologen und Indologinnen, soweit sie Hindus sind? Auf der Welt-Sanskrit-Konferenz in Turin im April 2000 erklärte mir ein indischer Indologe brahmanischer Herkunft, nur männliche, in Indien geborene und ausgebildete Brahmanen besäßen die Voraussetzung für das Verständnis des Veda; jede Äußerung eines westlichen Indologen über den Veda sei falsch und ungültig. Zwischen ihnen, den Ultraorthodoxen, und den oben genannten Vertretern des ‚culturalist corner' besteht somit ein gewisses Einverständnis darüber, wer vom Diskurs ausgeschlossen werden darf.

9 Die in der vorliegenden Arbeit enthaltenen Daten und Erkenntnisse über das heutige Indien sind – abgesehen von einigen Aussagen auf der Grundlage von Gesprächen, die ich im Oktober 1999 mit Ärzten und Sozialarbeitern in Bombay und in Tamil Nadu führte – nicht das Ergebnis eigener Forschungen, sondern sie sind der Sekundärliteratur entnommen, die ausführlich und im Englischen zu zitieren ich als eine Notwendigkeit ansah. Meine zahlreichen Indienbesuche und langen Aufenthalte in Familien von Hindus und von Muslimen haben mich jedoch vieles gelehrt, das ich beiläufig einbringe.

10 Allerdings erscheinen die von einigen indischen Autoren und Autorinnen angeführten Zahlen über die Abtreibungen weiblicher Föten, über die durch den Infantizid fehlenden Töchter, über Vergewaltigungen und über den Mißbrauch an Mädchen bisweilen unglaubhaft hoch und bedürfen einer kritischen Rezeption. Ein Grund für derartige, jedoch Ausnahmen darstellende Übertreibungen ist sicherlich die Tatsache, daß es jeweils hohe Dunkelziffern gibt, die von Polizeiberichten und staatlichen Publikationen nicht erfaßt werden, so daß deren Angaben eher zu niedrig gegriffen sind und die Probleme, nicht immer willentlich, verharmlost darstellen (siehe hierzu DAVAR S. 106). Eine andere Ursache ist der verständliche Wunsch, eine nachhaltige Betroffenheit zu erzeugen und den dringenden Handlungsbedarf erkennen zu lassen. Ich schenke jedoch den meisten in der vorliegenden Arbeit zitierten modernen Quellen Vertrauen und gehe davon aus, daß die in dem Band „Girl Child in India" von den einzelnen Autoren und Autorinnen angewandten Methoden der Datenerhebung und -auswertung zuverlässig und richtig sind. Die Verfasser sind durchweg anerkannte Wissenschaftler und Wissenschaftlerinnen.

11 Weder Bildung, noch Reichtum, weder Urbanität, noch ein Studium im Ausland oder die Tätigkeit in einem akademischen Beruf bedingen eine kritische Haltung gegenüber der Tradition oder gar ihre Aufgabe. Ich kenne mehrere indische Akademikerinnen, darunter Ärztinnen und Professorinnen, die ihre jungen und jungfräulichen Töchter streng innerhalb ihrer Kaste verheiratet und mit einer hohen Mitgift ausgestattet haben, obwohl sie sich prinzipiell gegen das Kastensystem und die Mitgift aussprachen. Entscheidungen treffen in Indien in der Regel nicht die Individuen, sondern die Familien, weshalb sich der Einzelne dem Druck der Traditionen fast immer beugt. Der Anthropologe BETEILLE beschreibt die hohe Bedeutung, die die Kaste bei der Verheiratung der Kinder immer noch spielt, und dies bei fast allen Indern, „educated and uneducated, urban and rural, professional and peasant" (S. 162). BETEILLE betont die große Macht, die das Kastensystem auch in den neunziger Jahren des 20. Jahrhunderts für die meisten Hindus noch besaß, wenn auch Veränderungen erkennbar wurden (S. 175).

12 In diesem Zusammenhang sind zwei Aussagen Indira Gandhis von Interesse: „I do not regard myself as a woman. I am a person with a job to do." und „I am not a feminist and I do not believe that anybody should get a preferential treatment merely because she happens to be a woman." Zitiert nach FORBES S. 233. Nach FORBES brachte die Regierung Indira Gandhis, die keine aktive Frauenpolitik betrieb, keine Verbesserung der Lage der indischen Frauen (ebd.).

Einführung

Das Aitareyabrāhmaṇa (AB) nennt in 7.13 (33.1) die Bedeutungen, die die Gattin, der Sohn und die Tochter für den Mann besitzen. Die Gattin, etymologisch, ‚die Gebärerin', ist eine Gefährtin, heißt es hier, *sakhā ha jāyā*; das Licht im höchsten Himmel ist wahrlich der Sohn, *jyotir ha putraḥ parame vyoman*, ein Unglück aber ist die Tochter: *kṛpaṇaṃ ha duhitā.*[1]

Die Aussage, eine Tochter sei für ihren Vater ein Unglück, ein Jammer oder ein Elend, wird in den Jahrtausenden nach dem Aitareyabrāhmaṇa in der indischen Literatur vielfach wiederholt. Die Konsequenzen dieser Vorstellung sind noch im heutigen Indien, das von der Zeit des Aitareyabrāhmaṇa mehr als 2500 Jahre entfernt ist, anzutreffen, hauptsächlich in einer Diskriminierung von Mädchen und, neuerdings, in der wachsenden Zahl von Abtreibungen weiblicher Föten.[2] Der Indologe WEZLER schreibt in einem Beitrag über die Mitgiftvergehen im heutigen Indien zu Recht: „Bereits in alten Texten ist klar bezeugt, daß weiblicher Nachwuchs in Indien, gelinde gesagt, gering geachtet wurde: An dieser generellen Einstellung zu den Töchtern hat sich bis in die Gegenwart praktisch nichts geändert, und die Unterdrückung der Frau in der indischen Gesellschaft ist natürlich vor allem in diesem Zusammenhang – dem eines ausgeprägten Patriarchalismus mit offener Geringschätzung der Frau – zu sehen." (S. 303f.)

Die in Indien seit ältester Zeit bestehende Vorstellung von der Minderwertigkeit des weiblichen Geschlechts hat die Situation des Mädchens und der Frau in allen drei Jahrtausenden auf allen gesellschaftlichen Ebenen bestimmt. Die Diskriminierung des weiblichen Kindes begann einst und beginnt heute schon vor der Geburt, ja bereits vor der Zeugung, denn die Empfängnis eines Mädchens versucht(e) man zu verhindern, früher mit Magie, heute mit Hilfe der Medizin. Ich möchte in Teil I einige der diskriminierenden Behandlungsweisen aufzeigen, denen weibliche Ungeborene und Kinder im alten wie im heutigen Indien ausgesetzt waren und sind. Heute bestehen diese Mißstände in der Abtreibung weiblicher Föten, dem Mädchen-Infantizid, der Vernachlässigung der Töchter und ihrer Verheiratung als Kinder. In Teil II soll gezeigt werden, daß die jahrtausendealten indischen Vorstellungen, in denen das männliche Geschlecht glorifiziert und das weibliche gering geschätzt wird, lebendig sind und große Teile der indischen Gesellschaft bis heute prägen.[3] Teil III behandelt die sozialen und bevölkerungspolitischen Konsequenzen der die Mädchen betreffenden Diskriminierungen, Teil IV geht kurz auf vergleichbare Vorstellungen in anderen Kulturen und Epochen ein.

Zahlreiche soziale Mißstände beruhen auf der altindischen Tradition, doch darf man selbstverständlich die Traditionen nicht für alle Mißstände verantwortlich machen und implizieren, die Einhaltung von Traditionen führe prinzipiell zu Diskriminierungen. Es wird jedoch zu zeigen sein, daß die an Zahlen sichtbaren Diskriminierungen von Frauen und Mädchen in konservativen Bundesländern wie Bihar, Uttar Pradesh und Tamil Nadu am größten sind. Einige Erscheinungen wie die Kinderehe, der Analphabetismus der Frauen und die Mitgift beruhen auf der altindischen Tradition und werden auch von heutigen Konservativen vertreten, während andere, wie die Abtreibung weiblicher Föten oder der Mädchen-Infantizid, zu einem großen Teil Ergebnisse traditionellen Denkens und Lebens sind, ohne jedoch von der Tradition gebilligt zu werden; die Abtreibung wird von den altindischen Gesetzgebern verboten und streng bestraft, über den Mädchen-Infantizid sagen die altindischen Texte nichts, er war jedoch zweifelsohne verboten. Auch muß im Einzelfall überprüft werden, was ‚Tradition' bedeutet. Ist sie aus den altindischen Texten abzuleiten und damit seit Jahrtausenden bekannt oder entstand sie ohne schriftliche Fixierung vor einigen Jahrhunderten? So ist die Kinderehe bereits in den Gesetzbüchern vorchristlicher Zeit nachweisbar, während der Mädchen-Infantizid in Tamil Nadu nach einem dort wirkenden Arzt „a very old tradition" darstellt, den altindischen Texten aber nicht zu entnehmen ist, auch nicht in der Form des Aussetzens neugeborener Mädchen.

In den zahlreichen altindischen Texten wird viel über Frauen generell gesprochen, eine Theorie der Geschlechter und ihrer Rollen wird ausführlich dargelegt. Die Quellen, meist von Männern des Brahmanenstandes verfaßt, behanseln jedoch fast ausschließlich die für die oberen drei *varṇa*-s (Stände, eigentlich: „Farben") geltenden Normen und Vorschriften. Die Rechtstexte zeigen ebenso wie die erzählende Literatur, wie Frauen gesehen wurden und wie sie sein sollten, wieviele der Frauen sich nach diesen Bildern und Vorbildern,

Schriften und Vorschriften richten mußten, kann man aber nicht feststellen. Die alten Definitionen der Weiblichkeit und zahlreiche der vor Jahrtausenden geschaffenen Gesetze haben für viele Inder und Inderinnen immer noch eine große Bedeutung. Daß viele der altindischen Regeln heute als Normen gelten und befolgt werden, bedeutet aber nicht zwingend, daß sie auch im alten Indien für eine Mehrheit gültig waren. Die Frage, wie konsequent die in den Rechtstexten, den Dharmasūtras und den Dharmaśāstras, formulierten Gesetze im Altertum durchgesetzt werden konnten und in welchen Kreisen und in welchem Ausmaß sie in den einzelnen Epochen befolgt wurden, kann nicht beantwortet werden. LARIVIERE, ein Kenner der altindischen Rechtsliteratur, vertritt die Ansicht: „There are those who have dismissed the *dharmaśāstras* as ‚artificial', sacerdotal piety, ‚wishful thinking' on the part of the Brāhmaṇas, but with little grounding in reality or actual practice. This is wrong. There should be no doubt that the *dharmaśāstras* have had a profound impact on society at all moments of its history. Kings commissioned them to be compiled, and in modern times they have been the focus of intense political and social debate." (S. 178)[4]

LARIVIERE ist auch der Meinung, die altindischen Dharmaśāstras besäßen bis in unsere Tage einen großen Einfluß auf die indischen Menschen, obwohl sie die moderne Gesetzgebung nicht mehr bestimmten: „In short, these texts though ancient and written in language little-known to the masses of India still are powerful forces in the consciousness of significant numbers of India's populace. The notion of *dharma* [Recht, Pflicht, R. S.] and the idea of *dharmaśāstra* as its repository are vital ideas in contemporary India. [...] Men and women of reason, charity, and goodwill also hold texts such as Manu to be of great value in their lives." (S. 179) Letztendlich konnte die moderne Gesetzgebung die alten Gesetze nicht vollständig aufgeben, da sie jahrtausendealte kulturelle Normen waren, die durch eine orale wie eine schriftliche Übermittlung weiterleb(t)en.[5]

Die Untersuchungen zur Situation der Mädchen und Frauen im heutigen Indien zeigen, daß Diskriminierungen zu einem großen Teil in den Familien wirksam werden, eben dort, wo Menschen an den Traditionen festhalten. Und dies geschieht, obwohl die indische Verfassung und die Gesetzgebung seit 1949 den alten Vorschriften vielfach widersprechen oder diese sogar abzuschaffen versuchen.

Der Staat hat Gesetze gegen die Mitgift und gegen die Kinderehe erlassen, er hat die Schulpflicht für beide Geschlechter eingeführt, er hat die pränatale Geschlechtsbestimmung zum Zweck der Abtreibung weiblicher Föten und die Mitgift verboten, er hat den Infantizid und den Kindesmißbrauch unter ebenso schwere Strafe gestellt wie die Vergehen und Verbrechen in Verbindung mit der Mitgift, es gibt das Frauenerbrecht und die Möglichkeit der gerichtlichen Scheidung, die traditionell bestehenden Kastenschranken bei der Heirat wurden gesetzlich ebenso aufgehoben (sog. *intercaste marriages* sind erlaubt) wie die Polygynie (Hindu Code Bill 1956); das Gesetz gestattet die Wiederverheiratung der Witwen und hat den Frauen das aktive und das passive Wahlrecht verliehen. Die Geschlechter sind nach dem Gesetz gleichberechtigt, die Paragraphen 14 und 15 der Indischen Verfassung vom 26.11.1949 (sie trat am 26.1.1950 in Kraft) lauten: „Der Staat darf keiner Person Gleichheit vor dem Gesetz oder den Schutz durch das Gesetz verweigern. Der Staat darf keinen Bürger benachteiligen (discriminate) aus Gründen seiner Zugehörigkeit zu einer bestimmten Religion, Rasse oder Kaste oder seines Geschlechtes oder seiner Geburtsstellung wegen." (zitiert nach BRONGER S. 273) Und im August 1993 ratifizierte die indische Regierung The Convention on the Elimination of Discrimination Against Women (CEDAW), die den ersten internationalen Versuch einer Definition der Menschenrechte der Frauen darstellte.[6]

In Indien gibt es jedoch kein einheitliches Zivil- und Familienrecht für alle Staatsbürger, sondern die *personal laws* machen den Rechtsstatus einer Person von ihrer Religionszugehörigkeit abhängig.[7] Diese für die Hindus auf den Dharmaśāstras und für die Muslime auf den Koran und das islamische Recht gegründeten Gesetze halten viele Frauen in der Tradition gefangen, obwohl sie in einem säkularen Staat leben. CONRAD schreibt hierzu: „Die traditionelle Verbindung von Religion und Familienstruktur wurde damit [mit den *personal laws*, R. S.] rechtlich sanktioniert und durch soziale Verfestigung der religiösen Gruppenzugehörigkeit eine der Nationsbildung gefährliche Segmentierung gefördert." (S. 413) Versuche der Vereinheitlichung des Zivil- und Familienrechts stoßen seit jeher auf den beharrlichen Widerstand konservativer Hindus und Muslime und werden als Einschränkung der freien Religionsausübung, als Bedrohung der kulturellen Identität und als Verletzung regionaler Selbstverwaltung verstanden und bekämpft.

Der Kampf für die Freiheit der Frauen muß somit an vielen verschiedenen Fronten geführt werden. Die stark zersplitterte Frauenbewegung ist manchen Autoren und Autorinnen zufolge trotz ihres vielfältigen und mutigen Einsatzes fast machtlos: „The Indian women's movement has had only very limited success in securing rights and expanding empowerment for women. Changes in law have been minimal, and enforcement of those laws even more so [...]. Hundreds of thousands of women remain mired in terrible poverty and suffer from malnutrition, illiteracy and violence." (CALMAN S. 183)

Der Kampf um die Lebensverbesserung indischer Frauen ist über hundert Jahre alt. Die im 19. Jahrhundert zur Verbesserung der Lage von Mädchen und Frauen erlassenen Gesetze sind keinesfalls vorrangig das Verdienst der Briten; diese handelten in vielen Fällen opportunistisch und nahmen bei ihrer Gesetzgebung Rücksicht auf konservative Gruppen, wenn ihnen dies für ihren Machterhalt nutzbringend erschien.[8] Hingegen bemühten sich im 19. Jahrhundert zahlreiche indische Intellektuelle mit großem Einsatz um Sozialreformen. So kämpfte Rammohan Roy (1772–1833) für ein Verbot der Witwenverbrennung, während sich Ishvaracandra Vidyasagar (1820–1891) in Bengalen und Vishnushastri Pandit (1827–1876) in Maharashtra für die Verbesserung der Lebenssituation der Witwen und für die gesetzliche Möglichkeit ihrer Wiederverheiratung einsetzten (siehe THARU und LALITA I, S. 150). Auch die Kinderehe wurde von indischen Reformern bekämpft, so von Mahadev Govind Ranade, der von 1842 bis 1901 lebte (siehe KOSAMBI S. 145). Ranade trat um 1880 auch für die Wiederverheiratung der Witwen und die Erziehung von Mädchen ein und machte sich die orthodoxen Brahmanen dadurch zu erbitterten Gegnern (LELE S. 170f.).[9]

Die Reformer vermochten die Traditionen jedoch nicht abzuschaffen. LATA MANI vertritt die Meinung, es sei bei der Auseinandersetzung über Witwenverbrennung und Kinderehe zwischen den Traditionalisten und den Reformern im 19. Jahrhundert auch gar nicht um die Mädchen und die Frauen, sondern allein um die Bewahrung der Hindutradition gegangen. Frauen hätten nur gedient als „sites on which various versions of scripture/tradition/law are elaborated and contested." (S. 118) Wie SPIVAK kritisiert auch MANI, die betroffenen Frauen seien als Individuen weder in Erscheinung getreten noch zu Wort gekommen, da es letztendlich nicht um ihre Belange ging.

Ein nicht unwesentlicher Teil der indischen Bürger orientiert sich heute nicht an staatlichen Gesetzen und Verboten, sondern hält an den Vorschriften der alten Gesetzestexte fest.[10] Auch Polizisten und Richter sind nicht selten Traditionalisten, die gar nicht oder nur in geringem Maße dazu beitragen, daß den modernen Gesetzen Genüge geleistet und den Tätern Strafe zuteil wird.[11] Im April 1999 veranstaltete The Central Bureau of Investigation einen Workshop mit dem Thema „Crimes Against Women in India". Das veröffentlichte Papier verkündete, eine große Zahl indischer Frauen – genaue Zahlen wurden nicht genannt – seien Opfer von Fötizid, Infantizid, Vergewaltigung, Prostitution und Verstümmelung („genital mutilation"). Das Central Bureau beklagte die in vielen Fällen nachlässige Arbeit der Polizei bei der Aufklärung der Vergehen und Verbrechen an Mädchen und Frauen sowie die Parteinahme vieler Richter für die Männer. SHYAMALA SHIVESHWARKAR schreibt in ihrem Bericht über diese Veranstaltung in The Hindustan Times vom 19. April 1999: „A study conducted by Sakshi, a Delhi-based NGO [Non Governmental Organisation, R. S.] of 109 judges from varying judical and regional backgrounds, revealed, that 74 per cent felt that the preservation of the family should be a primary concern for women even if there is violence in the marriage, while 48 per cent felt that there are certain occasions when it is justifiable for a husband to slap his wife."[12]

PADMA SETH, ehemaliges Mitglied der National Commission for Women, schreibt zu dem Widerspruch zwischen Gesetzgebung und Realität: „High ideals of gender justice enshrined in the Constitution of India routinely repeated in public pronouncements do not reflect the stark social realities. Several Articles of the Constitution and personal and family legislation protect the girls and women." (S. 107) Die Autorin nennt die zahlreichen frauenfreundlichen und frauenfördernden Gesetze und stellt fest: „The girl child today, inspite of all these enabling provisions in the substantive law, continues to live in perpetual threat, both physiological and psychological." (S. 113) Die Traditionen werden in vielen Fällen als Rechtfertigung für die Diskriminierungen der Mädchen herangezogen, während die liberale Gesetzgebung, wenn sie überhaupt wahrgenommen wird, nicht selten als antireligiös und westlich abgelehnt wird. Ein nicht unwesentlicher Teil der indischen Bevölkerung, von der über 77% in den 640.000 Dörfern lebt (BRONGER S. 121), denkt und handelt, was die Familie, die Frauen und die Heirat angeht, der Tradition entsprechend und nimmt die Gesetze und den Willen des Staates dort, wo diese den Traditionen zuwiderlaufen, nicht zur Kenntnis.

Bisweilen kämpft der Staat daher im Verborgenen gegen Traditionen an. Die Projekte des Bundesstaates Tamil Nadu bei der Bekämpfung des Mädchen-Infantizids in Usilampatti im Madurai-Distrikt sind Beispiele für die Bemühungen, Mißstände auch gegen den Widerstand der Bevölkerung zu beseitigen. The Indian Council for Child Welfare richtete 1987 in allen 300 Dörfern um Usilampatti, in denen der Mädchen-Infantizid traditionell praktiziert wird, Beratungsstellen für Frauen ein. Statistiken belegen, daß zwischen 1991/92 und 1997/98 immer weniger neugeborene Mädchen getötet wurden. Dies ging aber nicht auf die Einsicht der Dorfbewohner zurück, denen das eigentliche Ziel des Projektes, die Eindämmung und Verhinderung der Mädchentötung, verschwiegen werden mußte, sondern: „The ICCW's success in Usilampatti is mainly because it never told the villagers that it was there to prevent or end female infanticide. The Council's Mother and Child project first established crèches for working women, so its workers could get access to the villagers. Then, the ICCW recruited local women to work for it. After six months the ICCW broached the subject of female infanticide to the villagers. As expected, the reaction was aggressive. Slowly, the volunteers started monitoring their villages. They kept constant vigil on ‚high risk' families, that is, families with one or two girls. The counselling of members of high-risk families – father, mother, mother-in-law – was done cautiously, discreetly." (WARRIER S. 2) WARRIER berichtet weiter, Kommunikation und Kooperation mit den Dorfbewohnern seien nur auf der Grundlage konkreter Hilfeleistungen möglich gewesen; so habe der ICCW den Familien zu günstigen Krediten, preiswerten Nahrungsmitteln und medizinischer Versorgung verholfen.

Die Anforderungen der Moderne mit ihren vielfältigen ökonomischen und gesellschaftlichen Veränderungen führen in weiten Kreisen der hinduistischen (und ebenso bei einem Großteil der muslimischen) Bevölkerung nicht zu einer Aufgabe der Konventionen, sondern zu einem Rückgriff auf die Tradition. Ein Beispiel hierfür ist die traditionelle Mitgift, die vom aufstrebenden und gebildeten Mittelstand als willkommenes Mittel zur Hebung des Lebensstandards betrachtet und daher trotz gesetzlicher Verbote von der Familie des Bräutigams gefordert wird. Gerade junge Männer mit guter Ausbildung, die auf vielen Gebieten modern und fortschrittlich denken, erwarten heute eine Mitgift, denn angesichts der hohen Arbeitslosigkeit unter Akademikern ist eine Mitgift oftmals der einzige finanzielle Gewinn, mit dem ein Mann und seine Familie rechnen können, um den ökonomischen und gesellschaftlichen Status anzuheben. WEZLER schreibt hierzu: „Die ‚Mitgift' wird den veränderten ökonomischen, technologischen und gesellschaftlichen Bedingungen angepaßt; dieses ‚aggiornamento' vollzieht sich aber nicht bzw. nicht nur durch einen Austausch von Alt durch Neu, sondern vor allem durch ein quantitatives und qualitatives Mehr." (S. 304f.)

Und auch die Abtreibung der weiblichen Föten muß in Zusammenhang mit dem Wunsch der Mittelschicht nach materiellem Wohlergehen und gesellschaftlichem Aufstieg gesehen werden: Eine Familie mit Töchtern verliert Ansehen und Kapital, eine Familie mit Söhnen gewinnt beides. Waren Töchter einstmals nicht nur aus materiellen, sondern auch aus religiösen und sozialen Gründen überflüssig und unerwünscht, tritt heute der materielle Aspekt zunehmend in den Vordergrund; die alte Tradition der Töchterfeindlichkeit wird zur Erfüllung moderner Bedürfnisse benutzt.

Der Staat ist an vielen Mißständen mitschuldig. So ist die vom Staat Indien seit etwa dreißig Jahren verfolgte Bevölkerungspolitik für die hohe Zahl von Abtreibungen weiblicher Föten mitverantwortlich: Da seit den siebziger Jahren die Zweikindfamilie das vom Staat propagierte und von den mittelständischen Familien mehr und mehr akzeptierte Ideal darstellt, ist eine zweite Tochter in vielen Fällen nicht willkommen, denn fast jedes indische Ehepaar will zumindest einen Sohn. Die Forderung des Staates nach einer Beschränkung auf zwei Kinder, die jedoch nicht gesetzlich formuliert ist, verstärkt die Bereitschaft vieler Eltern, einen weiblichen Fötus abzutreiben. In welchem Maße sich die vom Staat seit neuestem als Ideal dargestellte Einkindfamilie durchsetzen wird und zu welchem Verhalten hinsichtlich der geschlechtsspezifischen Abtreibung sie führen wird, bleibt abzuwarten.

Im Herbst 1995 veröffentlichte der indische Council for Social Development einen Band „Girl Child in India", der 25 wissenschaftliche Beiträge über die Situation der Mädchen im heutigen Indien enthält.[13] Die Artikel stammen von indischen Wissenschaftlern und

Wissenschaftlerinnen und von Fachleuten auf den verschiedensten Gebieten, darunter Demographen, Politologen, Wirtschaftswissenschaftler, Soziologen, Psychologen, Mediziner, Kriminologen, Erzieher und Sozialarbeiter. Die meisten Beiträge enthalten Statistiken, die die Ergebnisse der Diskriminierung des weiblichen Kindes im heutigen Indien mit nüchternen Zahlen belegen. Zwei kurz zuvor vom Council for Social Development publizierte Studien über „Children in India“ und „Studies on Children in India“ zeigten bereits, daß eine große Zahl indischer Kinder beider Geschlechter unter schwierigen bis sehr schweren sozialen Bedingungen aufwächst und unter schlechter Ernährung und unzureichender medizinischer Versorgung, fehlender familiärer Fürsorge, mangelhafter schulischer Ausbildung und Bildung, unter Schuldknechtschaft und Kinderarbeit, deren physischen und psychischen Konsequenzen sowie unter Vernachlässigung und den verschiedensten Formen familiärer wie außerhäuslicher Gewalt zu leiden hat. Das Heft „Girl Child in India“ belegt daneben, daß mehr weibliche als männliche Kinder Vernachlässigung, Repressionen, Gewalt und Ausbeutung ausgesetzt sind und daß es geschlechtsspezifische Benachteiligungen gibt, die nur Mädchen betreffen: die Abtreibung weiblicher Föten, der in manchen Gegenden Indiens noch heute praktizierte Infantizid, Ehe und Mutterschaft in kindlichem und jugendlichem Alter, sexueller Mißbrauch und Mädchenprostitution sowie Vergehen und Verbrechen in Verbindung mit der Mitgift. Während viele Jungen ‚nur‘ unter der Armut zu leiden haben, trifft zahlreiche Mädchen zusätzlich das Los ihres Geschlechtes.

Die Soziologin und Aktivistin für Menschenrechte PROMILLA KAPUR nennt unter anderen die folgenden Gründe für die Diskriminierung indischer Mädchen: „[...] well established patriarchal value-system, such as social system and structure, religious and cultural institutions which are basically pro-male and anti-female; prevalence and perpetuation of such traditions, customs, superstitions, rituals, rites and practices which consider girls as less desirable than and inferior to boys; deep-rooted patriarchal gender-bias and discriminatory and negative social attitudes towards the girl child which look down upon girl children and women as liabilities and burden, primarily as sex-objects and as commodity and property to be bought and sold, and look upon male children as future providers of all kinds of securities for parents.“ (S. 13) Nach CHATTERJEE ist die Tochter in Indien

„unwanted, neglected, undeveloped, underdeveloped“, ihr Leben ist bestimmt von „liability and exploitation.“ (S. 35)

Derart generalisierende Aussagen über ganz Indien zu treffen ist problematisch, denn es gibt hinsichtlich der Akzeptanz und Behandlung der Töchter religions-, kasten-, regions- und schichtspezifische Besonderheiten und, hauptsächlich, große individuelle Unterschiede im Verhalten der Eltern. Vor allem muß zwischen der Stadt und dem Land sowie nach den Bundesstaaten unterschieden werden. Die auf dem Lande lebenden Mädchen sind – abgesehen von der auf die Städte konzentrierten Mädchenprostitution – meist schwereren Benachteiligungen ausgesetzt als die in der Stadt wohnenden Mädchen, und zwar „[...] particularly in respect of infant mortality, death, access to health services, literacy rates, primary school enrollment and drop-outs.“ (CHOWDHRY S. 88)

Statistiken (darunter die der Census) über den Mädchen- und Frauenanteil der Bevölkerung, das Heiratsalter, über Mädchen- und Müttersterblichkeit, Schulbesuch, Analphabetismus, Mitgiftvergehen, die Erwerbstätigkeit der Frauen und anderes belegen die Existenz der Diskriminierungen in den einzelnen Bundesstaaten. Sehr fortschrittlich, geradezu frauenfreundlich, ist Kerala; den schwersten Diskriminierungen sind Mädchen und Frauen in Bihar, Rajasthan, Uttar Pradesh, im Panjab und in Haryana ausgesetzt, in Staaten, die einen hohen Anteil konservativer Bevölkerung haben. Die wirtschaftliche Situation spielt ebenfalls eine bedeutende Rolle; so genießen Frauen aus dem Arbeitermilieu meist größere Freiheiten als die Frauen der Oberschicht, die das Haus zu hüten haben und über kein Einkommen verfügen. Auch die Kaste ist wesentlich. ILAIAH kritisiert in seinem Buch die traditionellen Lebensformen der oberen Kasten, besonders der Brahmanen, und beschreibt sie als rückständig und frauenfeindlich. Die Kinderehe, die Mitgift, die Unterdrückung der Frauen, vor allem der Bräute und Witwen, sieht er als Kennzeichen der brahmanischen Kultur, „Hindutva“, an, von der er, Dalitbahujan und damit Angehöriger einer einstmals (und de facto auch heute noch) unberührbaren und diskriminierten Kaste, sich selbstbewußt distanziert. Seiner Meinung nach ist die Benachteiligung der Frauen unter den Dalitbahujans nicht anzutreffen, die jedoch nach seiner Darstellung unter großer wirtschaftlicher Not sowie sozialer Ächtung und Ausgrenzung zu leiden haben. Auch GEORGE und DAHIYA berichten in ihrer Studie über

Dörfer in Haryana, die auf 1996 durchgeführten Feldforschungen beruht, die Diskriminierung der Mädchen sei bei den Harijans viel geringer als bei den oberen Kasten, in denen daher bedeutend mehr Mädchen fehlten (S. 5). Schon im indischen Altertum war die Unterdrückung der Frau, wie die Texte zeigen, ein Kennzeichen der oberen Kasten, hauptsächlich der Brahmanen; SRINIVAS bestätigt dies in seiner zitierten Aussage über die ‚Sanskritization'.

Nicht in allen gesellschaftlichen Gruppen sind alle Mißstände verbreitet. So hörte ich immer wieder, die Verheiratung junger Mädchen und der Ausschluß der Töchter von Schulen und Universitäten, wie es scheint, seien hauptsächlich unter Brahmanen und Konservativen anzutreffen, während der Infantizid und die traditionell als ein Verbrechen angesehene Abtreibung und damit auch die Abtreibung weiblicher Föten in diesen Gruppen weniger praktiziert würden; die jeweilige Herkunft und Gruppenzugehörigkeit des Informanten spielte aber bei derartigen Aussagen eine entscheidende Rolle. Die genannten Feldforschungen im Jahr 1996 in Haryana ergaben, daß sowohl der Mädchen-Infantizid als auch die Abtreibungen weiblicher Föten unter den hohen Kasten stärker verbreitet waren als unter den Harijans, den tieferstehenden Kasten; das Geschlechterverhältnis war bei den Harijans für Mädchen dementsprechend günstiger als bei den oberen Kasten (GEORGE und DAHIYA S. 5). Die geschlechtsspezifische Abtreibung und die Forderung einer unangemessen hohen Mitgift scheinen hauptsächlich in der Mittelschicht und bei den weniger Religiösen verbreitet zu sein. Es ist unmöglich, allgemeingültige Aussagen über ganz Indien zu treffen, zumal die Statistiken hinsichtlich Kaste und Religion meist nicht unterscheiden.

Eine Praxis als Diskriminierung zu definieren ist nicht immer so einfach wie im Falle des Mädchen-Infantizids, der Kinderprostitution und des Mitgiftmordes. So ist es aus westlicher Perspektive und wahrscheinlich auch aus der Sicht eines Dalitbahujan eine Benachteiligung, wenn die Frauen der hochkastigen Kottai Pillaimar die von ihrer Gemeinschaft bewohnte Festung jahrelang nicht verlassen dürfen, kein Geld besitzen und aufgrund der Menstruation als unrein gelten. Die Anthropologin GANESH berichtet jedoch, die Frauen der Kottai Pillaimar empfänden ihre Lebensumstände als ein Privileg und seien stolz, diese Tradition bewahren zu dürfen. Ist es westliche Überheblichkeit und das ungerechtfertigte Anlegen moderner westlicher Maßstäbe zu behaupten, diese Frauen durchschauten nicht, daß ihr angebliches Privileg tatsächlich ein Mittel ihrer Unterdrückung sei?

Darüber, was ein Mißstand ist, haben verschiedene Kulturen unterschiedliche Meinungen. Im heutigen Indien gibt es Erscheinungen, die sowohl aus der Sicht altindischer Texte und heutiger konservativer Inder als auch aus europäischer Perspektive kritikwürdig sind, während andere Phänomene von einem westlichen Standpunkt aus abzulehnen, nach traditionellem indischem Verständnis aber wünschenswert sind. Zu ersteren gehört Gewalt in jeder Form, vor allem aber Gewalt gegen Frauen und Kinder, Abtreibung, Infantizid, Kinderarbeit, Prostitution und Kinderprostitution, Vergehen und Verbrechen in Verbindung mit der Mitgift. Zur zweiten Kategorie zählen die Kinderehe, die von den Familien arrangierten Ehen, die hohe Kinderzahl in vielen Familien, die mangelnde Schulbildung vieler Mädchen und die Mitgift.

Andererseits werden nicht wenige Erscheinungen, die nach altindischer Vorstellung Kennzeichen des kulturellen und gesellschaftlichen Verfalls sind, aus westlicher Sicht als Merkmale einer positiven Entwicklung verstanden: Dies sind die demokratische Gesetzgebung, die in die Verfassung aufgenommene Gleichberechtigung der Frauen und die Abschaffung der Unberührbarkeit, die gerichtliche Scheidung, die Möglichkeit der Wiederverheiratung der Witwen, das Frauenerbrecht, die Schulpflicht für Mädchen, die Abnahme der Zahl der von den Familien arrangierten Ehen und die Zunahme der Eheschließungen zwischen Partnern unterschiedlicher Kasten und Religionen, das Wahlrecht der Frauen, der Untergang der hierarchisch organisierten Großfamilien und die Möglichkeit der Empfängnisverhütung.

Ich möchte aufzeigen, daß die modernen Formen der Diskriminierung zu einem großen Teil auf der jahrtausendealten Abwertung der Frau beruhen und daß die heute angewandten Methoden zur Vermeidung der Empfängnis und der Geburt von Töchtern – mit Ausnahme der Abtreibung – die Fortsetzungen altindischer Praktiken sind; wo einstmals Magie und Ritual eingesetzt wurden, wirkt heute, erfolgreicher, die Medizin. Der Versuch, die Konzeption eines Jungen zu bewirken und die Empfängnis einer Tochter zu verhindern, ist im alten Indien ebenso nachweisbar wie das Bemühen, die Geburt eines weiblichen Kindes zu vermeiden. Auch die Benachteilung von Mädchen hinsichtlich Bildung und Ausbildung und ihre Verheiratung im Kindesalter gründen in der Tradition. Denn schon im alten Indien waren Söhne begehrt und Töchter unerwünscht.

Anmerkungen

1 *kṛpáṇa-* bedeutet „Jammern, Elend", so MAYRHOFER Band I, Lieferung 5. Nach MYLIUS war das Aitareyabrāhmaṇa um 600 v. Chr. abgeschlossen (S. 33), nach anderen Autoren, wie GONDA, entstand es wahrscheinlich schon im 9. oder 8. Jahrhundert v. Chr. Der Vedist GONDA schreibt den Brāhmaṇas, Texten, die das Opfer behandeln, ein sehr hohes Alter zu: „[...] the hypothesis, ‚after the 11th century B. C. for the oldest *brāhmaṇas*' can, in connexion with the problem of the chronology of the Ṛgveda [...], be regarded as disputable. [...] So the 10th–7th cent. may for the main texts be a reasonable conjecture." (1975, S. 360)

2 „Indisch" ist in dieser Arbeit ein Synonym für „hinduistisch"; auf die Situation der muslimischen und christlichen Mädchen und Frauen sowie auf Angehörige anderer Religionen, der Stämme und Minderheiten wird nicht eingegangen. Nach dem Census von 1991 waren 82% der Inder Hindus, 12,12% waren Muslime.

3 Die herangezogenen Texte sind dem ersten Teil der Bibliographie zu entnehmen.

4 Eine genaue Datierung der einzelnen Dharmasūtras und Dharmaśāstras ist nicht möglich, so schreibt DERRETT: „The fundamental rules of law and their spiritual supports are available in texts which are ususally dated between 500 B. C. and A. D. 200. Exact chronology is defied by these traditional materials which had so long a working life." (S. 81) KANE datiert die Bücher von Gautama, Āpastamba, Baudhāyana und Vasiṣṭha sowie das Pāraskaragṛhyasūtra in die Zeit zwischen 500 B. C. und 300 B. C. (Vol. V, Part II, S. xii). Die Manusmṛti datiert KANE in die Zeit zwischen 200 v. Chr. und 100 n. Chr., Yājñavalkyasmṛti und Viṣṇusmṛti zwischen 100 v. Chr. und 300 n. Chr., die Nāradasmṛti zwischen 100 v. Chr. und 400 n. Chr. (ebd). Die ältesten Rechtstexte, die Dharmasūtras, gehören nach GONDA der Zeit zwischen ca. 600 und 200 v. Chr. an; allerdings versieht er diese vorsichtige Datierung mit einem Fragezeichen (1977, S. 478). Nach MYLIUS entstanden die Dharmasūtras, die älter als die Dharmaśāstra genannten Rechtsbücher sind, zwischen dem 8. und dem 3. Jahrhundert v. Chr. (S. 260); Einschübe in die Viṣṇusmṛti datiert er um 300 n. Chr. (S. 260). Die Manusmṛti kann nach MYLIUS nicht vor dem 3.

Jahrhundert v. Chr. entstanden sein, der späteste Zeitpunkt ihres Entstehens ist das 2. Jahrhundert n. Chr. (S. 261).

5 „With the arrival of Independence and the establishment of a secular state, the roles of the *dharmaśāstras* were forever sealed. The attempt in the 1950's to codify Hindu law was the final blow to any productive role for *dharmaśāstra*. [...] Even though the courts continue to cite the texts and thereby give the impression that the texts are still vital to their decision making process, in fact, they are not. The texts are simply window dressing." (LARIVIERE S. 184) Und ein anderer Kenner des alten und des modernen indischen Rechtes schreibt: „While it is a fact that modern Hindu law in India has been codified and reformed almost beyond recognition, the spirit of the old system, the ‚legal postulates' of Hindu law, could never be legislated away because these are not rules that can be superseded by a statute or case, they are cultural norms and values which retain their vitality despite formal legal regulation, which therefore only *appear* to dominate the law. [...] Thus, modern Hindu law is in fact characterised by the uneasy co-existence of official formal sources of state law and continued adherence to informal value systems which are extremely diverse and are anchored in religion, culture and social reality." (MENSKI 1997, S. 51, Hervorhebung im Original.)

6 Siehe The Hindustan Times vom 19. April 1999 und den Bericht von SHYAMALA SHIVESHWARKAR über „Violence Against Women", sowie SEAGER S. 14f.

7 Während der Herrschaft der Moghuls galt das islamische Gesetz nur für die Muslime, die Hindus konnten ihre eigenen Gesetze beibehalten. Diese Praxis übernahmen die Engländer, und im Jahre 1772 erklärte der Generalgouverneur Warren Hastings die altindischen Rechtstexte hinsichtlich des Familien-, Ehe- und Erbrechtes zur einzigen Quelle für die Hindu-Gesetzgebung, während für die Muslime die Gesetzes des Korans und islamischer Gesetzgeber galten, siehe CALMAN S. 149.

8 Über Rammohan Roys mutige Bemühungen schreibt HAY: „The threats of the ultraconservative Hindus notwithstanding, Rammohun carried his campaign to a successful conclusion by helping the British to overcome their doubts about proscribing the custom." (S. 25)

9 Ranade selbst hatte allerdings als Witwer im Alter von 32 Jahren ein elfjähriges Mädchen, Ramabai, geheiratet, deren Autobiographie Zeugnis von einer streng patriarchalischen Ehe ablegt. Ranade erfüllte damit die Forderung der altindischen Gesetzgeber, der Mann solle dreimal so alt sein wie seine Frau (siehe mein Kapitel über die Kinderehe, Das alte Indien).

Auszüge aus der Autobiographie Ramabai Ranades sind in der Anthologie von THARU und LALITHA enthalten, S. 281–290.

10 So schreibt MENSKI über The Child Marriage Restraint Act von 1929 und über The Dowry Prohibition Act von 1961: „Both Acts illustrate that the threat of state-imposed legal sanctions alone does not induce desired behaviour in society. [...] The fines for transgression have remained small [...]." (1997, S. 49)

11 GHADIALLY und KUMAR berichten über die oftmals zögerliche oder sogar nachlässige Haltung der Polizisten und Richter bei Mitgiftvergehen (S. 174f.).

12 VIRANI berichtet ausführlich über diese Erhebung: 74% der 109 Richter waren der Meinung, eine Ehe solle auch dann aufrechterhalten werden, wenn der Mann seine Frau schlage, 34% glaubten, die Mitgift habe einen inhärenten kulturellen Wert, 11% vertraten die Auffassung, Töchter sollten nicht gleichermaßen erbberechtigt sein wie Söhne (VIRANI S. 145f.).

13 Der Council hat sich nach eigenen Angaben mit seiner Zeitschrift „Social Change" und zahlreichen Buchpublikationen folgende Aufgabe gestellt: „*Social Change* endeavours to disseminate development-oriented researches in social and allied sciences to a wide and varied readership of different professions with a hope to educate public and governmental opinions and influence perceptions, understanding and decisions on important social issues. It aims to popularise social science research with social relevance." (Rückseite der Ausgabe „Girl Child in India", Vol. 25)

I. Die Diskriminierung des weiblichen Ungeborenen und Kindes im heutigen und im alten Indien

1. Präkonzeptionelle Geschlechtsbeeinflussung

Das heutige Indien

Fast jeder indische Mann und beinahe jede indische Frau wünscht sich Kinder,[1] meist Söhne. Unfruchtbarkeit galt einst und gilt heute als ein Unglück. Bekam eine Frau im alten Indien keine Kinder, nahm sich der Ehemann eine zweite Gattin, heute werden kinderlose Frauen im besten Fall bemitleidet, im schlimmsten Fall erzwingen ihre Männer die Scheidung. Viele indische Ehepaare nahmen um eines Sohnes willen mehrere Töchter in Kauf; erst in jüngster Zeit ist es möglich geworden, einen oder mehrere Söhne zu bekommen, ohne Töchter haben zu müssen.

Für vermögende Ehepaare gibt es in indischen Städten die Möglichkeit, das Geschlecht des Kindes schon vor der Empfängnis durch medizinische Eingriffe zu bestimmen. Ärzte und Kliniken, die nach der „Sex Pre-Selection"-Methode des amerikanischen Physiologen Ronald Ericson arbeiten, bieten in indischen Zeitungen seit über einem Jahrzehnt ihre Dienste an.[2] Die von Ericson in den frühen achtziger Jahren entwickelte Methode wird weltweit in sogenannten „Fertility centers" durchgeführt. Da in Indien fast ausschließlich Söhne gewünscht werden, wendet man hier die folgende Methode an: Die für die Zeugung eines weiblichen Kindes verantwortlichen X-Spermien werden dem Ejakulat durch mehrfache Filterung durch Serum Albumin entzogen, und das danach fast nur noch Y-Spermien enthaltende Ejakulat erhält die Frau während des Eisprungs durch intrauterine Insemination. Die Wahrscheinlichkeit, danach mit einem männlichen Kind schwanger zu werden, soll bei 75–80% liegen.[3]

Aber auch die neueste wissenschaftliche Methode, das Geschlecht des Kindes vor der Empfängnis zu bestimmen, die ‚preimplantation genetic diagnosis' (PGD), auf deutsch Präimplantationsdiagnostik (PID), wird in Indien bereits angeboten. Hierbei wird nach einer In-Vitro-Fertilisation mittels einer Embryobiopsie das Geschlecht der Embryonen festgestellt, und: „Only those embryos of the desired sex are then replaced in the uterus."[4] Nach den Informationen der ‚health-library'-Homepage hat diese Methode „a theoretical efficiency of 100% for preconceptional sex selection". Weitere Informationen, die man erhalten kann, betreffen „What are the risks?" und „Is PGD legal?“, sowie „Where is PGD available in India?“, und dies zeigt, daß in Indien bereits ein besonderes Interesse an der PGD besteht.[5] Die Gynäkologin Dr. SHARDA JAIN warnte auf dem Kongreß der Ahmedabad Medical Association in Ahmedabad im November 1999 eindringlich vor der Präimplantationsdiagnostik, die ihrer Einschätzung nach in Kürze in Indien verstärkt zur Produktion von Söhnen eingesetzt werden wird (Times of India, 29.11.1999 und The Hindustan Times, 30.11.1999; siehe auch PARIKH).

Viele Ärzte und Ärztinnen in Indien bieten auch eine technisch weniger aufwendige und vor allem preiswertere Methoden zur präkonzeptionellen Geschlechtsbestimmung an. So werden Paare in einer in den Vereinigten Staaten entwickelten Methode angeleitet, nach der der Zeitpunkt des Geschlechtsverkehrs für das Geschlecht des Kindes entscheidend ist. Geschlechtsverkehr an zwei oder drei Tagen vor dem Eisprung soll zur Zeugung eines Mädchens führen, weil nur die weiblichen Geschlechtszellen mehrere Tage überleben; der Geschlechtsverkehr am Tag der Ovulation sowie kurz danach hat mit hoher Wahrscheinlichkeit die Zeugung eines Knaben zur Folge, da die männlichen Geschlechtszellen schneller als die weiblichen sind und das Ei daher zuerst erreichen.[6] Dieser Methode bedienen sich hauptsächlich gebildete Paare in den Städten.

Doch auch die alten Opfer und Rituale wendet man noch an. So berichtet PANDEY, im heutigen Kerala böten die Priestern ein Opfer namens ‚Putrakameshti Yagna‘ als ein Mittel zur „sex pre-selection“ an (S. 218). Dies ist das aus der altindischen Literatur bekannte Sohneswunschopfer, die *putrakāmeṣṭi*, die auch im Epos Rāmāyaṇa (R) erwähnt wird; hier vollzieht der Heilige Ṛśyaśṛṅga das Opfer für den sohnlosen König Daśaratha. Und selbst in religiösen Handbüchern unserer Tage finden sich stets Gebete, *mantra*-s (religiöse Formeln) und Vorschriften für rituelle Handlungen, die man zur Erlangung von Söhnen anwenden soll. Ein Büchlein mit Gebeten an die Göttin Durgā enthält Anweisungen wie: „If a couple be without any male issue, then they must follow this method. [...] The couple must worship the Godess continuously for five years and must feed the Brahmans during the Navrata [...]. If one does the chanting of the Devi's name with full ritual he shall definitely be blessed with a virtuous son by the Goddess's grace.“ (CHATURVEDI S. 76 und 77) Gebete um Töchter kommen hier nicht vor.

Auch die aus dem alten Indien bekannten und noch darzulegenden Ansichten über den Zeitpunkt, an dem der Geschlechtsverkehr stattfinden soll, um einen Sohn zu zeugen, gibt es heute noch, oft in leicht abgewandelter Form. Nach ANEES JUNG glaubt man im Panjab, Töchter zeuge man in den Nächten des abnehmenden Mondes, Söhne in den Nächten des zunehmenden Mondes (S. 71); die Phase des abnehmenden Mondes gilt in Indien generell als ungünstig, die Phase des zunehmenden Mondes als glückbringend. Nach einer anderen Vorstellung zeugt der Mann in der ersten (günstigen) Hälfte der Nacht einen Sohn, weil er zu dieser Zeit stärker ist als die Frau (ebd.); ihre Zeugungssubstanz ist in der zweiten Nachthälfte, die als unheilvoll betrachtet wird, stärker und dies führt zur Zeugung einer Tochter.

Das alte Indien

Auch im alten Indien versuchte man, das Geschlecht des Kindes bereits vor der Zeugung zu beeinflussen. Dies geschah mangels medizinischer Möglichkeiten mit Magie, Zauber und Ritual. Lieder, Formeln, rituelle Handlungen und Zauberei begleiteten die Braut, die Schwangere und die Gebärende, immer mit dem Zweck, einen Sohn herbeizubeschwören. Die Ritualliteratur, die Rechtstexte, religiöse und philosophische Werke, aber auch die Medizin, die Liebeslehre und die Astrologie legen Anwendungen dar, die zur Zeugung eines Sohnes führen sollen. Einige davon betrafen den väterlichen und den mütterlichen Körper: So gab es bestimmte Nahrungsmittel oder Medikamente, die die Konzeption eines Sohnes bewirken sollten; auch die Enthaltsamkeit des Mannes vor der geplanten Zeugung war von Bedeutung. Andererseits glaubte man an äußere Einflüsse wie die Konstellationen von Mond und Sternen, und rief die Ahnen und die Götter um Hilfe an. Es gab von Priestern geleitete und von Ärzten angewandte Verfahren, aber auch private Methoden, die vom Paar beim Geschlechtsverkehr durchgeführt werden sollten. Der Handelnde war stets der Mann, die Frau agierte unter Anleitung des Gatten, Priesters oder Arztes.

Schon der Atharvaveda (AV) enthält zahlreiche Lieder mit der Bitte um einen Sohn, so 3.23, 6.11 und 6.81. Die Lieder begleiteten Zauberhandlungen; in 6.81.3 trägt die Frau ein Armband, das ihr zu einem Sohn verhelfen soll. Bereits vor der Empfängnis wurden Riten angewendet, die einen Sohn bewirken sollten: „Ich führe für dich den *prājāpati*(-Ritus) durch, in deinen Uterus soll ein Embryo kommen, bekomme du einen Sohn, Frau […].“[7] Diese Lieder wurden später beim *puṃsavana*-Ritual rezitiert, das man an der Schwangeren vollzog, damit sie einen Sohn bekam. Dieses *puṃsavana*, „ein männliches Kind zur Geburt bringen“, wurde nach Kauśikasūtra (KS) 35.1–4 bereits vor der Zeugung vollzogen. Hier heißt es: „Die *puṃsavana*-Riten (sind auszuführen), wenn die Menstruation der Frau vorüber ist, unter einem männlichen Sternbild […].“[8] Das KS nennt in 35.16–19 eine weitere rituelle Handlung für die Empfängnis eines Sohnes, die unter Hersagen von AV-Liedern vor sich geht: „Wenn er will, daß sie einen Sohn gebäre, spricht er zu ihrem Leib (die Verse): ‚*dhātar-vyābhir…*‘.[9] Eine andere Zauberhandlung soll die Empfängnis eines Sohnes nach einer Fehlgeburt bewirken (KS 32.28 und 29). Nach den Gṛhyasūtras und den medizinischen Texten sollte, wie noch zu zeigen sein wird, das *puṃsavana* im ersten Drittel der Schwangerschaft durchgeführt werden.

Auch die Vorväter des Geschlechts bat man um die Empfängnis eines Sohnes. Nach dem Āśvalāyanaśrautasūtra (ĀśŚS) bittet man im *pindapitṛyajña,* dem Kloßopfer an die männlichen Vorfahren, diese um Wohlergehen, Glück und Reichtum. Der Opferveranstalter bittet die Ahnen daneben um die Geburt eines Sohnes und läßt seine (offenbar noch nicht schwangere) Gattin den mittleren der dargebrachten Reisklöße verzehren; hierbei spricht diese: „O Väter, gebt (mir) als Leibesfrucht einen lotosbekränzten Sohn, der unverletzt sein möge.“[10] Ähnlich äußert sich das Kātyayanaśrautasūtra (KŚS) in 4.1.22: Die Ehefrau des Opferers, die einen Sohn wünscht, verzehrt den mittleren der drei den Vätern dargebrachten Klöße unter Sprechen des auch im ĀśŚS genannten Verses.[11] Der Kloß, den die Gattin mit der Bitte um einen Knaben ißt, war den Vätern zuvor als Opfergabe dargebracht worden; es sind ganz offenkundig die Kraft und der Segen der Väter, den die Gattin mit dem Kloß aufnimmt. Nach dem Epos Mahābhārata (M) führt die Verehrung der Ahnen am zweiten Tag der abnehmenden Monatshälfte zur Geburt vieler Töchter, während die Verehrung am fünften Tag die Geburt vieler Söhnen bewirkt.[12]

Im R führt der Heilige und Brahmane Ṛśyaśṛṅga für König Daśaratha ein Opfer zur Erlangung von Söhnen aus, die *putrakāmeṣṭi*, das „Sohneswunschopfer“, das im Anschluß an das Pferdeopfer, den *aśva-*

medha, erfolgt. Nach Ṛśyaśṛṅgas Erklärungen wird das Opfer durch die Rezitation von Versen der Atharvaśirasupaniṣad und durch das Befolgen der Vorschriften (der Ritualtexte) wirksam; Ṛśyaśṛṅga vollzieht es dann gemäß der Tradition.[13] Das Opfer ist wirksam, denn Daśaratha, der trotz seiner drei Gattinnen sohnlos geblieben ist,[14] bekommt die vier ersehnten Söhne (1.17.6ff.).

Das Opfer diente der Erfüllung der Wünsche seines Auftraggebers. Was immer dieser ersehnt, wie die Vernichtung eines Feindes, männliche Nachkommenschaft und Vieh, zwei Gattinnen, einen Sohn oder eine Tochter, kann durch bestimmte Handlungen und die Gebrauchsweise heiliger Gegenstände erwirkt werden, so die Taittirīyasaṃhitā (TS): Wünscht der Opferherr eine Tochter, soll der Priester die Stricke um die oberen Enden des Opferpfostens wickeln, wünscht er einen Sohn, soll er sie (um den ganzen Pfosten) bis zum Ende wickeln; entsprechend werden eine Tochter oder ein Sohn geboren.[15]

Die das häusliche Ritual und die Übergangsriten behandelnden Gṛhyasūtras empfehlen dem Mann bestimmte Arten, während der Hochzeitszeremonie die Hand seiner Braut beim Umschreiten des heiligen Feuers zu halten, um einen Knaben oder ein Mädchen zu zeugen: „Wenn er sich wünscht: ‚Ich will eine Tochter zeugen', dann soll er nur ihre Finger ergreifen, wenn er sich wünscht: ‚Ich will einen Sohn zeugen', dann nur ihren Daumen."[16] Während der Zeremonie setzt man der Braut unter Hersagen eines Spruches den Knaben einer Frau, die ausschließlich Söhne geboren hat (*puṃsū*), die alle noch leben (*jīvaputrā*), auf den Schoß, und gibt dem Knaben unter Sprechen des nächsten Opferspruchs Früchte [...].[17] Die Kraft der Mutter und ihres Sohnes soll hierdurch auf die empfängnisbereite Braut übergehen. Nach Śāṅkhāyanagṛhyasūtra (ŚGS) 1.16.8–11 setzt man der Braut einen Knaben mit den Worten: „In deinen Uterus..." auf den Schoß; der Bräutigam legt dem Knaben Früchte in die Hände und bittet die Brahmanen um die Segnung des Tages. Hierdurch, so heißt es, wird die Braut zur Mutter zahlreicher Söhne.

Die Bṛhadāraṇyakopaniṣad (BU) beschreibt verschiedene magische Handlungen, die ein Mann vornehmen soll, um Söhne oder, in einem Fall, eine Tochter zu zeugen. Eine weitere Methode dient der Schwangerschaftsverhütung: „Wenn er aber will, daß sie keinen Embryo empfangen soll, dann soll er, nachdem er die Sache (den Samen) in sie getan hat, seinen Mund mit ihrem vereinen; dann soll er, nachdem er eingeatmet hat, ausatmen (und sprechen): ‚Durch meine Kraft, durch meinen Samen nehme ich dir den (eben ergossenen) Samen fort.' Dann bleibt sie samenlos (unbefruchtet).“[18] Will er, daß sie schwanger wird, sagt er einen anderen Spruch, nachdem er seinen Mund auf den ihren gelegt hat. Mit verschiedenen magischen Handlungen und Sprüchen kann der Mann erreichen, daß ihm ein weißer Sohn oder ein bräunlicher, ein dunkelhäutiger oder ein gelehrter Sohn geboren wird. Während es für die Konzeption vier verschiedener Arten von Söhnen vier entsprechende Handlungen gibt, geht es nur in einem Fall um die Zeugung einer Tochter. Dieses Ritual soll zur Geburt einer gelehrten Tochter führen, die ihr volles Lebensalter erreicht (und nicht als Säugling oder Kind stirbt).[19] Hierzu müssen Mann und Frau eine mit Butter vermischte Speise aus Reis und Sesam zubereiten und essen.[20] Um einen Sohn zu bekommen, soll Fleisch gegessen werden: „Wenn er wünscht, ein gelehrter, berühmter Sohn solle ihm geboren werden, der Versammlungen besucht und ein Sprecher gelehrter Rede ist, der alle Veden rezitieren kann und das volle Lebensalter erlangt, sollen sie (er und seine Gattin) eine Fleischspeise mit Reis und zerlassener Butter bereiten und essen. Dann sind sie zum Zeugen (eines solchen Sohnes) fähig. Durch Bullen- oder Stierfleisch.“[21] Bei den Söhnen geht es stets um das Studium der Veden und um das Erlangen des vollen Lebensalters; ersteres ist ein Hinweis darauf, daß diese Riten nur von Männern der oberen drei *varṇa*-s (Stände) vollzogen wurden, letzteres belegt die hohe Säuglings- und Kindersterblichkeit im alten Indien. Den genannten Aussagen liegt die medizinisch richtige Vorstellung zugrunde, das Geschlecht des Kindes entstehe bei der Zeugung; es wird zu zeigen sein, daß es auch andere Meinungen gab.

Beim Geschlechtsverkehr rezitierte der Mann Zaubersprüche aus den vedischen Texten, vornehmlich aus dem AV. Nach BU 6.4.20 spricht der Mann zu seiner Gattin: „‚Ich bin der Himmel, du bist die Erde, komm, wir beide wollen uns umarmen, den Samen wollen wir vermischen, um ein männliches Kind, einen Sohn zu erlangen.' Dann öffnet er ihre Schenkel (und spricht): ‚Gehet auseinander, Himmel und Erde', und, die Sache (den Samen) in sie getan habend […].“[22]

Eine andere Methode, das Geschlecht des Kindes vor der Empfängnis zu beeinflussen, bestand nach den Dharmaśāstras und den medizinischen Texten in einer längeren Enthaltsamkeit des Mannes vor der Zeugung sowie in der Beschränkung des Geschlechtsverkehrs auf bestimmte Nächte. Der Geschlechtsverkehr in den ungeraden Nächten des Menstruationszyklus der Gattin führte nach übereinstimmender Ansicht zur Zeugung von Töchtern. So schreibt Varāhamihira in der Bṛhatsaṃhitā (BS): „In geraden Nächten entstehen nämlich männliche Kinder, in ungeraden Nächten weibliche Kinder. In weit entfernten geraden Nächten entstehen schöne und glückliche (Söhne), die ein hohes Alter erreichen."[23] Die geraden Tage waren der sechste, der achte und der zehnte Tag des Zyklus. „In weit entfernten geraden Nächten" bedeutet, das Paar solle nach zahlreichen enthaltsamen Tagen und Nächten, in denen sich der Same des Mannes sammeln und konzentrieren konnte, Geschlechtsverkehr haben. Infolge der zusätzlichen Enthaltsamkeit nach dem Ende der Menstruation (Sexualität während der Menstruation war selbstverständlich verboten[24]) erfolgte der Geschlechtsverkehr dann in der 12., 14. oder 16. Nacht und damit in der fruchtbaren Phase des weiblichen Zyklus. Das Ei, der Eisprung und die mit diesem verbundene ungefähr drei Tage dauernde Fruchtbarkeitsphase waren den Indern im Altertum nicht bekannt, doch mag die Erfahrung gelehrt haben, daß der Geschlechtsverkehr um die Zyklusmitte zur Empfängnis führte.

Nach einer in verschiedenen Texten der nachchristlichen Jahrhunderte dargelegten Auffassung kommt es bei einem Überwiegen der mütterlichen Zeugungssubstanz, des Bluts, zur Zeugung eines Mädchens und bei einem Überwiegen des Samens zur Zeugung eines Sohnes; sind Blut und Samen in gleicher Menge vorhanden, entsteht ein *napuṃsaka,* ein Hermaphrodit.[25] Die Enthaltsamkeit des Mannes hatte den Zweck, das Sperma zu sammeln; je mehr Samen vorhanden und je konzentrierter dieser war, um so eher konnte er sich gegen die angenommene weibliche Zeugungssubstanz durchsetzen und zu einem Sohn mit den erwünschten Qualitäten der Langlebigkeit und der Intelligenz führen.[26] Der Same war nach der vorherrschenden Meinung das wertvollste Körperprodukt des Mannes, die Essenz aller Körpersäfte, die nach zahlreichen Umwandlungsprozessen aus der Nahrung entsteht: Aus der zu Saft gewordenen Nahrung wird Blut, daraus Fleisch, aus diesem Fett, daraus entstehen die Knochen, aus diesen Mark, und daraus bildet sich der Same.[27] Im Skandapurāṇa (SP) erklärt ein Heiliger fünf Apsaras (himmlischen Tänzerinnen), die ihn zu verführen versuchen, die sexuelle Vereinigung dürfe nur mit der rechtmäßig angetrauten Gattin erfolgen (und nur der Zeugung männlichen Nachwuchses dienen), abgesehen davon müsse der Same bewahrt werden, da er die Essenz der sechs den Körper bildenden Grundstoffe darstelle; das Verschwenden des Samens in einem minderwertigen Schoß habe schreckliche Folgen für den Vater und für die Nachkommen.[28]

MEYER verweist auf Yājñavalkyadharmaśāstra (YDhŚ[29]) 1.80, wonach der Zeitpunkt und die Quantität des männlichen Samens für die Zeugung gleichermaßen bedeutsam sind: „Der Mann soll in gerader Nacht usw. einmal seiner abgemagerten Gattin (kshāmā) nahen, dann erziele er einen Sohn. Doch ist vielleicht nur an die wenigstens vorausgesetzte zehrende Wirkung der weiblichen Periode gedacht." (1915, S. 276, Anm.) Nach dieser Vorstellung war die Wahrscheinlichkeit der Zeugung eines Sohnes am größten, wenn der Mann nach einer Phase der Enthaltsamkeit Geschlechtsverkehr mit seiner Frau hatte, deren Zeugungssubstanz durch die eben erfolgte Blutung und das zur Menstruation gehörende Fasten geschwunden war. Zusätzlich sollten samenvermehrende und samenstärkende Arzneien eingenommen werden.[30] Die BS nennt zahlreiche Rezepturen, deren Einnahme die Quantität und die Qualität des männlichen Samens erhöht; die meisten der genannten Arzneien dienen gleichzeitig der Stärkung der Potenz, während die falsche Nahrung nicht nur die Sehkraft, sondern auch den Samen, *śukra*, und die Potenz, *vīrya,* zerstört (76.12). Auch die Liebeslehrbücher nennen potenzfördernde Mittel: Nach dem Anaṅgaraṅga beseitigt ein bestimmter Trank Magerkeit und Mangel an Sperma, er verhindert das Ergrauen der Haare und Impotenz und verleiht Söhne, Kraft und höchste sexuelle Wonnen (SCHMIDT 1922, S. 611). Sexuelle Potenz und die Sohneszeugung gehören nach diesem Denken zusammen.

Bereits die altindischen Ärzte waren mit dem Verlangen ihrer Patienten und Patientinnen nach Nachwuchs, vornehmlich männlichem, konfrontiert. In der Carakasaṃhitā (CS), einem Lehrbuch der Medizin, heißt es: „Wenn Mutter und Vater die Leibesfrucht (nach Willen) zeugen könnten, dann würden die meisten Frauen und die meisten Männer, die alle Söhne wünschen, den Geschlechtsakt mit dem Ziel der Geburt eines Sohnes ausführen und ausschließlich Söhne zeugen, und Töchter die, die Töchter wünschen."[31] Der Autor stellt auch fest: „Und keine Frau und kein Mann wäre ohne Nachwuchs, Untröstliche ohne Nachwuchs gäbe es nicht.“[32]

Die altindischen Ärzte empfahlen zahlreiche Praktiken für die Erlangung eines Sohnes. Im 8. Kapitel des Śārīrasthāna der CS, das der Zeugung des Kindes gewidmet ist, werden mehrere Behandlungen genannt, denen der weibliche Körper vor der Empfängnis zu unterziehen ist. Man ging davon aus, das Wesen des Kindes sei von der Frau, ihrer körperlichen und seelischen Befindlichkeit abhängig; ist die Frau beim Zeugungsakt traurig oder denkt sie an einen anderen Mann, beinträchtigt dies die Gesundheit des Kindes. Auch ihr Wohlbefinden während des Geschlechtsverkehrs war wichtig, denn man glaubte an den Einfluß der Psyche auf die körperlichen Prozesse. Die Frau sollte beim Geschlechtsverkehr auf dem Rücken liegen; sie wird entweder nicht empfangen oder fehlerhafte Nachkommenschaft haben, wenn sie zuvor zuviel gegessen hat oder wenn sie beim Geschlechtsverkehr hungrig oder durstig ist, wenn sie Angst hat, unglücklich, bekümmert oder zornig ist, wenn sie einen anderen Mann liebt oder zu leidenschaftlich ist.[33]

Auch die medizinischen Texte empfehlen bei Sohneswunsch den Geschlechtsverkehr an den geraden Tagen des Zyklus der Gattin, bei Tochterwunsch soll er an den ungeraden Tagen erfolgen.[34] Wenn die Frau einen Sohn wünscht, soll sie sprechen: ‚Ich will einen prächtigen, hellfarbenen, löwenäugigen, kräftigen, reinen, mit spiritueller Kraft begabten Sohn‘, und ein Reinigungsbad nehmen. Sieben Tage lang soll man ihr ein Getränk aus gereinigter Gerste, mit Honig und Butter vermengt und vermischt mit der Milch einer weißen Kuh, die ein schönes (männliches) Kalb (oder Kälber) geboren hat, aus einem Gefäß aus Silber oder Messing morgens und abends verabreichen.“[35] Da das zu empfangende Kind dem ersten Mann gleichen wird, den sie sieht, soll die nach der Menstruation durch ein Bad gereinigte und empfängnisbereite Frau nur ihren Gatten erblicken.[36]

Die medizinischen Texte empfehlen daneben auch die bekannten Riten und die Rezitation bestimmter Hymnen, die der Empfängnis eines Sohnes dienen. Nach der CS soll sich die Frau, die einen Sohn haben möchte, westlich des heiligen Feuers und südlich des Priesters hinsetzen, mit ihrem Mann Opfergaben darbringen und den Sohn herbeisehnen. Der Priester rezitiert danach bestimmte vedische Hymnen, und das Ehepaar soll acht Nächte lang (also nicht nur in den geraden

Nächten) Verkehr haben, dieser führt nach dem Glauben zur Geburt des langersehnten Sohnes.[37] Andere Anweisungen betreffen den Wunsch der zukünftigen Mutter nach einem dunkelhäutigen, starkarmigen, breitbrüstigen Sohn mit bestimmten Eigenschaften. Da die Ärzte das Geschlecht des Kindes erfahrungsgemäß mit medizinischen Mitteln nicht beeinflussen konnten, griffen sie verständlicherweise auf die bekannten und weitverbreiteten Riten und magischen Praktiken zurück. So empfiehlt die CS auch den *puṃsavana*-Ritus.

Die erotologischen Texte geben ebenfalls Ratschläge zur Sohneszeugung. Nach einer mir nicht verständlichen Stelle des Pañcasāyaka gibt es in der Vagina mehrere Röhren; je nachdem, auf welche dieser Röhren der Same fällt, wird entweder ein Mädchen oder ein Knabe gezeugt (SCHMIDT 1922, S. 261). Das Ratirahasya (Ra) nennt eine Reihe von Mixturen aus pflanzlichen Ingredienzen, die eine Frau einnehmen soll, wenn sie einen Sohn bekommen möchte (15.64–66); ähnliche Rezepturen finden sich im Pañcasāyaka (SCHMIDT 1922, S. 650f.).

Man glaubte auch an den Einfluß der Gestirne auf das Geschlecht und die Charaktereigenschaften des Kindes. So schreibt das YDhŚ dem Mann vor, seiner nach der Menstruation geschwächten Frau in den geraden Nächten des Zyklus beizuwohnen und den Verkehr in ungeraden Nächten zu meiden; steht der Mond in den geraden Nächten in einer günstigen Position, wird er einen mit guten Eigenschaften versehenen Sohn zeugen.[38] In Varāhamihiras Bṛhajjātaka (BJ) finden sich zahlreiche Anweisungen, die sowohl den Zeitpunkt der Empfängnis als auch den Embryo, sein Geschlecht und seine Eigenschaften betreffen. Nach der hier vertretenen Ansicht sind Mars und Mond für den Zyklus der Frau verantwortlich, weshalb auch die Konzeption und das Geschlecht des Kindes von diesen und anderen Gestirnen abhängig sind.[39] Wenn zum Zeitpunkt der Empfängnis etwa Jupiter und Sonne ungünstig zueinander stehen, erfolgt nach Varāhamihira die Konzeption eines Knaben, befinden sich Mond, Venus und Mars in einer günstigen Stellung zueinander, führt dies zur Zeugung eines Mädchens.[40]

Auch die Götter flehte man um Söhne an. Schon in ṚV 10.85.45 bittet man Indra, der Braut zehn Söhne zu schenken (siehe Teil II, Vater und Sohn), und nach der CS soll der Mann vor der sexuellen Vereinigung die Götter um Hilfe anrufen und mit der Bitte enden: „Er soll mir einen Sohn, einen Helden, gewähren!“; der Priester bittet den Gott Viṣṇu, der Frau Fruchtbarkeit zu verleihen.[41] Eine Kritik an den religiösen Vorstellungen des Volkes, das sich an die großen Götter, darunter an den schon im ṚV angeflehten Gott Indra wie an die niederen Gottheiten wendet, findet sich im buddhistischen Divyāvadāna (D): „Ein Sohnloser, der einen Sohn bekommen will, bittet (die Götter) Śiva, Varuṇa, Kuvera, Śakra (Indra), Brahmā und andere um Hilfe. Er bittet die Gottheiten des Haines, die Gottheiten des Waldes, die Gottheiten der *śṛṅgātaka*-Pflanze, die Opfergaben entgegennehmenden Gottheiten, die Familiengottheiten, die Gottheiten seiner Gattin (?) und selbst seine (persönlichen) Schutzgottheiten um Hilfe. Es ist der Glaube der Menschen, daß Söhne und Töchter aufgrund von Gebeten geboren werden. So ist es aber nicht. Wenn es so wäre, dann hätte ein jeder Mann tausend Söhne, als sei er ein weltbeherrschender König."[42]

Anmerkungen

1 Nach *India. Women & Children in Focus* wollen nur 2,7% der verheirateten indischen Frauen keine Kinder, und nur 14,3% der verheirateten Frauen mit einem Kind wollen auf weitere Kinder verzichten.

2 So annoncierte im März 1995 die Ärztin Geeta Shroff in einer in Delhi erscheinenden Tageszeitung: „Choose the Sex of Your Child at Conception – C41 NDSE II-49, New Delhi South Extension, Tel. 6476922."

3 Siehe die Homepage des „Fertility Center of California" unter „Sex Pre-Selection". Daß es auch in den Kliniken in den USA primär um den Wunsch nach Söhnen geht, wird verschwiegen, doch wird dies durch die folgende Äußerung deutlich: „Obviously, […] the odds of obtaining a male have been dramatically increased from 1:1 to 5:1. *HOWEVER THERE ARE STILL 2 MILLION „X"-BEARING SPERMS PRESENT, ANY ONE OF WHICH COULD PRODUCE A FEMALE.*" (Hervorhebungen im Original.) Die übrigbleibenden zwei Millionen X-Spermien sind nach der Information der Rest der 15 Millionen X-Spermien je Ejakulation, von denen man 13 Millionen durch Filterung zerstört hat. Die hauptsächliche Behandlung des Ejakulats besteht somit in der Beseitigung der Töchter erzeugenden Spermien.

4 Siehe im Internet: http://www.healthlibrary.com/pgd/index.htm
Mit der Methode können das Geschlecht und erbliche Schädigungen des Embryos festgestellt werden. Die deutsche Bundesärztekammer hat Ende Februar 2000 die Richtlinien zur PID, die bisher in Deutschland nicht

eingesetzt werden durfte, vorgelegt und sich für einen stark kontrollierten Einsatz der Präimplantationsdiagnostik ausgesprochen; sie soll nur Paaren erlaubt sein, die ein hohes Risiko tragen, erbkranke Kinder zu zeugen. Zur Feststellung des Geschlechtes ist die Methode hierzulande verboten.

5 Mit der Erklärung, PGD sei „a technically demanding and complex procedure", wird darauf verwiesen, daß diese Methode in Indien erst in einer Klinik angewendet werde, nämlich in der Malpani Infertility Clinic in Bombay, deren Adresse und weitere Daten angegeben sind.

6 Siehe etwa STOPPARD in ihrem Ratgeber zu „Empfängnis, Schwangerschaft und Geburt", S. 29.

7 AV 3.23.5 a-c: *kṛṇómi te prājāpatyám ā́ yóniṃ gárbha etu te* | *vindásva tvā́ṃ putrā́ṃ nāri* [...] || Zu den verschiedenen Übersetzungen von *prājāpatyám* siehe BLOOMFIELD S. 357. Sāyaṇa: *prajāpatinā brahmaṇā nirmitaṃ prajotpattikaraṃ karma* [...], „Es ist ein von Prajāpati (dem Schöpfer), von Brahman geschaffener Ritus zur Erzeugung (männlicher) Nachkommenschaft." Der AV ist ein Werk mit Zaubersprüchen und Liedern unterschiedlichen Alters, die ältesten Textteile entstanden ab etwa 1000 v. Chr. (GONDA 1975, S. 275). Nach MYLIUS ist der AV etwas später zu datieren als der ṚV, der ihm zufolge zwischen 1200 und 1000 v. Chr. entstand, wobei einzelne Teile dieses Werkes bis zu 300 Jahre älter sein können (S. 33 und S. 62).

8 KS 35.1: *puṃsavanāni raja udvāsāyāḥ puṃnakṣatre* [...]. Die Handlung wird unter der Rezitation des AV-Liedes 3.23 vollzogen, in dem es heißt: „In deinen Schoß soll ein männlicher Embryo kommen wie der Pfeil in den Köcher [...]." Ein Pfeil wird um den Hals der Frau gebunden und so fort. Das Kauśikasūtra ist ein zum AV gehörendes Gṛhyasūtra und sehr schwer zu datieren.

9 KS 35.16: *yām icched vīraṃ janayed iti dhātarvyābhir udaram abhimantrayate* || In den rezitierten Liedern wird der Schöpfergott Dhātṛ um Wohlergehen und Nachkommenschaft gebeten.

10 ĀśŚS 2.7: *vīraṃ me datta pitara iti piṇḍānāṃ madhyamam* | *patnīṃ prāśayed ādhatta pitaro garbhaṃ kumāraṃ puṣkarasrajam* | *yathāyam arapā asad iti* || Der Vers geht auf die alte Vājasaneyisaṃhitā zurück, wo man die Väter in 2.33 um einen lotosbekränzten Sohn bittet, der ein Mann werden, also nicht im Kindesalter sterben soll. Die Śrautasūtras erörtern die großen Opfer und sind wahrscheinlich in der Zeit zwischen dem 7. oder 6. Jahrhundert v. Chr. und dem 2. Jahrhundert v. Chr. verfaßt worden, so GONDA (1977, S. 476; zur Datierung der einzelnen Śrautasūtras durch andere Indologen siehe seine Fußnote 35 auf S. 477). Nach MYLIUS entstanden die ältesten Śrautasūtras um 550 v. Chr. (S. 85). Das Āśvalāyana-

śrautasūtra ist nach WINTERNITZ vor dem 4. vorchristlichen Jahrhundert entstanden (1, S. 402).

11 KŚS 4.1.22: *ādhatteti madhyamapiṇḍaṃ patnī prāśnāti putrakāmā* ‖ Zur Datierung des Kātyayanaśrautasūtra siehe die vorangegangene Anmerkung.

12 M 13.87.10 a und 11 ab: *striyo dvitīyāṃ jāyante* [...] ǀ *pañcamyāṃ bahavaḥ putrā jāyante* [...] ǀ Nach WINTERNITZ entstand das M in den Jahrhunderten um Christi Geburt und besaß um etwa 500 n. Chr. den Umfang und Inhalt des uns heute vorliegenden Werkes (1, S. 396 und S. 403). Nach MYLIUS entstand das Mahābhārata zwischen 400 v. und 400 n. Chr. (S. 94).

13 R 1.14.2 und 3: *iṣṭiṃ te 'haṃ kariṣyāmi putrīyāṃ putrakāraṇāt* ǀ *atharvaśirasi proktair mantraiḥ siddhāṃ vidhānataḥ* ‖ *tataḥ prākramad iṣṭiṃ tāṃ putrīyāṃ putrakāraṇāt* ǀ *juhāva cāgnau tejasvī mantradṛṣṭena karmaṇā* ‖ Das Rāmāyaṇa entstand nach WINTERNITZ in den Jahrhunderten um Christi Geburt; in der 2. Hälfte des 2. Jahrhunderts n. Chr. besaß es wahrscheinlich schon seinen endgültigen Umfang und Inhalt (1, S. 430 und S. 439). Nach MYLIUS ist das Rāmāyaṇa in der uns vorliegenden Fassung älter als das Mahābhārata, dessen Kern aber wiederum älter als das Rāmāyaṇa ist (S. 92).

14 R 1.8.1 cd und 2: *sutārthaṃ tapyamānasya nāsīd vaṃśakaraḥ sutaḥ* ‖ *cintayānasya tasyaivaṃ buddhir āsīn mahātmanaḥ* ǀ *sutārthaṃ vājimedhena kim arthaṃ na yajāmy aham* ‖

15 TS 6.6.4.3: *yáṃ kāmáyeta stry asya jāyetéty upānté tásya vyátiṣajet str'y evā́sya jāyate yáṃ kāmáyeta púmān asya jāyetéty āntáṃ tásya prá veṣṭayet púmān evā́sya jāyate* [...].

16 Āpastambagṛhyasūtra (ĀGS) 2.4.12 und 13: *yadi kāmayeta strīr eva janayeyam ity aṅgulīr eva gṛhṇīyāt* ‖ *yadi kāmayeta puṃsa eva janayeyam ity aṅguṣṭham eva* ‖ Die Gṛhyasūtras sind Texte, die das häusliche Ritual behandeln; nach MYLIUS entstanden sie im 5. und 4. Jahrhundert v. Chr. (S. 85).

17 ĀGS 2.6.11: *athāsyāḥ puṃsvor jīvaputrāyāḥ putram aṅka uttarayopaveśya tasmai phalāny uttareṇa yajuṣā pradāya* [...]. WINTERNITZ geht ausführlich auf diesen Brauch im Indien des 19. Jahrhunderts sowie bei den „übrigen indogermanischen Völkern" (siehe den Titel) ein (1892, S. 75).

18 BU 6.4.10: *atha yām icchen na garbhaṃ dadhīteti tasyām arthaṃ niṣṭhāya mukhena mukhaṃ sandhāyābhiprāṇyāpānyād indriyeṇa te retasā reta ādada ity aretā eva bhavati* ‖ Die Bṛhadāraṇyakopaniṣad ist nach WINTERNITZ eine der ältesten Upaniṣaden (1, S. 205) und somit etwa um 600 oder 500 v. Chr. entstanden. MYLIUS datiert den hier auftretenden Lehrer Yājñavalkya in die Zeit um 640 bis 610 v. Chr. (S. 79).

19 *duhitā paṇḍitā* zeigt, daß die Töchter der oberen Stände zur Zeit der Upaniṣaden noch unterrichtet wurden; auch in AV 11.5.18 hieß es noch: *brahmacáryeṇa kanyà yúvānaṃ vindate pátim* | „Durch das Studium des *veda* erlangt die Jungfrau einen jungen Gatten." Die Erziehung und die Bildung einer Tochter wurden etwa ab der Mitte des ersten vorchristlichen Jahrtausends als überflüssig oder sogar schädlich angesehen.

20 BU 6.4.17: *atha ya icched duhitā me paṇḍitā jāyeta sarvam āyur iyād iti tilaudanaṃ pācayitvā sarpiṣmantam aśnīyātām īśvarau janayita vai* ||

21 BU 6.4.18: *atha ya icchet putro me paṇḍito vijigītaḥ samitiṃgamaḥ śuśrūṣitāṃ vācaṃ bhāṣitā jāyeta sarvān vedān anubruvīta sarvam āyur iyād iti māṃsaudanaṃ pācayitvā sarpiṣmantam aśnīyātām īśvarau janayita vā aukṣṇena vārṣabheṇa vā* || MÜLLER übersetzt letzteres als: „The meat should be of a young or of an old bull." (S. 220) Der Unterschied zwischen *ukṣan* und *vṛṣabha* wird mir nicht klar.

22 BU 6.4.20 und 21: *dyaur ahaṃ pṛthivī tvaṃ tāv ehi saṃrabhāvahai saha reto dadhāvahai puṃse putrāya vittaya iti* || *athāsyā ūrū vihāpayati vijihīthāṃ dyāvāpṛthivī iti tasyām arthaṃ niṣṭhāya* [...]. Die Formel geht auf AV 14.2.71 zurück, wo es jedoch um Nachwuchs allgemein, nicht um Söhne geht: [...] *dyáur ahám pṛthivī́ tvám* | *tā́v ihá sáṃ bhavāva prajā́ṃ ā́ janayāvahai* ||

23 BS 78.23: *yugmāsu kila manuṣyā niśāsu nāryo bhavanti viṣamāsu* | *dīrghāyuṣaḥ surūpāḥ sukhinaś ca vikṛṣṭayugmāsu* || Der Kommentator Bhaṭṭotpala erklärt *vikṛṣṭayugmāsu* mit *dūrasthāsu rātriṣu samāsu* (zu 77.23). In der vierten Nacht des Zyklus (wenn die Gattin noch menstruiert) ist der Geschlechtsverkehr verboten, die 6., 8., 12. und 16. Nacht sind nach dem Kommentator zur Zeugung eines Sohnes geeignet. Ähnlich wie die BS in 78.23 äußern sich andere Texte, etwa MS 3.48 und SP 4.1.38.15. Siehe auch M 13.107.142 und 43, wonach der Geschlechtsverkehr am fünften Tag zur Zeugung eines Mädchens und am sechsten Tag zur Zeugung eines Sohnes führt. Die Bṛhatsaṃhitā ist ein Werk über die Astrologie aus der ersten Hälfte des 6. nachchristlichen Jahrhunderts (WINTERNITZ 3, S. 43 und S. 571).

24 Siehe etwa MS 4.40 und GGS 2.5.8 und 3.5.5.

25 So in der Carakasaṃhitā, Śārīrasthāna 2.18. a und b und in der MS 3.49, s. u.

26 Siehe hierzu WINTERNITZ, der sich auf Baudhāyana bezieht, nach dem ein junges Paar zunächst enthaltsam leben soll: „[...] drei Nächte, zwölf Nächte, vier Monate, sechs Monate oder ein Jahr, je nachdem, ob man einen gewöhnlichen Vedengelehrten (*śrotriya*), einen gründlichen Vedenkenner (*anūcāna*), einen noch höher stehenden Brahmanen (*bhrūṇa*), einen

Heiligen (*ṛṣi*) oder gar einen Gott (*deva*) erzeugen will." (1892, S. 86) Der Geschlechtsverkehr, der den Mann nach indischem Verständnis körperlich, vor allem aber geistig schwächte, konnte wegen der Verpflichtung des Zeugens von Söhnen selbstverständlich nicht aufgegeben werden, sollte jedoch auf ein Minimum beschränkt bleiben. Die betreffenden Vorschriften finden sich in Baudhāyanadharmasūtra 1.11.21.18 und 3.7.2, Vāsiṣṭhadharmaśāstra 12.6, 7, 21 und 22, Viṣṇusmṛti 69.1, Manusmṛti 3.47.ff. und 4.128, sowie in Mārkaṇḍeyapurāṇa 13.130.25 und in der Suśrutasaṃhitā in Śārīrasthāna 2.28–30.
Auch in der modernen westlichen Medizin gibt es – zumindest bei einigen ihrer Vertreter – den Glauben an den Zusammenhang zwischen einer temporären Enthaltsamkeit des Mannes und der Zeugung eines Sohnes; angeblich erhöht sich bei Abstinenz die Zahl der männlichen Geschlechtszellen. So schreibt die amerikanische Gynäkologin STOPPARD in ihrem Ratgeber: „Wenn Sie sich ein Mädchen wünschen, sollten Sie ziemlich häufig miteinander schlafen, da sich dadurch der Anteil männlicher Geschlechtszellen im Samen verringert; versuchen Sie, einen Jungen zu zeugen, dann sollten Sie in größeren Abständen miteinander schlafen, da sich dadurch der Anteil männlicher Geschlechtszellen erhöht." (S. 29) Die Frage, ob dies eine gesicherte wissenschaftliche Erkenntnis oder Aberglaube ist, kann ich nicht beantworten.

27 SS, Sūtrasthāna 14.10: *rasād raktaṃ tato māṃsaṃ māṃsān medaḥ prajāyate | medaso 'sthi tato majjā majjñaḥ śukraṃ tu jāyate ||*

28 SP 1.2.1.57: *ṣaḍdhātusāraṃ tad vīryaṃ samānaṃ parihāya ca | vinikṣepe kuyonau tu tasyedaṃ proktavān yamaḥ ||* Das uns heute vorliegende Skandapurāṇa ist aus Texten verschiedener Jahrhunderte zusammengesetzt und um 1000 n. Chr. kompiliert worden.

29 Dieses Gesetzbuch entstand nach KANE zwischen 100 v. Chr. und 300 n. Chr. (Vol. V, Part II, S. xii), nach WINTERNITZ wurde es nicht vor dem 3. oder 4. Jahrhundert n. Chr. verfaßt (3, S. 498); nach MYLIUS kann das Yājñavalkyadharmaśāstra nicht vor dem 2. Jahrhundert n. Chr. entstanden sein (S. 261).

30 BS 76.1: *rakte 'dhike strī puruṣas tu śukre napuṃsakaṃ śoṇitaśukrasāmye | yasmād ataḥ śukravivṛddhidāni niṣevitavyāni rasāyanāni ||* Ebenso die SS, Śārīrasthāna 3.5: *tatra śukrabāhulyāt pumān ārtavabāhulyāt strī sāmyād ubhayor napuṃsakam iti ||*

31 CS, Śārīrasthāna 3.5: *yadi hi mātāpitarau garbhaṃ janayetāṃ tadā bhūyasyaḥ striyaḥ pumāṃsaś ca bhūyāṃsaḥ putrakāmāḥ te sarve putrajanmābhisandhāya maithunam āpadyamānāḥ putrān eva janayeyur duhitṝr vā duhitṛkāmāḥ ||* Die ältesten Teile der Carakasaṃhitā werden in das 2.

Jahrhundert n. Chr. datiert (WINTERNITZ 3, S. 545); nach MYLIUS könnte der Kern des Werkes bis in das 2. Jahrhundert n. Chr. zurückreichen, ein Drittel des Textes ist aber erst im 8. oder 9. Jahrhundert hinzugekommen (S. 272).

32 CS, Śārīrasthāna 3.5: *na ca kāścit striyaḥ kecid vā puruṣā nirapatyāḥ syuḥ na cāpatyakāmāḥ parideveran* ||

33 CS, Śārīrasthāna 8.6: *tasmād uttānā satī bījaṃ gṛhṇīyāt* [...] *tatrātyaśitā kṣudhitā pipāsitā bhītā vimanāḥ śokārtā kruddhā 'nyaṃ ca pumāṃsam icchantī maithune cātikāmā vā nārī garbhaṃ na dhatte viguṇāṃ ca prajāṃ janayati* ||

34 CS, Śārīrasthāna 8.5: [...] *snānāt prabhṛti yugmeṣv ahaḥsu putrakāmau ayugmeṣu duhitṛkāmau* ||

35 CS, Śārīrasthāna 8.7: *bṛhantam avadātaṃ haryakṣam ojasvinaṃ śuciṃ sattvasaṃpannaṃ putram iccheyam iti śuddhasnānāt prabhṛty asyai mantham avadātayavānāṃ madhusarpirbhyāṃ saṃsṛjya śvetāyā goḥ sarūpavatsāyāḥ payasāloḍya rājate kāṃsye vā pātre kāle kāle saptāhaṃ satataṃ prayacchet pānāya* [...].

36 SS, Śārīrasthāna 2.26: *pūrvaṃ paśyed ṛtusnātā yādṛśaṃ naram aṅganā* | *tādṛśaṃ janayet putraṃ bhartāraṃ darśayed ataḥ* ||

37 CS, Śārīrasthāna 8.7: *tataḥ putrakāmā paścimato 'gniṃ dakṣiṇato brāhmaṇam upaviśyānvālabheta saha bhartrā yatheṣṭaṃ putram āśāsānā* || [...] *tatas tau saha saṃvasetām aṣṭarātraṃ tathāvidhaparicchadāv eva ca syātāṃ tatheṣṭaputraṃ janayetām* ||

38 YDhŚ 1.79 b und 80: [...] *yugmāsu saṃviśet* [...] *evaṃ gacchan striyaṃ kṣāmāṃ maghāṃ mūlaṃ ca varjayet* | *sustha indau sakṛt putraṃ lakṣaṇyaṃ janayet pumān* ||

39 BJ 4.1: *kujenduhetuḥ pratimāsam ārtavaṃ* || Das Bṛhajjātaka ist ein astrologisches Werk Varāhamihiras aus dem 6. Jahrhundert n. Chr. (WINTERNITZ 3, S. 569).

40 BJ 4.11: *gurvarkau viṣame naraṃ śaśisitau vakraś ca yugme striyam* || Die hier anzutreffenden Verbindungen einer ungünstigen Stellung mit einem männlichen und einer günstigen Konstellation mit einem weiblichen Kind sind ein eigenartiger Gegensatz zu der vorherrschenden Assoziation des Männlichen mit dem Geraden, Günstigen.

41 CS, Śārīrasthāna 8.6 und 7: [...] *putraṃ vīraṃ dadhātu me* || *ity uktvā saṃvasetāṃ* || *viṣṇur yoniṃ kalpayatu* [...] ||

42 D, S. 1: *so 'putraḥ putrābhinandī śivavaruṇakuveraśakrabrahmādīn āyācate* | *ārāmadevatāṃ vanadevatāṃ śṛṅgāṭakadevatāṃ balipratigrāhikāṃ devatāṃ sahajāṃ sahadharmikāṃ nityānubaddhām api devatām āyācate* | *asti caiṣa lokapravādo yad āyācanahetoḥ putrā jāyante duhitaraś ceti* | *tac*

ca naivam | *yady evam abhaviṣyad ekaikasya putrasahasram abhaviṣyat tadyathā rājñaś cakravartinaḥ* || Die einzelnen Teile des Divyāvadāna gehören nach WINTERNITZ verschiedenen Zeiten an, die Sammlung dürfte eher im 3. als im 2. Jahrhundert [n. Chr., R. S.] redigiert worden sein (2, S. 223). Nach MYLIUS könnte das Divyāvadāna in der ersten Hälfte des 3. Jahrhunderts n. Chr. entstanden sein (S. 348).

2. Pränatale Geschlechtsbestimmung und Abtreibung

Das heutige Indien

Vielerorts in Indien, vor allem aber im Norden und Westen des Landes, gibt es heute Ärzte und Kliniken, die mittels Amniozentese und Ultraschall die pränatale Geschlechtsbestimmung und Abtreibungen vornehmen (GEORGE und DAHIYA S. 1). Ärzte und Kliniken begannen diese Dienste ab dem Ende der siebziger Jahre anzubieten.[1]

Die Amniozentese oder Fruchtwasseruntersuchung ist eine Methode zur Erkennung genetischer Befunde des Embryos und des Fötus. In Indien führte das All India Institute of Medical Sciences sie im Jahre 1975 zur Diagnose von Krankheiten des Ungeborenen ein. Heute wird die Amniozentese in Indien hauptsächlich auf Wunsch von Eltern vorgenommen, die das Geschlecht ihres Kindes wissen wollen, um im Falle eines Mädchen eine Abtreibung vornehmen zu lassen. Die Methode ist ab der sechzehnten Schwangerschaftswoche sehr genau, die Fehlerquote liegt bei 5%. Zur Geschlechtsbestimmung wird vielfach auch die Sonographie eingesetzt, sie kostet heute ab 500 Rupien. Zunehmend wendet man auch die Plazentaprobe (chorion biopsy) an, die aus der Sicht der Ärzte und Patientinnen den Vorteil hat, daß sie schon ab der siebten Woche eingesetzt werden kann und somit eine frühe und leichtere und eher im Geheimen durchführbare Abtreibung ermöglicht. Allerdings ist die Plazentaprobe bedeutend teurer als die Sonographie.

Nach der Auskunft einer Ärztin in Bombay erfolgen 20–30% aller Geschlechtsbestimmungen auf den Wunsch von Paaren, deren erstes Kind ein Mädchen ist; 55–60% entfallen auf Paare, die zwei Töchter haben. Die Entscheidung über die Abtreibung trifft meist nicht die Frau, sondern die Schwiegermutter und der Ehemann sind ausschlaggebend; die Frauen kommen daher fast immer in Begleitung des Mannes oder der Schwiegermutter zum Arzt.[2] Der Prozentsatz der indischen Frauen, die eine Geschlechtsbestimmung vornehmen lassen, läßt sich nicht feststellen.

Die Abtreibung steht in Indien nicht unter Strafe, in den staatlichen Kliniken ist sie kostenlos, niedergelassene Ärzte bieten sie schon für 200 Rupien an.[3] Der Medical Termination of Pregnancy (MTP) Act von 1971 legalisierte die Abtreibung bis zur zwölften Woche ohne

Einschränkung oder Indikation, bis zur zwanzigsten Woche, wenn ein gesundheitliches Risiko für Mutter oder Kind besteht, und nach der zwanzigsten Woche, wenn das Leben der Mutter bedroht ist. Bei der Legalisierung der Abtreibung spielten bevölkerungspolitische Überlegungen eine entscheidende Rolle. Viele Mitglieder des Parlaments argumentierten, das rapide Bevölkerungswachstum müsse in jedem Falle verlangsamt werden, wenn nötig, mit Abtreibungen.[4] Die indische Idealfamilie sollte nach den bevölkerungspolitischen Kampagnen der siebziger Jahre aus Vater und Mutter, einem Sohn und einer Tochter bestehen. Manche Paare, die nur zwei Kinder, aber mindestens einen Sohn wollen, lassen daher schon das erste Kind abtreiben, wenn es ein Mädchen ist; häufiger wird das zweite Mädchen abgetrieben, wenn das Paar bereits eine Tochter hat.[5] Seit jüngster Zeit propagiert der indische Staat die Ein-Kind-Familie, und der einstige Spruch „ham do, hamāre do“, „Wir sind zwei und haben zwei (Kinder)“, ist ersetzt worden durch Sprüche wie „We two, our's one“ oder „One family, one child“, die man als Anzeigen in den Medien finden kann, die aber auch auf der Rückseite von Lastwagen und Autos zu lesen sind. Dies, so Dr. Rangan, ein Arzt aus Madurai, führe dazu, daß viele Paare schon bei der ersten Schwangerschaft das Geschlecht des Kindes untersuchen ließen.

Gesicherte und seriöse Zahlen über die Abtreibung weiblicher Föten zu bekommen ist unmöglich.[6] Zum einen führen viele Kliniken und Ärzte diese Abtreibungen jetzt heimlich durch, zum anderen nennen die indischen Medien und einige Arbeiten zu diesem Thema kaum glaubhafte, sehr hohe Zahlen. RAJAN schreibt: „40 to 60 million abortions occur each year worldwide. In India in 1992 there were 600,000 recorded abortions and an unknown number unrecorded.“ (S. 6) Nach KAPUR wurden pro Jahr allein in der Stadt Ahmedabad mindestens 10.000 weibliche Föten abgetrieben.[7] Sie berichtet weiter: „A survey report of women's centres in Bombay found that out of 8000 foetuses aborted in six city hospitals, 7999 foetuses were of girls.“ (S. 6)[8] D'MONTE bezieht sich auf offizielle Zahlen, wenn sie schreibt, zwischen 1978 und 1982 seien 78.000 weibliche Föten nach einer Fruchtwasseruntersuchung abgetrieben worden (S. 14). Diese Zahlen sind für unsere Tage selbstverständlich nicht mehr gültig, da seit 1982 die Zahl der Ärzte und Kliniken, die diese Methoden anbieten, gewachsen und die Amniozentese in der Bevölkerung weithin bekannt geworden ist; Indiens Bevölkerung hat seitdem stark zugenommen und bekanntlich im August 1999 (nach anderen Zählungen allerdings erst im Mai 2000) die Milliarde überschritten. RAJAN schrieb 1996, nach amerikanischen Schätzungen würden pro Tag in Indien 3000 weibliche Föten abgetrieben, was einer Zahl von über einer Million pro Jahr entspricht; hinzu kommen die nichtgeschlechtsspezifischen Abtreibungen (S. 1). Nach einem Bericht in der Tageszeitung The Hindu vom 22. Oktober 1999 werden in Indien jährlich mehr als zwanzig lakh (d. h. mehr als zwei Millionen) weibliche Föten nach einer Geschlechtsbestimmung abgetrieben, und das am 21. Oktober 1999 in Chennai (Madras) tagende State Executive Committee entschied „to propagate the message that female foeticide and infanticide were criminal offences.“ Auf dem Kongreß der Ahmedabad Medical Association im November 1999 sagte die Gynäkologin SHARDA JAIN, Schätzungen zufolge würden in Indien jährlich fünf Millionen weibliche Föten abgetrieben; die in staatlichen Publikationen angegebene Zahl von zwei Millionen derartiger Abtreibungen im Jahr sei unrealistisch niedrig (The Times of India, 29.11.1999).

Bei der Abtreibung weiblicher Föten gibt es große Unterschiede hinsichtlich der Bundesländer. Besonders verbreitet ist sie in Haryana, im Punjab, in Uttar Pradesh und in Maharashtra. Nach dem Census von 1991 lagen fünfzehn der zwanzig Distrikte mit dem geringsten Frauenanteil in den Bundesstaaten Haryana und Punjab; eine Untersuchung in mehreren Dörfern in Haryana im Jahr 1996 ergab, daß die Abtreibung weiblicher Föten nach der Geschlechtsdiagnostik hier sehr verbreitet war (GEORGE und DAHIYA S. 2). Gleichzeitig gehört das fruchtbare Haryana zu den Bundesstaaten mit dem höchsten Pro-Kopf-Einkommen und der günstigsten wirtschaftlichen Entwicklung. Nicht die Armut, sondern die traditionelle Präferenz von Söhnen, die den Status des Mannes heben und kostenlose Arbeitskräfte darstellen, ist hier der Grund für die Abtreibung weiblicher Föten. Die Männer geben hier den Frauen die Schuld für die Geburten von Töchtern und nehmen sich eine zweite Frau, falls die erste keinen Sohn bekommt (S. 3). In der untersuchten Gegend kam es auch zu Tötungen neugeborener Mädchen (S. 4).

Die Bundesstaaten Maharashtra und Goa hatten bereits in den achtziger Jahren die pränatale Geschlechtsbestimmung verboten. Diese wurde und wird jedoch in privaten Kliniken heimlich weiter vorgenommen. Im Januar 1996 trat ein für ganz Indien geltendes Gesetz in Kraft, das die Geschlechtsbestimmung durch Fruchtwasseruntersuchung und Ultraschall zum Zweck der geschlechtsspezifischen Abtreibung verbot: The Pre-Natal Diagnostic Techniques (Regulation and Prevention of Misuse) Act. Den Eltern darf, falls aus medizinischer Indikation eine pränatale Untersuchung nötig ist, das Geschlecht des Ungeborenen nicht mehr mitgeteilt werden. Bei Zuwiderhandlung drohen Eltern und Ärzten Strafen: „Punishment for all those involved ranges from three years in jail with a possible fine of ten thousand rupees to five years in jail and a possible fine of fifty thousand rupees. To ensure the legal conduct of the practitioner, violators will be reported to the State Medical Council. For the first offence, the practitioner's name will be removed from the register of the States Medical Council for two years and for subsequent offenses, his/her name will be removed permanently." (RAJAN S. 7)

Die Indian Medical Association (IMA) hat es sich in jüngster Zeit zum Ziel gesetzt, die geschlechtsspezifische Abtreibung intensiv zu bekämpfen und fordert für Ärzte, die sie vornehmen, strengere Strafen, vor allem die Entziehung der Approbation. Ärzten, die weibliche Föten abtreiben, wird Geldgier vorgeworfen, es handele sich um „money-making malpractices" (siehe The Times of India, 11.8.1999). Es ist jedoch nicht nur die Gier, die Ärzte und Ärztinnen bewegt, weibliche Föten abzutreiben; einge Ärzte befürworten die geschlechtsspezifische Abtreibung mit dem Argument, den verarmten Frauen und Familien müsse geholfen werden, unerwünschte Mädchen hätten ein schweres Leben vor sich und die Ehen ihrer Eltern seien belastet.

Die Abtreibung der ungeborenen Tochter ist, klar und hart gesagt, aus der Sicht vieler indischer Eltern ökonomisch sinnvoll. Aber nicht nur arme Eltern, die sich keine Mitgift leisten können, wollen keine Töchter, sondern Paare aus allen Gesellschaftsschichten lassen Töchter abtreiben: „members of the upper, middle and also lower castes and classes." (RAVINDRA) Auch reiche Frauen lassen Mädchen abtreiben: „Rich women also want sons and only sons. [...] In case of female foetuses they are quietly aborted in private clinics." (GANGRADE, Social development..., S. 73) Und auch religiöse Gründe spielen noch eine Rolle: Ein indischer Arzt erzählte BUMILLER, Industrielle und Kaufleute wollten deshalb Söhne, weil nur diese das Geschäft übernehmen und den Scheiterhaufen des Vaters entfachen könnten (S. 117).

Nach Dr. Saithri Rangan aus Madurai sind Töchter nicht nur wegen der Mitgift unbeliebt, die Mühsal der Erziehung und die Bräutigamssuche sind weitere Gründe, warum Paare keine Töchter wollten. JEFFERY, JEFFERY und LYONS zitieren in ihrer Studie über die Auffassungen von Schwangerschaft und Kinderwunsch in Uttar Pradesh eine Hebamme mit den folgenden Worten: „In their hearts no one wants a girl. If it were under anyone's control, no girls would ever be born!" (S. 140f.)

Die Gesetze bringen viele zur Abtreibung eines weiblichen Ungeborenen entschlossene Eltern und Ärzte nicht von ihrem Plan ab. „Die Ärztin Aniruddha Malpani, Gynäkologin in Bombay, gibt sich keinen Illusionen hin, sie kennt ihre Landsleute: ‚Da können sie noch so viele Gesetze machen – nichts wird sie davon abhalten, ihre Kinder umzubringen, wenn sie Mädchen sind', sagt sie erbost." (VENZKY)

Und die Feministin MADHU KISHWAR antwortete auf die Frage nach der zu erwartenden Auswirkung des Verbotes der geschlechtsspezifischen Abtreibung: „It [the abortion of female foetuses, R. S.] has important social consequences, and one of them is a very imbalanced sex ratio. But you cannot impose a selective ban. […] The main issue is the public demand for something – people want abortion. Certain things cannot be decided by courts of law; this is, I think, one of them. Even if you could have the best of legal systems, if people are convinced that the law is not for their welfare, they are going to find ways of disobeying it." (zitiert nach RAJAN S. 3)

Das alte Indien

Auch im alten Indien versuchte man, die Geburt einer Tochter zu verhindern, jedoch kam es dabei nicht zur Tötung des Ungeborenen. Über die geschlechtsbestimmenden Faktoren und den Zeitpunkt der geschlechtlichen Festlegung des Embryos herrschten unterschiedliche Ansichten. So glaubte man einerseits, der Geschlechtsverkehr an den geraden Tagen des weiblichen Zyklus oder bei bestimmten Sternkonstellationen und Mondphasen determiniere das Geschlecht des zu zeugenden Kindes. Nach einer anderen Vorstellung war das quantitative Verhältnis des Spermas zur weiblichen Zeugungssubstanz zum Zeitpunkt der Empfängnis entscheidend; nach anderen Theorien bestimmten Qualität und/oder Quantität des männlichen Samens allein das Geschlecht. Andererseits war das *puṃsavana* genannte Ritual für die Gattinnen der ‚Zweimalgeborenen' (der Männer der oberen drei Stände) vorgeschrieben, um aus dem Embryo im zweiten oder dritten Monat ein männliches Kind zu machen. Die Anwendung dieses Ritus belegt den Glauben an die Möglichkeit der Geschlechtsbeeinflußung in einem fortgeschrittenen Entwicklungsstadium des Ungeborenen.[9]

Alle Gṛhyasūtras schreiben den *puṃsavana*-Ritus vor, einen *saṃskāra,*[10] der dazu diente, den Embryo männlich zu machen;[11] man soll ihn im zweiten oder dritten Schwangerschaftsmonat durchführen. Nach dem YDhŚ soll das *puṃsavana* erfolgen, bevor sich der Embryo bewegt,[12] und auch Bṛhaspati schreibt dies vor (KANE Vol. II, Part I, S. 219). Nach dem ĀpGS vollzieht man das *puṃsavana,* sobald die Schwangerschaft sichtbar wird und das Sternbild *tiṣya* am Himmel erschienen ist.[13] Wird der Ritus richtig ausgeführt, wird die Schwangere einen Sohn gebären: *pumāṃsaṃ janayati* (ebd.). Nach Khādiragṛhyasūtra (KhGS) 2.2.18ff. stellt sich der Mann hinter seine schwangere Frau, greift über ihre rechte Schulter und berührt ihren unbedeckten Nabel mit den Worten „Zwei Männer…", (dies ist ein Zitat aus dem Mantrabrāhmaṇa; der Mann meint hiermit sich und seinen Sohn). Die gebadete Gattin muß sich niederlegen, und mit den Worten „Ein Mann ist Agni" führt der Ehemann zerriebene *nyagrodha*-Schößlinge in ihr rechtes Nasenloch ein.[14] Die rechte als die reine Körperseite wird hier wie auch sonst mit dem männlichen Kind in Verbindung gebracht.[15]

Nach KS 38.8–10 wird der *puṃsavana*-Ritus von dem Vers AV 6.11.1 begleitet, nach KS 35.1–4 werden die verschiedenen rituellen Handlungen unter der Rezitation des Liedes AV 3.23 vollzogen. Im AV-Lied 8.6 geht es um den Schutz der Schwangeren vor dämonischen Mächten, die ihr und dem Ungeborenen Schaden zufügen könnten; man fürchtet negative Einflüsse, die aus einem männlichen Kind ein weibliches zu machen vermögen, und bittet um Hilfe: „O Piṅga, beschütze den gerade geboren werdenden (Sohn), einen männlichen (Fötus) sollen sie nicht zu einem weiblichen machen."[16] Da man glaubte, das männliche Geschlecht des Kindes könne durch dämonische Kräfte in das unerwünschte weibliche Geschlecht verwandelt werden, hatte das *puṃsavana* offenbar auch den Zweck, einem männlichen Fötus sein Geschlecht zu erhalten.

Der *puṃsavana*-Ritus wird selbst in späten tantrischen Texten noch empfohlen; auch dies zeigt, wie langlebig indische Traditionen sind. Nach dem aus dem späten 19. Jahrhundert stammenden Mahānirvāṇatantra (MT) soll der Ritus im dritten Monat der Schwangerschaft durchgeführt werden. Der Schwangeren gibt man Sauermilch mit Gerste und Bohnen zu essen, sie sagt dreimal, sie nehme diese Speise zu sich, um einen Sohn zu gebären. Während der Zeremonie sitzen Frauen, deren Söhne und Männer leben, und die daher glückbringend sind, an ihrer linken Seite; man rezitiert eine magische Formel und bittet die Göttin Maheśvarī um die Vernichtung der Dämonen, die dem Kind Schaden zufügen könnten.[17] Bereits vor der Empfängnis spricht die Frau Zaubersprüche, die ihr zur Erlangung eines Sohnes verhelfen sollen; der Geschlechtsverkehr ist von einer Vielzahl von Sprüchen und rituellen Handlungen begleitet (9.100 und 108ff.).

Auch während des Ritus namens „Haarscheitelung" wurden Handlungen vorgenommen, um das Kind der im vierten, sechsten oder achten Monat Schwangeren männlich werden zu lassen (und auch hier erscheinen die mit männlicher Nachkommenschaft verbundenen geraden Zahlen). Nach dem Gobhilagṛhyasūtra (GGS) sollen sich Brahmaninnen um die Schwangere setzen und glückbringende Worte sprechen wie: „Eine Gebärerin von Helden, eine Gebärerin lebender Söhne, eine Gattin eines lebenden Gatten (ist sie)", und noch während der Geburt werden beschwörende Worte, Bitten um einen Sohn, rezitiert: „Dieser Knabe wird geboren, jener namens ‚...', er vollzieht die Namensgebung [...]."[18] Zu diesem *sīmantonnayana* oder *sīmantakaraṇa* („Haarscheitelung") genannten *saṃskāra* vermerkt DANGE, das hierbei gebrauchte Zweigbündel mit einer geraden Anzahl von *udumbara*-Früchten[19] weise auf den Wunsch nach männlicher Nachkommenschaft hin: „As fertility is mainly associated with the gain of male issues, the rite of the parting of the hair has to be understood as for the gain of male children. So it is said that this rite is to be performed on a day when a constellation having a masculine name is present." (S. 87)

Auch die medizinischen Texte, die CS ebenso wie die Suśrutasaṃhitā (SS), empfehlen den *puṃsavana*-Ritus, dessen Wirksamkeit sie bestätigen, und bezeichnen ihn als *auṣadha*, „Arznei": „Deshalb soll er (der Arzt) die Frau, bei der er den Eintritt einer Schwangerschaft festgestellt hat, der Behandlung des *puṃsavana* unterziehen, bevor die Leibesfrucht von außen erkennbar wird."[20] Das *puṃsavana* wird dann in weitgehender Übereinstimmung mit den Vorschriften der Gṛhyasūtras beschrieben, und es folgt der Rat, zu tun, was die Brahmanen oder die erfahrenen Frauen als zum *puṃsavana* gehörend vorschreiben.[21] Über die Bildung des Geschlechts des Embryos gibt die CS widersprüchliche Meinungen wieder. Zum einen wird die Ātreya zugeschriebene Ansicht dargelegt, die vorherrschende Zeugungssubstanz bestimme das Geschlecht des Kindes bei der Zeugung.[22] In diesem Falle müßte das im dritten oder vierten Monat vollzogene *puṃsavana* wirkungslos bleiben. Zum anderen heißt es aber: „Im zweiten Monat verdichtet sich die Substanz, und es entsteht ein *piṇḍa* (masc.), eine *peśī* (fem.) oder ein *arbuda* (masc./neutr.); der *piṇḍa* (ist oder wird) ein männliches Kind, die *peśī* ein weibliches, der/das *arbuda* ein Nicht-Mann (Hermaphrodit).“[23] Ob man annahm, das Geschlecht sei zum Zeitpunkt der Zeugung bereits determiniert, erhalte aber erst im zweiten Monat seine sichtbare Gestalt, oder ob man glaubte, das Geschlecht entstehe im zweiten Monat am noch neutralen Embryo, ist mir unklar.[24] Nur wenn man von der Unbestimmtheit des Geschlechts bei der Zeugung ausgeht, hat das *puṃsavana* einen Sinn (außer man fürchtet Dämonen, die einen Sohn in eine Tochter umwandeln). Die CS spricht aber andererseits von der Möglichkeit einer Umwandlung, *vivartana*, des Geschlechtes des Kindes im Mutterleib: „Zu lehren ist die (Geschlechts-)Umwandlung durch den im Veda für beide (Eltern?) beschriebenen Ritus (das *puṃsavana*) und, wie sie richtig durchzuführen ist, bevor die Manifestation (des Geschlechtes?) erfolgt. Das gewünschte Ergebnis entsteht, wenn die Riten hinsichtlich Ort und Zeit richtig ausgeführt werden, und das andere Ergebnis erfolgt, wenn die Riten entgegengesetzt durchgeführt werden. Er soll die Frau, die schwanger geworden ist, betrachten und für sie das *puṃsavana* ausführen, bevor der Embryo nach außen sichtbar wird (oder: bevor das Geschlecht festgelegt ist).“[25] *vivartana*, „Umdrehen, Umwandlung, Verwandlung“, zeigt in seiner Verbindung mit dem danach beschriebenen *puṃsavana*-Ritus, daß man an die Möglichkeit der Verwandlung eines weiblichen Embryos in einen männlichen, *puṃs*, glaubte. Der Hinweis, entgegengesetzte Maßnahmen erzeugten das gegenteilige Resultat, bedeutet, daß es auch den Versuch der Umwandlung eines männlichen Embryos in ein Mädchen gegeben hat.

Die Abtreibung galt im alten Indien als ein Verbrechen. Sie wird als Embryotötung, *garbhavadha* oder *bhrūṇaghna, bhrūṇahati*, bezeichnet. Bereits in einem AV-Lied, das von Vergehen (*manuṣyainaśāni,* den „Sünden der Menschen") befreien soll, heißt es: „Reibe, o (Gott) Pūṣan, (unsere) Verfehlungen auf den Embryotöter!"[26] Die Kauṣītakibrāhmaṇopaniṣad (KU) sieht die Embryotötung als ein ebenso schweres Vergehen an wie Raub und den Mord an Vater und Mutter (3.1); nach der Viṣṇusmṛti (VS) sind das Töten eines opfernden *kṣatriya* (Kriegers) oder *vaiśya* (eines Angehörigen des dritten Standes), das Töten einer menstruierenden oder schwangeren Frau und das Töten eines Embryo (*garbhasya ghātanam*) gleichbedeutend mit dem Mord an einem Brahmanen, dem schwersten aller Verbrechen (36.1). Die Strafen für Abtreibungen waren nach den Rechtstexten hart. Das Āpastambadharmasūtra (ĀDhS) zählt die Vergehen auf, die zu einem Ausschluß aus der Kaste und damit zur sozialen Ächtung führen: „Raub, ein Vergehen, eine Tat, durch die jemand ein Verfluchter ist, die Tötung eines Menschen, Abkehr vom *brahman* (von der Tradition), die Zerstörung eines ungeborenen Kindes (Abtreibung), Geschlechtsverkehr mit Frauen, die durch Mutter oder Vater blutsverwandt sind (Inzest) [...]."[27] Nach dem Gautamadharmaśāstra (GDhŚ) verliert eine Frau, die eine Abtreibung vornehmen ließ oder Geschlechtsverkehr mit einem Mann tieferer Kaste hatte, ihre Kastenzugehörigkeit, und nach dem Gesetzgeber Vasiṣṭha soll eine Frau wegen des Mordes an ihrem Gatten, der Tötung eines Brahmanen und einer Abtreibung der eigenen Leibesfrucht aus der Kaste ausgestoßen werden.[28] Nach Parāśara (Par) ist die Abtreibung sogar ein doppelt so schweres Verbrechen wie die Tötung eines Brahmanen und kann nicht gesühnt werden; ein Ehemann muß seine Frau, wenn sie abgetrieben hat, verlassen (4.18). Das M nennt die Embryotötung, *bhrūṇahatya*, wiederholt ein schweres Vergehen, *pāpa,* so in 1.1.205 und 1.56.18.

Die zahlreichen Verbote zeigen, daß Abtreibungen vorgenommen wurden, in der herangezogenen Literatur finden sich aber erwartungsgemäß kaum Hinweise auf eine Abtreibungspraxis. Das Liebeslehrbuch Ratirahasya (Ra) nennt einige Rezepturen, um eine Schwangerschaft zu beenden (15.60 und 61) und ein Mittel zur Empfängnisverhütung (15.62).[29] Die untersuchten medizinischen Texte erwähnen die Abtreibung kaum; die CS zählt verschiedene Arten des Verhaltens auf, die eine Abtreibung bewirken können und die eine Schwangere vermeiden muß: „Die folgenden Umstände bewirken die Tötung des Ungeborenen: Das Sitzen der Frau auf einem zu hohen, unebenen und harten Sitz, das Hemmen des Entlassens von Winden, Urin und Kot, von der Frau durchgeführte schwere und unangemessene Leibesübungen, der übermäßige Verzehr scharfer und heißer Dinge oder das Essen von zuwenig Nahrung: Hierdurch stirbt die Leibesfrucht im Bauch, oder sie fällt zu früh heraus, oder sie verdorrt."[30]

Die anderen untersuchten Texte äußern sich nicht zur Abtreibung oder zu Frauen, die abtrieben. Eine Ausnahme ist der Ṛgveda (ṚV); nach ihm gab es Frauen, die heimlich ein Kind zur Welt brachten und dieses aussetzten oder einen Embryo abtrieben (2.29.1); unklar bleibt, ob die *rahasū́* eine unverheiratete Frau war: „Ihr regsamen, die Gelübde befolgenden Ādityas, schafft mein Vergehen fort wie eine Heimlichgebärende (ihr Vergehen, das Kind oder den Embryo)!" Nach dem im 14. Jahrhundert wirkenden Kommentator Sāyaṇa, den jedoch etwa 2500 Jahre vom ṚV trennen, geht es hier um die Abtreibung oder um das Aussetzen des gerade geborenen Kindes, denn er spricht von *garbha*: „Im Geheimen, an einem den anderen unbekannten Orte gebiert sie, die Heimlichgebärende, eine Unkeusche (oder: Ehebrecherin). So wie sie die Leibesfrucht (oder das Neugeborene) fallenläßt und einem fernen Orte zurückläßt, derart."[31]

Die Abtreibung war im alten Indien aus zwei Gründen verboten. Zum ersten war sie schon in den ältesten Texten untersagt, weil man die Tötung eines Sohnes fürchtete. WEBER stellte im Jahre 1865 hinsichtlich einer Aussage der um 800 v. Chr. entstandenen Kāṭhakasaṃhitā (KāS) fest: „Die Embryotötung (bhrūṇahatyā) repräsentirt wohl darum die äußerste Stufe aller Sündenschuld [...], weil der Sohn zur Fortpflanzung des Geschlechtes nöthig ist, bei einem Embryo es aber zweifelhaft bleibt, welches Geschlechtes derselbe war, wie es im Kāṭh. 27,9 ausdrücklich heißt: tasmād garbheṇā 'vijñātena bhrūṇahā: ‚drum durch Tödtung einer (ihrem Geschlechte nach) unklaren Frucht wird man bhrūṇahan'. (Mädchen dürfen nach ihrer Geburt ausgesetzt werden ibid., Ts 6,5,10,3. Nir. 3,4, aber nicht Knaben.) Der Mörder eines bhrūṇá vernichtet also die Entwicklung eines das Geschlecht fortzusetzen bestimmten Keimes." (S. 481) Eine Abtreibung konnte die Tötung eines männlichen Kindes bedeuten, ein Sohn gehörte dem Mann aber nicht allein, sondern auch den Ahnen, die ein Recht darauf hatten, von ihm versorgt zu werden. Die Mutter besaß nach diesem Verständnis keine Verfügungsgewalt über das ungeborene Kind.

Zum zweiten bedeutete die Abtreibung *hiṃsā,* die Verletzung eines Lebewesens. Eine Abtreibung galt als die Tötung eines vollständigen Menschen, der sich aufgrund seines *karman*-s (des Ergebnisses seiner Handlungen in der vorangegangenen Existenz) gerade in diesen Mutterleib und zu diesem Zeitpunkt verkörpert hatte. Nach der vorherrschenden Auffassung der religiösen und der medizinischen Texte entsteht der Mensch mit seinem *karman* und seinen individuellen Eigenschaften bereits bei der Empfängnis, denn er ist im väterlichen Samen enthalten. „Wie der Mensch (Mann), mit (seinem) *karman* versehen und von Leidenschaft und Zorn umhüllt in den Schoß eingeht, das höre im folgenden: Als mit (mütterlichem) Blut vermischter Same erlangt er, in den Uterus der Frau eingegangen, das *karman*-bestimmte Feld, glücklich oder unheilvoll, je nachdem."[32] Die SS sieht das Ungeborene als ein im Uterus befindliches Wesen an, das aus dem väterlichen Samen und dem mütterlichen Blut gebildet ist, das mit *ātman* (dem individuellen, unsterblichen Selbst), den Elementen der Materie und ihren Modifikationen versehen ist und Bewußtsein besitzt.[33] Die CS definiert den Embryo als das Wesen, das bei der Zeugung aus der Verbindung von Samen, mütterlichem Blut und dem *jīva,* der Seele, entsteht.[34] Zu den festgelegten Eigenschaften des Individuums dürfte auch das Geschlecht gehört haben.

Die Identität des Selbst (*ātman*) des Vaters und des Sohnes erörtert schon das Aitareyāraṇyaka (AĀ): „Im Mann wahrlich (enthalten) ist dieser (das Selbst) von Anfang an als Embryo, denn das, was sein Same ist, das ist die Kraft aller seiner Glieder. In sich selbst trägt (der Mann) das Selbst; und wenn er ihn (als Same) in die Frau träufelt, dann läßt er ihn entstehen. Dies ist seine (des Selbst des Sohnes) erste Geburt. Dieser (das Selbst/der Same) geht in das Selbst der Frau ein, als ein Teil von ihr, und deshalb verletzt er sie nicht. Sie nährt sein (des Gatten) Selbst, das in sie gekommen ist, und als die Nährerin wird sie eine zu Nährende (von ihrem Manne zu Unterhaltende). Diesen Embryo trägt die Frau, er (der Vater) aber bildet den Knaben vorher (vor der Zeugung) und von Geburt an aus (durch Riten und Erziehung);[35] wenn er den Knaben von Geburt an ausbildet, nährt er sein Selbst, für den Fortbestand dieser Welten, denn so bestehen diese Welten fort. Das ist seine (des Selbst des Sohnes) zweite Geburt. Er (der Sohn), sein Selbst, wird (zum Ausführen) der verdienstvollen Handlungen eingesetzt, sein (des Vaters) anderes Selbst aber stirbt, nachdem er alles getan hat, was zu tun ist, und alt geworden ist, und von hier gehend, wird er aufs neue geboren; das ist seine (des Selbst des Vaters) dritte Geburt."[36] Die ersten beiden Geburten betreffen das Selbst des Sohnes, das mit dem des Vaters identisch ist, weil es aus dessen Same entsteht, die letzte Geburt betrifft den Vater, so Sāyaṇa; die drei Geburten betreffen jedoch ein und denselben *ātman*, da Vater und Sohn, trotz verschiedener Körper, einen *ātman* besitzen.[37]

Auch in späterer Zeit blieb die Abtreibung aus dem von WEBER dargelegten Grund verboten. Der Kommentar zum Śāṅkhāyanaśrautasūtra (ŚŚS), das die genannten Aussagen der Aitareya-Tradition zitiert, erklärt, der Mann gehe mittels des Samens, der aus allen Gliedern gesammelt sei, in seine Gattin ein, werde dort zum *garbha* (Embryo) und nehme die Gattin als Mutter an; er entstehe in ihr aufs neue und werde im zehnten Monat geboren.[38] Und das M sagt: „Weil der Gatte, nachdem er in die Ehefrau eingegangen ist, aus ihr aufs neue geboren wird, sprechen die alten Weisen vom Gebärerinnen-Sein der Gebärerin (Gattin)."[39] Vater und Sohn sind in einer Symbiose verbunden, aus der die Mutter ausgeschlossen ist; ihr Körper wird nur zum Austragen benötigt.

Anmerkungen

1 Nach BUMILLER führte das private Hurkisondas-Hospital in Bombay bereits im Jahre 1977 die Amniozentese durch; diese kostete acht Dollar (S. 115). Ab dem Jahre 1979 warb die New Bhandari Clinic in Amritsar mit „Antenatal Sex Determination", ab 1982 erschienen zunehmend auch in anderen Städten Zeitungsannoncen von Ärzten und Kliniken, die die pränatale Geschlechtsbestimmung anboten. In dieser Zeit kam es auch zu den ersten Protesten indischer Feministinnen gegen die Abtreibung weiblicher Föten; 1984 gründeten sie in Bombay das Forum Against Sex Determination and Sex Pre-Selection, FASDSP. Heute kann man „sex-determination" fast überall in Indien vornehmen lassen: Dorfbewohnerinnen, in deren Nähe es keine Kliniken mit diesem Angebot gibt, können die pränatale Geschlechtsbestimmung und die Abtreibung von Ärzten durchführen lassen, die mit entsprechend ausgerüsteten Bussen über Land fahren.

2 Die Prozentangaben stammen von einer in Bombay tätigen Ärztin, die sich aus Überzeugung nicht an das Verbot der geschlechtsspezifischen Abtreibung hält; sie vertritt die Meinung, man müsse Frauen und Familien, die keine Töchter wollen, helfen. Ihren eigenen Worten nach ist sie mit den Frauen solidarisch, ohne eine Feministin zu sein. Die anderen Angaben sind eine persönliche Mitteilung von Herrn Dr. Subhan, Gynäkologe am „Deccan Abortion Centre" in Pune, mit dem Frau Eva Maria Glasbrenner, Studentin der Indologie in München, im Juli 1999 ein längeres Gespräch über e-mail führte.

3 So in der Pune Newsline vom 14.4.1999 unter der Rubrik „Medical & Medical Equipment" [sic, R. S.]: „Abortion Rs. 200/-, safe, clean, quick. Address: Deccan Centre, opp. Sai Service Station, Jangli Maharaj Road, Pune-4. Phone: 321612, Time 11–5."

4 Lok Sabha Debates S. 196–200.

5 In Ländern, in denen der Staat die Einkind- oder Zweikindfamilie propagiert, kommt es zu einer erhöhten Zahl von Abtreibungen, oder, wie in China, zur Aussetzung und Tötung von Mädchen. In Indien wie in China werden viele unerwünschte Töchter an adoptionswillige Paare aus den USA und Europa verkauft. Nach einer Anfang der neunziger Jahre im Bundesstaat Maharashtra durchgeführten Studie waren 43% der befragten Frauen der Meinung, die Idealfamilie solle einen Sohn und eine Tochter haben; für 32,7% der Frauen bestand das Ideal in zwei Söhnen und einer Tochter; nur 5,7% sagten, sie wollten zwei Kinder haben, gleich welchen Geschlechtes, und: „Other combinations were indicative of more sons, less daughters [sic, R. S.] and God's wish, etc." (PANDEY S. 220).

6 Abgetrieben werden sowohl Embryonen (Ungeborene bis zum Ende des dritten Schwangerschaftsmonats) als auch Föten (Ungeborene ab dem Beginn des vierten Schwangerschaftsmonats); in der vorliegenden Arbeit ist aus Gründen der Vereinfachung unter dem Begriff „Abtreibung weiblicher Föten" die Abtreibung weiblicher Ungeborener in jedem Entwicklungsstadium zu verstehen.

7 KAPUR S. 6; ihre Quelle ist der „Forum Against Sex-Determination and Sex-Preselection Survey Report" des Jahres 1989.

8 KAPURs Quelle ist ein Artikel von K. D. GANGRADE: „Sex Discrimination - A Critique." In: Social Change 18 (3), New Delhi 1988, S. 63–70. Die genannten Zahlen 7999:1 erschienen bereits in einem 1985 veröffentlichten Artikel von Ameeta Mishra mit dem Titel „Amniocentesis, Law and the Female Child"; hier war zu lesen, die einzige Abtreibung eines Jungen sei auf den Wunsch einer jüdischen Frau erfolgt, die sich eine Tochter gewünscht habe. Diese Daten wiederholt JUNG in ihrem Buch aus dem Jahre

1987 ohne Quellenangabe (S. 72). Auch bei BUMILLER findet sich die Zahl 7999 (1990, S. 115), ebenso bei CALMAN (1992, S. 110, Anm. 64), und ADARSH SHARMA schreibt: „[...] in a particular hospital one out of 8000 abortions was performed to terminate a male fetus." (1995, S. 104) Die Zahl erscheint offenbar fehlerhaft zitiert bei CHOWDHRY als 7990 (1995, S. 86). Dies zeigt, daß Zahlen, ohne Überprüfung vielfach wiederholt, langsam zu einem Mythos werden. Die Relation von 7999:1 ist sicher übertrieben; doch bleibt es eine Tatsache, daß die Zahl der abgetriebenen weiblichen Föten die der abgetriebenen männlichen unverhältnismäßig übertrifft. Andere Autoren nennen ähnliche Zahlen. So zitiert KAPUR (S. 6) DIAS, der feststellt: „In a well known Abortion Centre in Bombay out of the 15,194 abortions performed during 1984–85 after undertaking sex-determination tests almost 100 per cent were those of girl foetuses." KAPUR verweist auf A. A. DIAS: „Amniocentesis and Female Foeticide." In: Bulletin of the Indian Federation of Medical Guilds, 56, July 1988. Auch THAROOR nennt ähnliche Zahlen: „Of 13,400 abortions conducted at a Delhi clinic in 1992–93, 13,398 were of female fetuses." (S. 296)

9 Die Leibesfrucht wird in der Medizin von der Befruchtung bis zum Ende des dritten Schwangerschaftsmonats (etwa bis zum 85. Tag) als Embryo bezeichnet, ab dem Ende des dritten Monats bis zur Geburt heißt sie Fötus. Das *puṃsavana* wurde somit am Embryo vollzogen.

10 Es gibt eine Vielzahl von *saṃskāra*-s oder rites de passage, denen der Mann der drei oberen *varṇa*-s unterzogen wurde, um zu einem rituell, sozial und kulturell vollwertigen Mitglied der Gesellschaft zu werden. Für Mädchen und Frauen war die Hochzeit bekanntermaßen der einzige *saṃskāra*; die Verehrung des Gatten wurde mit der Lehrerverehrung des Mannes gleichgesetzt und die Hausarbeit der Frau entsprach den vom Mann zu vollziehenden Feueropfern, siehe MS 2.67 und Kullūkas Kommentar aus dem 15. Jahrhundert. Bei Töchtern, so glaubte man, seien Erziehung und Ausbildung überflüssig, da ihre einzige zukünftige Aufgabe, das Gebären von Kindern, allein von biologischen Faktoren abhängig sei. Siehe hierzu MENSKI 1986, S. 209.

11 Der *puṃsavana*-Ritus findet sich in Āśvalāyanagṛhyasūtra 1.13.1, Pāraskaragṛhyasūtra 1.14.1ff., Gobhilagṛhyasūtra 2.6.1ff., Hiraṇyakeśigṛhyasūtra 2.1.1ff., Āpastambagṛhyasūtra 6.14.9ff. und in Śāṅkhāyanagṛhyasūtra 1.20.1ff. Die Gṛhyasūtras sind schwer zu datieren, sie dürften in den Jahrhunderten v. Chr. Geburt entstanden sein; MYLIUS datiert sie in das 5. und 4. Jahrhundert v. Chr. (S. 85), das Āśvalāyanagṛhyasūtra entstand nach ihm „vermutlich" im 5. Jahrhundert v. Chr. (S. 94).

12 YDhŚ 1.11: [...] *puṃsaḥ savanaṃ spandanāt purā* ||

13 ĀpGS 6.14.9: *puṃsavanaṃ vyakte garbhe tiṣyeṇa* || Der Text beschreibt den Ritus genauer. Von einem nach Osten oder Norden ausgerichteten Zweig eines *nyagrodha*-Baumes wird ein Sproß abgebrochen, der (wie) Hoden (aussehende Früchte) trägt. Ein jungfräuliches Mädchen muß die Hoden gleichenden Früchte mit zwei Reibesteinen zermahlen, dann legt sich die Ehefrau westlich des Feuers auf den Rücken und der Gatte führt die zerriebenen *nyagrodha*-Früchte in ihr rechtes Nasenloch ein. Es handelt sich offensichtlich um einen symbolischen Zeugungsakt, in dem die zerriebenen *nyagrodha*-Früchte den Samen darstellen. Der *nyagrodha* ist der Feigenbaum Ficus benghalensis/indica, der seit der vedischen Zeit als Symbol der Fruchtbarkeit und Unsterblichkeit gilt (SYED 1990, S. 389–419). Der mächtige Baum eignet sich wegen seiner von den Ästen herabwachsenden und später Nebenstämme bildenden starken Luftwurzeln, aber auch wegen seiner überaus großen Langlebigkeit als Symbol für ein Geschlecht. (In diesem Bild stellen die Ahnen den Stamm, die Väter die Äste und die Söhne die Luftwurzeln dar, wie mir Prof. P. P. Mishra erklärte.) Nach GONDA ist der im *puṃsavana*-Ritus verwendete *nyagrodha*-Schößling der „penis erectus" (1980, S. 110). Zu den die Details betreffenden zahlreichen Varianten des Ritus siehe KANE Vol. II, Part I, S. 218ff.

14 KhGS 2.2.18ff.: [...] *patiḥ pṛṣṭhatas tiṣṭhet | dakṣiṇam aṃsam anvavamṛśyānantarhitaṃ nābhideśam abhimṛśet pumāṃsāv iti || [...] snātāṃ saṃveśya dakṣiṇe nāsikāsrotasy āsiñcet pumān agnir iti ||*
Heute ist es in Nordindien bei Hochzeiten üblich, dem zu Pferde reitenden oder im Auto fahrenden Bräutigam auf seinem Weg zum Haus der Braut einen Knaben auf den Schoß zu setzen; auch hier ist der Junge das Symbol für die männliche Nachkommenschaft.

15 Nach den Aussagen in verschiedenen Texten weiß eine Frau, ob ihr Ungeborenes ein Knabe oder ein Mädchen ist, da der Knabe auf der rechten und das Mädchen auf der linken Seite des Leibes liegt. So sagt die BS in 78.24, ein Knabe liege rechts, ein Mädchen links, Zwillinge lägen auf beiden Seiten und ein Hermaphrodit befinde sich in der Mitte des mütterlichen Körpers. Ebenso D S. 2: *dārakaṃ jānāti dārikāṃ jānāti saced dārako bhavati dakṣiṇaṃ kukṣiṃ niśritya tiṣṭhati | saced dārikā bhavati vāmaṃ kukṣiṃ niśritya tiṣṭhati* || Der Buddha trat selbstverständlich aus der rechten Körperseite seiner Mutter hervor (der Weg durch die als unrein aufgefaßte Vagina blieb dem großen Heiligen erspart), siehe WALDSCHMIDT S. 42. Auch nach heutigem indischen Volksglauben zeigt sich das männliche Geschlecht des Ungeborenen an der Auswölbung der rechten Bauchseite der Schwangeren. Frauen sollen daher während der Schwangerschaft auf der linken Seite liegend schlafen, um dem Sohn Platz zu gewähren.

16 AV 8.6.25 ab: *píṅga rákṣa jā́yamānaṃ mā́ púmāṃsaṃ stríyaṃ kran* ǀ

17 MT 9.117, 124 cd und 125.: *jāte garbhe ṛtau tasminn anyasmin vā maheśvari* ǀ *tṛtīye garbhamāse tu caret puṃsavanaṃ gṛhī* ǁ *ye garbhavighnakarttāro ye ca garbhavināśakāḥ* ǁ *bhūtāḥ pretāḥ piśācāś ca vetālā bālaghātakāḥ* ǀ *tān sarvān nāśaya dvandvaṃ garbharakṣāṃ kuru dviṭhaḥ* ǁ Zur Datierung siehe AVALON in seiner Einführung zum Text, S. VIIf.

18 GGS 2.7.12 und 15: *vīrasūr jīvasūr jīvapatnīty brāhmaṇyo maṅgalyābhir vāgbhir upāsīran* ǁ *pumān ayaṃ janiṣyate 'sau nāmeti nāmadheyaṃ gṛhṇāti* [...]. Das Gobhilagṛhyasūtra ist sehr schwer zu datieren, es wurde wahrscheinlich in den letzten Jahrhunderten v. Chr. verfaßt.

19 Der *udumbara* ist der Feigenbaum Ficus glomerata, der ähnlich wie der genannte *nygrodha,* die Ficus benghalensis/indica, seit vedischer Zeit heilig und ein Symbol für Stärke und Langlebigkeit ist (SYED 1990, S. 127–143).

20 CS Śārīrasthāna 8.16: *tasmād āpannagarbhāṃ striyam abhisamīkṣya prāgvyaktībhāvād garbhasya puṃsavanam auṣadham asyai dadyāt* ǁ Die Suśrutasaṃhitā empfiehlt in Śārīrasthāna 2.27 a und b Riten, die Söhne bewirken sollen: *tato vidhānaṃ putrīyam upādhyāyaḥ samācaret* ǀ Der Verfasser des Medizinlehrbuches Suśrutasaṃhitā gehörte nach WINTERNITZ „einem der ersten Jahrhunderte n. Chr. an"; unbekannt ist hingegen, wie alt das oftmals veränderte und schlecht überlieferte Werk ist, das uns heute unter diesem Namen vorliegt (3, S. 547). Nach MYLIUS geht der Kern des Werkes auf das 2. Jahrhundert n. Chr. zurück, seine endgültige Gestalt erhielt es wahrscheinlich erst im 7. Jahrhundert n. Chr. (S. 272).

21 CS Śārīrasthāna 8.16: *yac cānyad api brāhmaṇā brūyur āptā vā striyaḥ puṃsavanam iṣṭaṃ tac cānuṣṭheyam* ǁ *āptā vā striyaḥ* weist darauf hin, daß es wie in Europa auch im alten Indien erfahrene ältere Frauen gab, die sich in der Frauenheilkunde und Geburtshilfe auskannten und als Heilerinnen und Hebammen Frauen mit Kinderwunsch, Schwangere, Gebärende und Wöchnerinnen betreuten.

22 CS, Śārīrasthāna 2.12: *raktena kanyām adhikena putraṃ śukreṇa* [*adhikena*] [...]. Diese Auffassung vertritt auch die SS: „When the maternal element preponderates the child is female; when the paternal element is stronger the child is male. When both the elements are equal, the child is of no sex." BHISHAGRATNA 1, S. xxxi. Genauso äußert sich die Garbhopaniṣad (GU) in 3.

23 CS, Śārīrasthāna 4.11: *dvitīye māsi ghanaḥ saṃpadyate piṇḍaḥ peśy arbudaṃ vā* ǀ *tatra piṇḍaḥ puruṣaḥ* ǀ *strī peśī* ǀ *arbudaṃ napuṃsakam* ǁ Ebenso

SS, Śārīrasthāna 3.18: *dvitīye [māsi] [...] ghanaḥ saṃjāyate yadi piṇḍaḥ pumān strī cet peśī napuṃsakaṃ ced arbudam iti* ||

24 Die indischen Ärzte des Altertums haben zweifelsohne menschliche und tierische Embryonen in den verschiedenen Entwicklungsstadien gekannt. Über den menschlichen Embryo sagt die moderne westliche Medizin: „Die Entwicklung der äußeren Geschlechtsorgane nimmt ihren Ausgang von einem indifferenten Stadium. Eine Diagnose des Geschlechtes ist nach Untersuchung der äußeren Geschlechtsorgane nicht vor Ende des 2. Schwangerschaftsmonats möglich und stößt auch dann noch auf Schwierigkeiten." (STARCK S. 529) Dieser Umstand könnte die Grundlage der altindischen Vorstellung gewesen sein, die Geschlechtsdifferenzierung entstehe erst im zweiten Monat.

25 CS, Śārīrasthāna 8.16: *tayoḥ karmaṇā vedoktena vivartanam upadiśyate prāgvyaktibhāvāt prayuktena samyak karmaṇāṃ hi deśakālasaṃpadupetānāṃ niyatam iṣṭaphalatvaṃ tathetareṣām itaratvam* | *tasmād āpannagarbhāṃ striyam abhisamīkṣya prāgvyaktībhāvād garbhasya puṃsavanam auṣadham asyai dadyāt* | *prāgvyaktībhāvāt* bedeutet: „vor der Sichtbarwerdung", aber auch „vor der Unterscheidung".

26 AV 6.112.3 d und 6.113.2 d: *bhrūṇaghní pūṣan duritā́ni mṛkṣva* ||

27 ĀDhS 1.7.21.8: *atha patanīyāni* | *steyam ābhiśastyaṃ puruṣavadho brahmojjhaṃ garbhaśātanaṃ mātuḥ pitur iti yonisaṃbandhe sahāpatye strīgamanam* [...] || Das Āpastambadharmasūtra ist ein wahrscheinlich dem 5. oder 4. Jahrhundert v. Chr. angehörendes Rechtsbuch (WINTERNITZ 1, S. 441 und 3, S. 480); auch MYLIUS datiert es in diese Zeit (S. 260).

28 GDhŚ 21.9: *bhrūṇahani hīnasevāyāṃ ca strī patati* || Das Gautamadharmaśāstra ist möglicherweise das älteste der Gesetzbücher und damit vor dem 5. Jahrhundert v. Chr. entstanden (WINTERNITZ 1, S. 441 und 3, S. 481); nach MYLIUS stammt es aus dem 5. oder 4. Jahrhundert v. Chr. (S. 134).
VDhŚ 28.7: *trīṇi striyaḥ pātakāni loke dharmavido viduḥ* | *bhartṛvadho bhrūṇahatyā svasya garbhasya pātanam* ||

29 Ra 15.61: *taṇḍulajalena pītaṃ mūlaṃ jvalanasya vā jayantyā vā* | *garbhaghnaṃ bhaganihitaṃ lavaṇaṃ kaṭutailayuktaṃ vā* || „Die Wurzel des *jvalana* oder der *jayantī,* zusammen mit Reiswasser getrunken, oder mit dem Öl des weißen Senfs vermischtes Salz, das in die Vagina getan wird, (bewirken) die Tötung des Embryo." Die im Ra enthaltene Geheimlehre, die allerlei Rezepturen für verschiedene kosmetische und liebestechnische Probleme anführt (Mittel zum Haarfärben, zur Vergrößerung des Penis und zur Verlängerung der Erektionsdauer, zur Verengung der Vagina und vieles mehr), nennt ein weiteres Mittel, das eine Schwangere sofort von einem haftenden Embryo befreien soll: [...] *vilagnagarbhād vimucyate garbhiṇī*

jhaṭiti ǁ SCHMIDT bezeichnet es als „Mittel zur Herbeiführung eines Abortus", führt aber seinen berechtigten Zweifel an: „Diese Vorschrift gehört vielleicht zum folgenden Absatze und ist viel unschuldiger, als ich annehme!" (1922, S. 655 und seine Anm. 1). Im „folgenden Absatze" geht es um die „Erleichterung der Niederkunft". Das Ratirahasya des Kokkoka entstand nach dem 11., aber vor dem 13. Jahrhundert n. Chr. (MYLIUS S. 278). Von Abtreibungen im Indien des vorigen Jahrhunderts berichtet SCHMIDT an anderer Stelle, hiernach führten meist Hebammen und Frauen der Barbiere die Abtreibungen durch (1904, S. 483).

30 CS, Śārīrasthāna 8.18: *garbhopaghātakarās tv ime bhāvā bhavanti tadyathā utkaṭukaviṣamakaṭhināsanasevinyā vātamūtrapuriṣavegān uparundhatyā dāruṇānucitavyāyāmasevinyās tīkṣṇoṣṇātimātrasevinyāḥ pramitāśanasevinyāś ca garbho mriyate 'ntaḥ kukṣeḥ akāle vā sraṃsate śoṣī vā bhavati* ǁ

31 ṚV 2.29.1 ab: *dhṛ́tavratā ā́dityā íṣirā āré mát karta rahasū́r ivā́gaḥ* । Sāyaṇa: *rahasy anyair ajñāte pradeśe sūyata iti rahasūr vyabhicāriṇī* । *sā yathā garbhaṃ pātayitvā dūradeśe parityajati tadvat* ǁ GONDA datiert die ältesten Teile des ṚV in das 13. Jahrhundert v. Chr. (1975, S. 22), der Kommentator Sāyaṇa wirkte im 14. Jahrhundert n. Chr.

32 M 14.18.4 und 5: *yathā karmasamāviṣṭaḥ kāmamanyusamāvṛtaḥ* । *naro garbhaṃ praviśati tac cāpi śṛṇu cottaram* ǁ *śukraṃ śoṇitasaṃsṛṣṭaṃ striyā garbhāśayaṃ gatam* । *kṣetraṃ karmajam āpnoti śubhaṃ vā yadi vāśubham* ǁ Vers 11 lautet: *yad yac ca kurute karma śubhaṃ vā yadi vāśubham* । *pūrvadehakrtaṃ sarvam avaśyam upabhujyate* ǁ DOSSI zitiert eine Aussage des Pretakalpa des Garuḍapurāṇa, in dem es heißt: „Von seinem Karman, vom Schicksal geführt ist das Lebewesen in seiner Verkörperung. Das Kornbehältnis des männlichen Samens betritt den Bauch der Frau." (Übers. DOSSI, S. 34)

33 SS Śārīrasthāna 5.3: *śukraśoṇitaṃ garbhāśayastham ātmaprakṛtivikārasaṃmūrcchitaṃ garbha ity ucyate taṃ cetanāvasthitaṃ* [...]. DOSSI legt die Vorstellungen über die psychischen Konstituenten und das Bewußtsein des Embryos ausführlich dar, S. 125ff. Siehe auch FILIPPI S. 37ff. Ich verdanke beiden Arbeiten, vor allem aber DOSSI, zahlreiche Hinweise auf Textstellen zu den altindischen Zeugungstheorien.

34 CS, Śārīrasthāna 4.5: *śukraśoṇitajīvasaṃyoge tu khalu kukṣigate garbhasaṃjñā bhavati* ǁ Ebenso 3.8 und 9. 3.8 beschreibt den *jīva* als ewig, ohne Krankheiten, ohne Alter, unsterblich, unvergänglich, unteilbar, unbeweglich, allgestaltig, allhandelnd, unsichtbar, anfangslos, endlos und unzerstörbar.

35 Nach Sāyaṇa sind die *saṃskāra*-s gemeint, die von den Gesetzbüchern vorgeschriebenen Geburtsriten und andere Riten: *adhikatvena śāstrīyajātakarmādinā saṃskaroti* ||

36 AĀ 2.5.1.2ff.: *puruṣe ha vā ayam ādito garbho bhavati yad etad retaḥ | tad etat sarvebhyo aṅgebhyas tejaḥ saṃbhūtam ātmany evātmānaṃ bibharti tad yadā striyāṃ siñcaty athainaj janayati tad asya prathamaṃ janma | tat striyā ātmabhūyaṃ gacchati yathā svam aṅgaṃ tathā tasmād enāṃ na hinasti | sāsyaitam ātmānam atra gataṃ bhāvayati sā bhāvayitrī bhāvayitavyā bhavati | taṃ strī garbhaṃ bibharti so 'gra eva kumāraṃ janmano 'gre 'dhibhāvayati | sa yat kumāraṃ janmano 'gre 'dhibhāvayaty ātmānam eva tad bhāvayati | eṣāṃ lokānāṃ saṃtatyā evaṃ saṃtatā hīme lokāḥ | tad asya dvitīyaṃ janma | so 'syāyam ātmā puṇyebhyaḥ karmabhyaḥ pratidhīyate | athāsyāyam itara ātmā kṛtakṛtyo vayogataḥ praiti | sa itaḥ prayann eva punar jāyate tad asya tṛtīyaṃ janma* || Das zum ṚV gehörende Aitareyāraṇyaka schließt sich an das Aitareyabrāhmaṇa an, das etwa um 700 v. Chr. entstand.

37 *yady api pūrvoktaṃ janmadvayaṃ putradehasyedaṃ tu dehāntarasya tathāpi pitṛputropādhyor eva bhinnatvād upādhyupalakṣitasyātmana ekatvaṃ abhipretyaikasya janmatrayam ity upacaryate* ||

38 ŚŚS 15.17.16 und 17: *patir jāyāṃ sarvāṅgīkṛtya retasā praviśati | tatra garbho bhūtvā mātaram ivāśritya tasyāṃ punarnavo bhūtvā daśame māsi jāyate 'bhivyajyate* || Hillebrandt Vol. III, S. 324. Varadattasuta Ānartīya zu AB 7.13: *patir jāyāṃ praviśati garbho bhūtvātha mātaram | tasyāṃ punar navo bhūtvā daśame māsi jāyate* || Hillebrandt Vol. I, S. 188. (Hillebrandt siehe u. ŚŚS.) Das Śāṅkhāyanaśrautasūtra ist nach Winternitz vor dem 4. vorchristlichen Jahrhundert entstanden (1, S. 402).

39 M 1.68.36: *bhāryāṃ patiḥ saṃpraviśya sa yasmāj jāyate punaḥ | jāyāyā iti jāyātvaṃ purāṇāḥ kavayo viduḥ* ||

3. Mädchen-Infantizid

Das heutige Indien

Der Infantizid betrifft weltweit fast ausschließlich Mädchen: „One thing is clear from most studies: systematic infanticide, wherever it is practiced, Europe or the South Seas, is directed primarily toward females. [...] Systematic *male* infanticide is extremely rare; but *systematic* female infanticide appears almost endemic among some peoples." (MILLER S. 44) Diese Feststellungen gelten auch für Indien.

Im 19. Jahrhundert war der ausschließlich Mädchen betreffende Infantizid in nicht wenigen Gebieten Indiens verbreitet: „When the British came to India, this practice was common almost throughout India: from Gujarat in the west to the eastern borders of Uttar Pradesh, from Punjab in the north to Madhya Pradesh in the south. Significantly, there were only three tribal groups among whom this practice was prevalent at the time: the Nagas of the northeastern region, the Khonds of Orissa and the Todas of the Nilgiri hills." (KRISHNASWAMY S. 186)[1] Nach MILLER praktizierten im 19. Jahrhundert die Rajputen, die Sikhs und die Pathanen die Tötung weiblicher Neugeborener, PAKRASI nennt darüber hinaus die Khatris in Nordindien, die Kanbis in Gujarat, die Jats, Gurjars, Tagas, Ahars, Minas und Ahirs (1968). Nach dem Census von 1911 war die Tötung neugeborener Mädchen „extremely prevalent in the United Provinces, the Punjab and Rajputana amongst various sections of population before about the third quarter of the nineteenth century." (zitiert nach PUNALEKAR S. 58.) Colonel JAMES TOD, der siebzehn Jahre in Indien lebte und von 1818 bis 1822 Political Agent von Western Rājputāna war, berichtet in seinen zwischen 1829 und 1832 erschienenen Aufzeichnungen ausführlich über den in Rājputāna praktizierten Infantizid, aber auch über die Witwenverbrennung. Als Grund für die Tötung der Mädchen nennt TOD die Schwierigkeiten, Ehemänner für sie zu finden; innerhalb des Clans („*khanp*") und des Stammes („tribe, *got*") sei die Eheschließung verboten, zwischen den einzelnen Stämmen aber herrschten Feindschaften, die es fast unmöglich machten, Männer für die Töchter zu finden („The Immolation of Women", 2, S. 737ff., S. 741).[2]

Der Infantizid war zwar in vielen Gebieten Indiens anzutreffen, wurde jedoch immer nur von bestimmten Gemeinschaften praktiziert, die wiederum nur einen kleinen Teil der Bevölkerung ausmachten. Indische Reformer wie Roy und Vidyasagar traten zuerst als Kämpfer gegen den Infantizid auf (LELE S. 169); die Briten erließen 1870 den Act for Suppression of Female Infanticide (VII of 1870). Im Jahr 1881 erschien ein „Special Census Report on Sex Statistics in the North-western Provinces and Oudh", der einen Frauenmangel dokumentierte, der nur das Ergebnis des Infantizids sein konnte (PAKRASI 1970: Infanticide, Vital Statistics..., S. 87). Die Briten hielten die in Indien traditionell praktizierte Hypergamie für die Hauptursache des Mädchen-Infantizids und setzten eine obere Grenze für die Mitgift fest. (Bei der Hypergamie verheiratet man die Töchter in eine höhere Kaste, dieser Statusgewinn muß aber durch eine Mitgift erkauft werden.) Die Anstrengungen indischer Reformer und das von den Briten erlassene Verbot hatten wie die modernen Gesetze jedoch nur begrenzten Erfolg: Die Tötung weiblicher Neugeborener gibt es in Indien bis heute.

Über die Praxis des Mädchen-Infantizids im heutigen Tamil Nadu berichtet VENKATRAMANI. Die Angehörigen der Kallar-Kaste in Usilampatti im Madurai District, bei denen der Mädchen-Infantizid eine Tradition darstellt, sollen die Tötung weiblicher Neugeborener noch heute in großem Umfang durchführen. Nach VENKATRAMANI werden viele neugeborenen Mädchen mit der giftigen Milch der Pflanze Calotropis gigantea getötet, die angeblich im Innenhof eines jeden Kallar-Hauses wächst. Nach den Angaben der Krankenhäuser, in denen man die Kallar-Frauen behandelt, werde ungefähr ein Drittel der weiblichen Neugeborenen Infantizidopfer, so der Autor. Genaue Zahlen sind auch in diesem Fall nicht zu erhalten, sie müssen aber hoch sein, denn: „70 per cent of Kallar children below the age of 10 years are now boys". (KRISHNASWAMY S. 191)[3] In dem ebenfalls im Staat Tamil Nadu gelegenen Distrikt Salem kamen Ende der neunziger Jahre auf 1000 Knaben nur 849 Mädchen, und dies ist nach DAVAR ein eindeutiger Hinweis auf den Infantizid an weiblichen Neugeborenen (S. 108). Fast 10% aller Todesfälle von Kindern im Staat Tamil Nadu im Jahr 1995 sollen Fälle von Mädchen-Infantizid gewesen sein (ATHREYA und CHUNKATH). Der Hauptgrund für die Tötung von Mädchen sind auch hier die Praxis der Hypergamie und die mit ihr einhergehenden hohen Mitgiftzahlungen (IYENGAR 1992); nach SUNIL ist die Armut in diesem von Trockenheit heimgesuchten Raum die Ursache für den Infantizid (auch KAPUR S. 5). Daneben sind, wie im alten Indien, religiöse Gründe für die Sehnsucht nach dem Sohn verantwortlich: „According to Hindu ritual *pind daan*, performed after death, ensures one to reach *moksha* (heaven). However, these rites can be performed only by the dead person's son. Absence of a son means no place in heaven, and the soul wanders without any abode.“ (KRISHNASWAMY S. 193) Schon im Aitareyabrāhmaṇa war der Sohn das Licht im höchsten Himmel.

Ein Arzt, mit dem ich im Oktober 1999 in Madurai sprach, bestätigte die Existenz des Mädchen-Infantizids in Tamil Nadu. Dr. S. Saithri Rangan vom Vignapriya Diagnostic Centre in Madurai berichtete, in den Dörfern um Usilampatti und Andipatti (District Teni) seien Tötungen neugeborener Mädchen „quite common, a tradition, and everybody in Tamil Nadu knows this very well“. Der Mädchen-Infantizid habe hier Tradition, die geschlechtsspezifische Abtreibung sei auf wenige Kliniken in den großen Städten beschränkt und teuer. Das erste Mädchen akzeptieren die Eltern noch, aber kein zweites oder gar drittes; die Geburt einer Tochter bedeute jedoch generell „bad luck“. Dr. Rangan zufolge führten die Hebammen in schweigender Übereinkunft mit den Eltern, die niemals Hand anlegten, die Tötung des neugeborenen Mädchens durch.[4] Das Kind werde meist mit dem Saft der *tirukalli*-Pflanze, einer Calotropis, vergiftet, bisweilen aber auch durch Einführen von Reishülsen in Hals und Nase erstickt. Die Brahmanen praktizieren die Tötung neugeborener Mädchen angeblich nicht. Die hohen Kosten, die Töchter verursachen, sind nach Dr. Rangan der Hauptgrund für den Mädchen-Infantizid, für den er Verständnis aufbrachte, ohne ihn zu akzeptieren.

Es gibt unter den Ärzten und Sozialarbeitern durchaus Befürworter des Infantizids an Mädchen; da sie beständig mit den schweren Problemen der Frauen konfrontiert sind, entstehen Mitgefühl und Verständnis, und dann, bisweilen, sogar Billigung. NABAR zitiert die Ärztin R. N. V. Manonmani, die sich in der Times of India vom 23. August 1992 zu dem in Südindien praktizierten Mädchen-Infantizid wie folgt äußerte: „I support female infanticide and refuse to admit that it is a sin [...]. These mothers have suffered so much that they don't want the pattern repeating in their daughters' lives. They are not committing murder [...].“ (zitiert nach NABAR S. 54) Und auch NAIR beschreibt den Zusammenhang zwischen der Armut und dem Töchter-Infantizid eindringlich und zeigt Verständnis für die Verzweiflung der

Familien, für die schon das Leben selbst „a millstone around their necks" sei und für die das Aufziehen von Töchtern eine ungeheure Last bedeute (zitiert nach PUNALEKAR S. 58).

Im Umkreis von Usilampatti ist The Indian Council for Child Welfare (ICCW) in über 300 Dörfern aktiv, die Mitarbeiter des Mother and Child Welfare Project beraten die Dorfbewohner auf allen Gebieten und leisten Hilfe (WARRIER S. 2). Die Regierung von Tamil Nadu versucht seit kurzem, mit dem „White Cradle Programme" auch andernorts gegen den Infantizid vorzugehen: „This was a response to female infanticide reported in some places near Madurai as well as near Salem. [...] What Chief Minister Jayalalitha did was to introduce a programme where cradles were set up in public places like hospitals; so parents and women can leave their babies anonymously, knowing the government will take care of them, try to find a home. When they give up the babies for adoption, the government sets up trust funds for the babies." (RAJAN S. 5)[5] Vor kurzem wurde in Tamil Nadu eine weitere Kampagne gegen den Infantizid ins Leben gerufen: The Campaign Against Female Infanticide in Tamil Nadu (CAFIT). Die Initiatoren waren das Gandhigram Rural Institute und das Centre for Women Development (CWD) in Vittalnayakanpatti im Dindigul Distrikt. In Dörfern, in denen der Infantizid nachweislich praktiziert wird, richtete man Familienberatungsstellen ein, in denen man die Frauen über Empfängnisverhütung informierte. Dr. S. Gurusamy, der Direktor des CAFIT, betonte, dem Infantizid müsse anstelle von Bestrafung mit Aufklärung und Beratung begegnet werden. Gleichzeitig versucht man durch Landerschließung und Bewässerungsprojekte die wirtschaftliche Situation der Bauernfamilien zu verbessern, denn die Armut wird als der Hauptgrund für die Mädchentötung angesehen.[6] Staatliche und nichtstaatliche Organisationen bringen das Thema des Mädchen-Infantizids, über das lange Schweigen bewahrt wurde, vermehrt an die Öffentlichkeit und verweisen auf den Wert der Mädchen. Ich sah in Usilampatti und Salem im Oktober 1999 viele Autos mit Aufschriften, die besagten: „Our girls are our pearls".

Auch in Rajasthan, wo es wie in Tamil Nadu große unfruchtbare Flächen und Wassermangel gibt, wird in der Neuzeit die Töchtertötung praktiziert, siehe den 1988 veröffentlichten Bericht N. DESAIs über die Rajput-Familien von Kutch und Saurashtra, wo viele neugeborene Mädchen getötet werden. CHATTERJI berichtet über die rajputischen

Mian von Jammu, deren Söhne müßten entgegen der Sitte Mädchen anderer Gemeinschaften heiraten, weil sie wegen des Infantizids kaum Mian-Mädchen fänden (S. 47). Nach dem Census von 1981 war das Frauen-Männer-Verhältnis im Staat Rajasthan 919:1000, im Distikt Jaisalmer sogar nur 811:1000. GANGRADE schreibt: „But among the Bhatis who are predominant in the district, it is perhaps the lowest in the world at approximately 550, a figure which strongly suggests that infanticide is taking an alarming toll of girl children." (Social Development..., S. 73) Der Mädchen-Infantizid wird hauptsächlich auf dem Land praktiziert, es soll ihn aber auch in den Städten geben (GEORGE und DAHIYA S. 7).

Das alte Indien

Ob es im alten Indien die Tötung weiblicher Neugeborener gab, haben Indologen hinsichtlich einiger Aussagen des Yajurveda kontrovers erörtert. Vom Yajurveda, dem „Wissen von den Opfersprüchen", sind fünf Saṃhitās, Sammlungen, erhalten; sie entstammen der Zeit um 900 und 800 v. Chr. Die Taittirīyasaṃhitā (TS), ein das Opfer erläuternder Text, beschreibt eine Handlung beim Soma-Opfer, die KEITH wie folgt übersetzte: „They go to the final bath; they deposit the pots, but lift up (the vessels) for Vāyu; therefore they deposit a daughter on birth, a son they lift up."[7] In der Maitrāyaṇīsaṃhitā (MaiS) heißt es: „Deswegen werfen sie ein (neu-?)geborenes weibliches Kind zur Seite, nicht ein männliches."[8] Das Nirukta (N), ein Werk zur Etymologie, greift diese Aussage auf und erklärt: „Aus diesem Grunde werfen sie ein (neu-?)geborenes Mädchen zur Seite (oder) geben es einem anderen (zur Ehe?), nicht aber den Sohn, und deshalb (erscheint) der Sohn im Ahnenopfer, nicht die Tochter."[9]

Während WEBER (1865, S. 481), ZIMMER (1879, S. 319f.), DELBRÜCK (1889, S. 197) und SCHRADER (1901, S. 52) der Meinung waren, diese Aussagen belegten das Aussetzen neugeborener Töchter, sprachen sich BÖHTLINGK (1890, S. 494ff.) sowie MACDONELL und KEITH (1, S. 487) gegen diese Deutung aus. BÖHTLINGK und ROTH führen im Petersburger Wörterbuch unter *as-* mit Präfix *parā* an: „1) wegwerfen, bei Seite werfen [...] 2) verstossen, aussetzen (ein neugeborenes Kind)", und verweisen auf N 3.4. BÖHTLINGK nimmt hierzu in der Zeitschrift der Deutschen Morgenländischen Gesellschaft

(44, S. 496) revidierend Stellung und übersetzt *parāsyanti* nun als „legt man bei Seite“, „übergibt es sogleich der des Kindes wartenden Person“. Er berichtet, auch ROTH habe die Annahme verworfen, *parā-as-* bedeute das Aussetzen von Mädchen. BÖHTLINGK schreibt: „Eine solche Barbarei den alten Indern zuzutrauen fiel mir schwer, und dann dachte ich, dass die Sache an und für sich unwahrscheinlich sei, da man ohne Mädchen das höchste Glück eines Inders, die Erzeugung eines Sohnes, nicht erreichen kann. [...] Zu meiner grossen Befriedigung erfuhr ich bald darauf, dass auch Roth mit dem Aussetzen der Töchter nicht einverstanden ist.“ (S. 495f.)[10] Auch DELBRÜCK schloß sich den hier angeführten Ansichten ROTHs und BÖHTLINGKs an, wie dieser bemerkte (S. 496). BÖHTLINGK schreibt, der altindische Kommentator [Sāyaṇa, R. S.] habe in seinen Erklärungen zu TS 6.5.10.3 das *jātāṃ* („die Geborene“, Akkusativ), das eben auf die gerade geborene Tochter verweise, kurzerhand übersehen und erkläre, es gehe hier um das Weggeben der Tochter als Braut. Auch der indische Indologe KANE wendet sich gegen die Annahme, die Inder hätten in vedischer Zeit den Mädchen-Infantizid praktiziert. Seiner Übersetzung der TS-Stelle muß man zustimmen: „[...] therefore they (the people) keep aside the girl when she is born and lift up (i. e. greet with pride and joy) the son.“ KANE hat Recht, wenn er feststellt: „This simply refers to the fact that a daughter was not greeted as much as the son. It has nothing to do with exposure or infanticide.“ (Vol. II, Part I, S. 509) Den Mädchen-Infantizid belegen die genannten Stellen nicht, sehr wohl aber die überaus hohe Wertschätzung des Sohnes bereits in alter Zeit.

Unklar bleibt mir eine Aussage im 176. Kapitel des Staatslehrbuches Arthaśāstra (AŚ). Das Kapitel behandelt die Ordnung und Verwaltung eines eroberten Gebietes; der neue König, so heißt es, solle die Fehler seines Feindes, des besiegten Herrschers, durch seine eigenen Vorzüge verdecken und dessen Vorzüge durch doppelt so viele Vorzüge übertreffen. Er solle veranlassen, was seinen neuen Untertanen angenehm ist, und ihre Wesensart, Kleidung, Sprache und Lebensform annehmen. Es sei auch die Aufgabe des Königs, im eroberten Gebiet vorgefundene Mißstände zu beseitigen: „Eine Sitte, die seiner Auffassung nach dem Staatsschatz und dem Heere schadet oder auf das äußerste unrecht ist, soll er unterbinden und dafür einen dem Recht entsprechenden Brauch einführen.“[11] Vor dem letzten Satz heißt es: „Er soll *yonibālavadha* und die Kastration verbieten.“[12] Das *puṃstvopaghāta* ist die Kastration (von männlichen Tieren oder Männern), *yonibāla* hingegen läßt sich schwer deuten. MEYER übersetzt: „Den Mord an weiblichen Kindern und die Entmannung soll er verbieten“, und erklärt hierzu: „*Yonibāla* ‚Vulvakind‘ wäre wohl am natürlichsten eine weibliche Geburt, ein Mädchen. Freilich auch ‚Uteruskind‘ wäre denkbar, also Kind im Mutterleib. Doch dann stünde höchstwahrscheinlich das bekannte *garbhavadha*. Am fernsten liegt wohl ‚der Mord an Frauen und Kindern‘ für *yonibālavadha,* denn Frauenmord gilt den Indern als Greuel aller Greuel, und das eroberte Gebiet ist, nach allem, was wir sehen können, Arierland. Die kleinen Mädchen aber bildeten da bekanntlich eine Ausnahme; sie waren ja auch keine Frauen.“ (1926, S. 636, Anm. 2) *yonibāla* als „Mädchen“ zu deuten, ist kühn, „Kind im Uterus“, „Embryo“ ist naheliegender. Nach KANGLE beziehen sich die Aussagen auf Tiere: „He should prohibit the killing of females and young ones and the destruction of a male's virility.“ Seine Anmerkung lautet: „*yonibāla-* refers to females and young ones of all species, particularly animals.“ (Part II, S. 571, Anmerkung; siehe unter AŚ) Es geht in dem Textabschnitt aber um gesellschaftliche Verhältnisse, nicht um Tierzucht. KANGLE erwähnt auch die von ihm abgelehnte Übersetzung Nags, die lautet: „girls and the newly born“ (ebd.). Diese Stelle kann keinesfalls als Beweis für die Praxis des Mädchen-Infantizids dienen, es ist wahrscheinlicher, daß mit *yonibāla* das Kind im Uterus und mit *yonibālavadha* somit die Abtreibung gemeint ist.[13]

Die freudige Begrüßung des Sohnes durch den zur Geburt herbeigerufenen und die Namensgebung vollziehenden Vater ist in späteren Texten dokumentiert, während ein Aussetzen oder Töten der neugeborenen Tochter keinem der herangezogenen Texte zu entnehmen ist.

Anmerkungen

1 Zur Geschichte des Mädchen-Infantizids siehe PAKRASI 1968 und 1970, The Genesis of Female Infanticide, sowie NAIR 1991.

2 TOD, der bei seinen Erörterungen sowohl auf vergleichbare Praktiken bei anderen Völkern als auch auf altindische Quellen eingeht, vermerkt, die indischen Texte billigten die Witwenverbrennnung, nicht jedoch den Infan-

tizid an den Töchtern. Daher machten die Rajputen die Verbrennung einer Witwe zu einem öffentlichen Ereignis und ehrten die Tote, verschwiegen aber den Infantizid (2, S. 739f.).

3 Nach Dr. K. J. KURIAN aus Madurai nimmt der Mädchen-Infantizid bei den Kallar in jüngster Zeit zu; siehe seinen Beitrag im Internet. Man vergifte die neugeborenen Mädchen mit der milchigen Substanz einer Pflanze. Die Alternative zum Infantizid bestehe für viele Mütter darin, das Krankenhaus heimlich zu verlassen oder ihre Töchter unter Angabe einer falschen Adresse dort zurückzulassen. Zum Infantizid in Dörfern Tamil Nadus siehe auch GEORGE, ABEL und MILLER. GEORGE und DAHIYA erwähnen den Mädchen-Infantizid in Dörfern Haryanas.

4 BUMILLER schreibt ausführlich über ihre Begegnungen mit mehreren südindischen Ehepaaren, die ein Mädchen nach der Geburt getötet hatten; die Ausführenden waren hierbei die Schwiegermutter der Frau oder andere Familienangehörige. In diesen armen Familien waren immer wirtschaftliche Gründe für den Infantizid ausschlaggebend, S. 107ff.

5 Derartige Institutionen gibt es auch im reichen Deutschland unserer Tage. In den Jahren 1999 und 2000 wurden in der Bundesrepublik in vielen Städten sog. „Babyklappen" eingerichtet, weil immer mehr Mütter Neugeborene, hier allerdings Jungen und Mädchen gleichermaßen, aussetzten. In der Tür einer sozialen Einrichtung befindet sich eine Klappe, in die die Mutter ihr unerwünschtes Baby unbeobachtet hineinlegen kann.

6 Siehe den Bericht in The Hindu, Wednesday, May 19, 1999: „Family counselling centres to prevent female infanticide."

7 TS 6.5.10.3: *avabhṛtám áva yanti párā sthālī́r ásyanty úd vāyavyā́ni haranti tásmāt stríyaṃ jātā́ṃ párā 'syanty út púmāṃsaṃ haranti* || MYLIUS datiert die fünf Saṃhitās des Yajurveda etwas später, nämlich ab 800 v. Chr.; die Taittirīyasaṃhitā war seiner Meinung nach um 650 v. Chr. abgeschlossen (S. 33).

8 MaiS 4.6.4: *tásmāt stríyaṃ jātā́ṃ párāsyanti ná púmāṃsam* [...]. Ebenso KāS 27.9. Zur Datierung der MaiS, einer der Samhitās des Yajurveda, siehe die vorangehende Anmerkung.

9 N 3.4: *tasmāt kāraṇāt striyaṃ jātāṃ parāsyanti parasmai dadati na pumāṃsaṃ tasmāt pumān eva paitṛkasyeṣṭe na duhitā* || Das etymologische Werk des Yāska, das Nirukta, entstand nach MYLIUS vor 500 v. Chr. (S. 86).

10 Die Tatsache, daß jeder Mensch, Frau oder Mann, die Notwendigkeit von Töchtern für den Fortbestand der Menschheit anerkennt, bedeutet selbstverständlich nicht, daß er oder sie deshalb Töchter will oder sie freudig

begrüßt. Töchter, so sagt schon der AV in 6.11.3 cd, sollen in anderen Familien geboren werden, nicht in der eigenen.

11 AŚ 13.5.3 ff: *navam avāpya lābhaṃ paradoṣān svaguṇaiś chādayet guṇān guṇadvaiguṇyena* ‖ [...] *prakṛtipriyahitāny anuvarteta* ‖ [...] *tasmāt sāmanaśīlaveṣabhāṣācāratām upagacchet* ‖ [...] *yac ca kośadaṇḍopaghātakam adharmiṣṭhaṃ vā caritraṃ manyeta tad apanīya dharmyavyavahāraṃ sthāpayet* ‖ Das AŚ, ein Lehrbuch der Staatsführung, ist frühestens in das 3. Jahrhundert n. Chr. zu datieren (WINTERNITZ 3, S. 523 und S. 540). Ebenso MYLIUS S. 254.

12 AŚ 13.5.13: *yonibālavadhaṃ puṃstvopaghātaṃ ca pratiṣedhayet* ‖

13 Bei *puṃstvopaghāta* könnte es sich um die Kastration des Mannes zur Strafe handeln, die in einigen Gesetzbüchern zu finden ist; die Kastration, *śiśnasyotkartana*, ist hier die Strafe für Inzest, NS 12.72–74; siehe auch GDhŚ 23.10. Was der König verbieten soll, sind offenkundig Praktiken, die die Geburt von Kindern verhindern wie die Abtreibung bei der Frau und die Kastration beim Mann.

4. Die Benachteiligung weiblicher Säuglinge und Kinder

Das heutige Indien

Um einen Sohn kümmert man sich in Indien in der Regel aufmerksam und liebevoll, während man eine Tochter bisweilen auf eine passive Art vernachlässigt. Diese Haltung kommt in einem nordindischen Sprichwort zum Ausdruck, das ich oft hörte: „The parents look after the son, and the Gods look after the daughter.“ MOORE berichtet in ihrer Studie über ein Dorf in Rajasthan, in dem sie in den späten siebziger und in den achtziger Jahren Feldforschungen durchführte, von der Unerwünschtheit der Töchter: „At the birth of a girl there is no celebration – no birth songs – and the midwife receives a lesser fee than at the birth of a boy. Girls are said to be ‚guests‘ in their natal families: they belong to another.“ (S. 27)

Der eingangs erwähnte, 1995 erschienene Sammelband „Girl Child in India“ führt eine Vielzahl von Diskriminierungen an, unter denen viele Mädchen heute zu leiden haben und deren Ergebnisse in den meisten Fällen numerisch zu belegen sind. Statistiken zeigen, daß mehr Mädchen als Knaben sterben, daß weniger Mädchen medizinisch behandelt werden und die Schule besuchen, daß in vielen Bereichen, wie im Straßenbau und in den Fabriken, mehr Mädchen als Jungen arbeiten; Mädchen sind bedeutend häufiger Mißbrauchopfer als Jungen (VIRANI S. 19ff.) und arbeiten selbstverständlich viel öfter als Knaben in der Prostitution.

Untersuchungen der Autoren und Autorinnen ergaben, daß Töchter weniger häufig und nicht so lange gestillt werden wie ihre Brüder (GANGRADE, Sex Discrimination…, S. 65); die einzelnen Stillvorgänge sind kürzer, und dies nicht nur wegen der stärkeren emotionalen Zuwendung, die Knaben zuteil wird. REITER schreibt: „[…] zwischen fünf und zehn Monate werden Buben länger gestillt als Mädchen, vor allem, weil Stillen als Verhütung verstanden und nach der Geburt eines Mädchens aufgrund der Hoffnung auf die baldige Geburt eines Sohnes kürzer oder gar nicht praktiziert wird, so stellten M. Kartal und D. Pandey […] fest.“ (S. 68; dasselbe berichten GEORGE und DAHIYA, S. 6.) Die lebende Tochter hat in diesem Fall unter der Benachteiligung gegenüber einem noch nicht gezeugten, aber ersehnten Sohn zu leiden. Mädchen sind in Indien häufiger als Knaben fehl- und unterernährt;

nach MILLER, die 31 anthropologische Einzelstudien und Feldforschungsberichte aus den fünfziger bis siebziger Jahren herangezogen hat, werden Knaben fast überall in Indien besser ernährt und medizinisch versorgt als Mädchen. Und MANDELBAUM schreibt: „When a choice must be made between the needs of a young son and a young daughter, a son is far more likely to get better food, clothes and care.“ (S. 82) Es gibt in den verschiedenen Kasten und Stämmen eine ganze Reihe von Ansichten, die die mangelnde Versorgung der Töchter mit ausreichender oder wertvoller Nahrung begründen (MILLER S. 93ff.). So glaubt man mancherorts, Töchter würden durch reichliche Nahrung dick und häßlich, oder Knaben benötigten wegen des Schulbesuchs bessere Nahrung als ihre daheimbleibenden Schwestern, auch müßten sie als zukünftige Familienernährer besser versorgt werden. Die Inderin ANEES JUNG führt ein bengalisches Sprichwort an, das lautet: „A girl grows as fast as a banana plant, when you feed her, let her stomach weep a little.“ (S. 71) Indische Mädchen, die sich ihrer Verheiratung nähern, essen, wie ich selbst in indischen Familien mehrmals beobachten konnte, sehr wenig. Das Ablehnen von Nahrung, besonders wenn diese teuer, süß oder nahrhaft ist,[1] gilt als ein Anzeichen von Genügsamkeit und Bescheidenheit und ist eine wichtige weibliche Tugend; ein schlanker oder sogar dünner Körper ist ein erwünschtes Merkmal einer Braut, denn er ist das sichtbare Zeichen der Selbstkontrolle und der Selbstlosigkeit, die in der Familie ihres Mannes von ihr erwartet werden.[2] Eine Studie in städtischen und in ländlichen Gegenden ergab, daß fast 50% der Mädchen gegenüber 20% der Jungen an Fehlernährung leiden, und dies selbst in „prosperous areas“ (KAPUR S. 8).

Während unter natürlichen Bedingungen mehr männliche Säuglinge und Kleinkinder sterben, ist dies in Indien aufgrund der Diskriminierung nicht weniger weiblicher Kinder fast überall umgekehrt: Die willentliche, häufiger aber die unbewußte Vernachlässigung der Töchter führt zu einer höheren Mädchensterblichkeit. Eine Studie über Narangwal, einen Distrikt im Panjab, belegt, daß im ersten Lebensmonat 55 von 1000 männlichen Säuglingen und 65 von 1000 weiblichen Säuglingen sterben; vom zweiten bis zum zwölften Lebensmonat ist das Verhältnis 34,6 zu 1000 bei Jungen und 55,1 zu 1000 bei Mädchen, zwischen einem und 2,9 Jahren sterben von 1000 männlichen bzw. weiblichen Kindern 9,0 und 16,8 (GHOSH S. 48). Auch in Dörfern des Bundesstaates Haryana war die Mädchensterblichkeit bedeutend höher als die von Knaben; bei Zwillingen unterschiedlichen Geschlechts hatten die Jungen deutlich bessere Überlebenschancen. Die Mütter verstorbener Mädchen, deren Zwillingsbruder überlebte, gaben an, sie könnten nur eines der beiden Kinder versorgen (GEORGE und DAHIYA S. 5 und S. 7). Dieses Verhalten gibt es auch anderswo in Indien: „Such unspoken social sanction for severe neglect of females within a twin pair has been witnessed in South India by the first author [Das Gupta 1996, R. S.] and also reported by others.“ (ebd.)

Das erhöhte Mädchensterben geht auf kulturelle Bedingungen zurück, denn wo die Natur waltet, haben es die Mädchen besser: Auf 82 männliche Totgeburten pro 1000 kommen in Narangwal nur 51 weibliche Totgeburten, und bei perinatalen Todesfällen ist das Verhältnis der Knaben zu den Mädchen 90,1 zu 73. In anderen Bundesstaaten herrschen ähnliche Verhältnisse: „In 1970 the death rate of female children (in the 0–4 age group) was as much as 47 per cent higher than that of males in Punjab, 37 per cent higher in Uttar Pradesh, 36 per cent higher in Haryana, 23 per cent higher in Rajasthan, and 10 per cent higher in Gujarat.“ (PUNALEKAR S. 58).

Für die Mädchen wird es somit gefährlich, wenn die kulturellen Einflüsse zum Tragen kommen, nämlich ab den ersten Tagen nach der Geburt bis zum dritten Lebensjahr, wie die von GHOSH angeführte Tabelle dokumentiert (S. 48). Im Krabbelalter und in der Zeit, in der Kinder das Laufen erlernen, erhalten Jungen mehr Aufmerksamkeit von den Verwandten als Mädchen, die daher häufiger verunglücken; dies erklärt die oben genannte höhere Sterberate der Mädchen zwischen einem und 2,9 Jahren. WADLEY berichtet aus einem Dorf in Uttar Pradesh, in dem sie eine Langzeitstudie durchführte: „Karimpur residents are blatant in their discrimination against female children. A toddler about to topple off a cot onto a brick courtyard is not prevented from falling, as the grandmother comments, ‚Let her, she's only a girl.‘“ (S. 133) Dieses extreme Verhalten ist jedoch trotz aller Töchterfeindlichkeit sicher eine Ausnahme.[3]

Töchter sterben nicht nur häufiger, weil sie weniger gut ernährt werden, sondern auch wegen schlechterer medizinischer Versorgung: „In most hospitals, male admissions are around 65 per cent and female around 35 per cent of the total.“ (GHOSH S. 47) Mit Töchtern, so zeigen verschiedene Untersuchungen, gehen die Eltern seltener und erst später im Verlauf einer Krankheit zum Arzt oder in das Krankenhaus als mit Jungen (siehe MILLER S. 100f.). Meine eigenen Beobachtungen in indischen Familien waren, daß kleine Buben, weil sie verwöhnt werden, oftmals wehleidiger sind und häufiger und länger jammern als die zu mehr Selbstdisziplin erzogenen Mädchen; das Klagen der Söhne wird stärker beachtet und Krankheitssymptome werden eher wahrgenommen. UNISA berichtet, nach einer UNICEF-Studie würden mehr Knaben als Mädchen geimpft und in Krankenhäusern behandelt, und „the girl has a higher rate of death from measles, diarrhoea and respiratory infections and boys are breastfed longer than girls." (S. 33f.) Bedeutend mehr Mädchen als Knaben leiden unter Vitamin-A-Mangel, Blutarmut und anderen Folgen der Mangelernährung (GOPALDAS und GUJRAL S. 227ff.). Nach einer UNICEF-Studie von 1994 leiden 70% der indischen Mädchen zwischen sechs und vierzehn Jahren an Eisenmangel (KAPUR S. 8).

Kinderarbeit, vor allem in Fabriken, in Minen und im Straßenbau, führt bei Mädchen wie bei Knaben zu Knochen- und Rückenschäden, zu Atemwegserkrankungen und Tuberkulose; Bronchitis, Hautkrankheiten, Pilzbefall, Allergien etc. entstehen durch den Kontakt der Kinder mit Pestiziden und Chemikalien in der Landwirtschaft und Industrie (DASHORA S. 211). Krankheiten und Unfälle treffen Mädchen häufiger und stärker, da sie bei der Arbeit länger anwesend, gehorsamer und zuverlässiger sind als Jungen, die sich Anweisungen häufiger widersetzen, sich öfter vom Arbeitsplatz entfernen, mehr fehlen und eher verbal und tätlich Widerstand leisten (so die mündliche Mitteilungen des Besitzers einer Fabrik in Delhi). Mädchen verunglücken häufig im Haushalt, denn sie arbeiten in der Küche, wo es offene Feuer, Öle und andere Brennstoffe gibt. Aber auch in der Öffentlichkeit sind sie gefährdeter als Jungen: Wegen langer Röcke und Schals sowie ihrem langen Haar und zahlreicher Schmuckstücke verfangen sie sich häufig an Gegenständen und stürzen.

Knaben werden seltener ausgesetzt oder an Kinderheime abgegeben, Mädchen ereilt dieses Schicksal häufiger. Ungewollt kinderlose indische Ehepaare adoptieren fast ausschließlich Jungen. Die österreichischen Autorinnen BENARD und SCHLAFFER schreiben, die von ihnen in Indien besuchten Kinder- und Waisenheime müßten „Mädchenheime" genannt werden, weil sich fast nur Mädchen darin fänden. Sie zitieren eine indische Sozialarbeiterin: „Kleine Buben sehen wir hier sehr, sehr wenige. [...] Sehr selten wird einer abgegeben, etwa weil er unehelich geboren wurde oder körperlich behindert ist. Erstere bleiben nicht lange, werden gerne adoptiert." (S. 35)[4] Auch dieses Verhalten indischer Ehepaare entspricht der Tradition, denn die altindischen Texte sprechen nur von der Adoption von Söhnen; fehlten Töchter, wurden keine Mädchen adoptiert. Deutsche Ehepaare, die indische Kinder adoptiert hatten, erzählten mir, es sei viel leichter, ein Mädchen zu bekommen, denn die gesunden Knaben würden von indischen Ehepaaren angenommen. Ein besonders hartes Schicksal trifft behinderte Mädchen in Waisenhäusern, denn sie will niemand mehr. CHATTERJI berichtet allerdings, immer mehr gebildete indische Ehepaare adoptierten neuerdings bewußt ein Mädchen; die Schauspielerin Deepti Naval führte sogar einen Prozeß, um ein zweites Mädchen adoptieren zu können, da der Hindu Adoption and Maintenance Act von 1956 es verbietet, zwei Kinder desselben Geschlechtes zu adoptieren (S. 199). (Die Gesetzgeber waren davon ausgegangen, daß das erste adoptierte Kind in den allermeisten Fällen ein Junge sein würde, und die Adoption eines zweiten Knaben sollte zugunsten eines Mädchens verhindert werden.)

Manche Eltern verkaufen ihre neugeborenen Mädchen an Agenturen, die diese an ausländische Ehepaare weitervermitteln. So berichtet MENON über den Stamm der Lambadas: „The Lambada believe that the birth of a girl, especially the first child, is bad luck. An archaic superstition which should have been buried aeons ago, it has worked marvellous for some agencies. They buy baby girls – mostly newborns – from the tribals for less than Rs 2,000 and sell them for up to Rs 2 lakh [200.000 Rs. entsprechen ungefähr 9.000 DM, R. S.] to foreign buyers under the guise of adoption. In several cases, the babies are ‚booked' as soon as pregnancy is confirmed – if it is a girl, the infant is sold." (S. 30) Die Mädchen, so MENON, seien wegen ihrer hellen Haut, des zarten Körperbaus und ihrer Schönheit bei Ausländern sehr begehrt. Knaben werden von ihren Eltern nur selten fortgegeben; die Polizei fand bei einer Razzia in einer Agentur 172 Kinder, von denen 162 Mädchen waren.[5] Der Staat hat neuerdings verschärfte Adoptionsgesetze erlassen und besondere Beamte zur Überprüfung von Adoptionsverfahren eingesetzt.

In Indien gibt es die Schulpflicht, aber ein großer Teil der indischen Kinder, vor allem aus armen Familien, kann nicht zur Schule gehen. Bedeutend weniger Mädchen als Jungen besuchen die Grundschule und die weiterführenden Bildungsanstalten. Nach den „Data from the National Family Health Survey“, die auf einer 1992 und 1993 durchgeführten Untersuchung basieren, gingen indienweit 75,5% der Jungen und 58,9% der Mädchen zur Schule; in den Städten besuchten 85,3% der Knaben und 79,2% der Mädchen die Schule, auf dem Land waren es nur 72,2 bzw. 52,2%. Die Lage ist in den einzelnen Bundesstaaten sehr unterschiedlich. In Bihar gingen 63,6% der Knaben, aber nur 38,3% der Mädchen in die Schule,[6] die entsprechenden Zahlen für Rajasthan sind 74,2% (Jungen) und 40,6% (Mädchen), für Uttar Pradesh 72,8 bzw. 48,2%. In Kerala hingegen gehen 94% der Kinder beider Geschlechter zur Schule (in: India. Women & Children in Focus). Mädchen gehen seltener in die Schule, weil sie das Vieh hüten oder im Haushalt und bei der Beaufsichtigung kleinerer Geschwister helfen müssen, ihr Schulweg ist oftmals zu lang und zu gefährlich und es fehlt an geeigneter Kleidung und an Schulmaterialien. Neben den wirtschaftlichen Gründen spielt die Tradition eine Rolle: Viele Eltern sind gegen die Koedukation oder fürchten, ihre Töchter könnten auf dem Schulweg und in der Schule belästigt werden (RANJANA KUMARI S. 183). Manche Eltern wollen vermeiden, daß ihre Mädchen mit Kindern anderer Kasten oder Religionen zusammenkommen oder modernen Einflüssen wie der Sexualerziehung ausgesetzt sind (VIRANI S. 162f.). Mädchen verlassen die Schule früher und häufiger als Knaben, meist, weil sie weniger Hilfe bei den Schularbeiten erhalten als Jungen. Seit dem vorigen Jahrhundert ist der Anteil der die Schule besuchenden Mädchen jedoch beständig gestiegen. Nach ALTEKAR gingen im Jahre 1826 in der Provinz Madras nur 1023 Mädchen, aber 157.664 Knaben zur Schule (S. 24).

Es wird immer betont, die Schulbildung verbessere die Lage der Mädchen und Frauen, dies ist aber nur bedingt richtig. GANGRADE schreibt, 86% der Eltern in den Städten brächten große Opfer, um ihren Töchtern den Schulbesuch bis zum Abitur zu ermöglichen. Die meisten dieser Eltern seien aber nicht damit einverstanden, daß ihre Töchter studierten oder Karriere machten, denn eine zu hohe Bildung, so die Eltern, bedeute Konflikte im häuslichen Bereich und Ungehorsam (Social development..., S. 77). Viele Töchter, so GANGRADE, besuchten die Schule nur, um die Zeit bis zu ihrer Verheiratung sinnvoll zu verbringen und um dann die Rolle der Ehefrau und Mutter zu übernehmen; außerdem sei die Schulbildung der Töchter in diesen Kreisen ein Statussymbol.

Die Zahl der Analphabetinnen ist in Indien hoch. Nach dem Census von 1991 konnten 64,13% der Männer, aber nur 39,29% der Frauen in Gesamtindien lesen und schreiben; auf dem Land waren es 57,87% der Männer und nur 30,62% der Frauen (http:///www.censusindia.net/literates1.html). Nach den „Data from the National Family Health Survey, 1992–1993", die auf einer Befragung von 89777 Frauen zwischen 13 und 49 Jahren erstellt wurden, waren in Gesamtindien 56,7% der Frauen Analphabetinnen, in den Städten waren es 32,5%, auf dem Lande 65,5%. Auch hier gibt es hinsichtlich der einzelnen Bundesstaaten bedeutende Unterschiede: In Rajasthan waren 1992–1993 74,6% der Frauen Analphabetinnen, in Bihar 71,4, in Uttar Pradesh 68,5, in Kerala dagegen nur 17,6% (In: India. Women & Children in Focus). Trotz der zunehmenden Schulbildung bleiben die meisten Frauen wirtschaftlich abhängig. Nach den genannten „Data..." war nur ein kleiner Teil der befragten Frauen wirtschaftlich unabhängig: 69% waren Hausfrauen, 12% arbeiteten ohne Bezahlung im Familienbetrieb oder in der Landwirtschaft, 16% der Frauen waren angestellt und nur 3% waren Selbständige. Nur 19% der Frauen verdienten somit eigenes Geld.

Viele indische Mädchen verfügen über kein Spielzeug und über keine Spielzeit: „The girl child has no space to play around, if at all she has some time at her disposal. Because barely is she 5 years of age she is made to participate in household chores." (GOPALDAS und GUJRAL S. 227) Mädchen werden früh und nachhaltig zu Verantwortung und Disziplin, zu Fügsamkeit und Schweigen erzogen.

Über das Ausmaß des sexuellen Mißbrauchs von Mädchen in Indien gibt es keine verläßlichen Zahlen; die meisten Autoren sind der Meinung, die Dunkelziffer sei hoch.[7] KAPUR zitiert einen Bericht des Magazins India Today, nach dem die meisten Teenager, an denen eine Abtreibung vorgenommen wurde, Inzest-Opfer waren (S. 10). Da sich die meisten Fälle von Mißbrauch und Vergewaltigung in den Familien ereigneten, erfolge nur selten eine Anzeige (S. 12); die bekannte Polizistin KIRAN BEDI erklärte auf einem Seminar, 56% der Fälle von Kindesmißbrauch ereigne sich in den Familien und er komme in allen Gesellschaftsschichten, Kasten und Religionen vor (nach VIRANI S. 15).

Die mißbrauchten Mädchen haben meist keinen Willen und keine Möglichkeit, sich zur Wehr zu setzen, denn sie werden zur Leidensfähigkeit erzogen: „Silence, sacrifice and sufferance are some of the moral qualities specifically extolled among the girl children." (PUNALEKAR S. 61) Die von Geschlecht und Alter bestimmte Hierarchie in den meisten indischen Familien und die Autorität der Männer verbieten ein eigenständiges Handeln vor allem der jüngeren Frauen. Und die Bekanntgabe eines Mißbrauchs oder einer Vergewaltigung innerhalb einer Familie stigmatisiert nicht nur den Täter, sondern die ganze Familie, vor allem aber das Mädchen, das kaum einen Ehemann finden wird.

VIRANI gibt die folgenden Zahlen von angezeigten Vergewaltigungen an. Im Jahre 1993 wurden nach offiziellen Zahlen 3393 Mädchen vergewaltigt, davon waren 634 jünger als zehn Jahre; im Jahr 1997 waren die Zahlen 4414 bzw. 770. Von allen Vergewaltigungsfällen im Jahre 1997 betrafen 28,8% Mädchen unter fünfzehn Jahren; im Jahre 1998 wurden insgesamt 15031 Vergewaltigungen registriert, davon waren 22,8% der Opfer zwischen zehn und sechzehn Jahren alt und 4,2% jünger (S. 28f.). Die Dunkelziffer soll bdeutend höher sein.

In Indien soll es zur Zeit ungefähr 500.000 „child prostitutes" geben (KAPUR S. 11),[8] eine kaum glaubhaft hohe Zahl, die noch von den Angaben VIRANIs übertroffen wird, die von zwei Millionen in der Prostitution tätigen Mädchen unter fünfzehn Jahren spricht (S. 24). Nach KRISHNA ergab eine vom Central Advisory Committee on Child Prostitution herausgegebene Erhebung, daß 15% der in den sechs größten Städten Indiens (Bombay, Calcutta, Delhi, Madras, Bangalore und Hyderabad) lebenden 70.000 bis 100.000 Prostituierten unter fünfzehn Jahre und 24,5% zwischen fünfzehn und achtzehn Jahre alt waren (S. 127; ebenso VIRANI S. 24).[9] Nach einer UNICEF-Studie soll es Anfang der neunziger Jahre etwa 300.000 Prostituierte im Kindesalter gegeben haben; eine Untersuchung des Central Social Welfare Boards aus Delhi ergab, daß 85% aller Prostituierten in Calcutta und Delhi als Kinder mit der Prostitution begonnen hatten (MUKHOPADHYAY S. 145).

Die Kinderprostitution hat in Indien eine jahrhundertealte Tradition und ist teilweise religiös legitimiert. Viele der heutigen Prostituierten waren früher Tempelprostituierte, *devadāsī*-s:[10] „Also, most of the girls leading the *devdasi* way of life in the temples of South[-India,

R. S.] end up their career in the urban red-light areas. Reportedly, one-third of the prostitutes in the brothels of Bombay were *devdasis* and almost threequarters of them were fourteen and under when they took this profession.“ (ebd.) Nach JHA et al. sind 80% der Prostituierten in den Bordellen Maharashtras und Karnatakas der Göttin Yellamma geweihte *devadāsī*-s (1998, S. 318).[11] Nach KRISHNA werden die Gesetzte, die die Tempelprostitution verbieten, so The Bombay Devdasi Protection Act von 1929 und The Madras Devdasi Prevention of Dedication Act von 1947 weitestgehend ignoriert (S. 130). Da viele Prostituierte HIV-infiziert sind und die Freier Angst vor AIDS haben, verlangen immer mehr Bordellbesucher jungfräuliche Mädchen und sind bereit, hohe Preise dafür zu bezahlen. (Nach Aussage einer Sozialarbeiterin aus Bombay.[12])

Neben den *devadāsī*-s und den *yogatī*-s, den der Göttin Yellamma geweihten Mädchen, gibt es andere junge Frauen, die aus profanen Gründen, aber ebenfalls im Rahmen einer Tradition, von ihren Familien zur Prostitution gezwungen werden. In der um Mandasor im östlichen Madhya Pradesh lebenden Bachchda-Gemeinschaft wird die älteste Tochter nach dem Einsetzen der Menstruation Prostituierte, euphemistisch *khilawadi* („Spielende“) genannt, und ernährt hierdurch ihre Familie. Die *khilawadi*-s dürfen nur heiraten, wenn der meist vom Mädchen selbst gewählte Mann ihrer Familie einen Brautpreis, zur Zeit etwa 60.000 Rupien, bezahlt und sie freikauft (SINGH S. 10).[13] Dieses Beispiel zeigt, daß in Indien ein Brautpreis nur dann bezahlt wird, wenn das Mädchen für seine Familie eine Einkommensquelle ist, und sei es durch Prostitution, andernfalls muß eine Mitgift erbracht werden. Der Census von 1991 ergab, daß fast die Hälfte der Bachchda-Mädchen unverheirat und Prostituierte waren; in 63 Dörfern um Mandasor und Neemuch arbeiteten mehr als 600 Bachchda-Prostituierte, entlang des Mumbai-Jaipur-Highways im Ratlam-Distrikt gab es ebenfalls ungefähr 600 *khilawadi*-s (ebd.).[14] Die Distrikt-Verwaltung von Mandasor versuchte im Herbst 1999, die Prostitution entlang des Highways zu unterbinden und stellte die Mädchen vor die Alternative: Gefängnis oder Heirat. Die Regierung versprach jeder heiratswilligen *khilawadi* 6000 Rupien, worauf 44 von 88 festgenommenen Mädchen heirateten (ebd.). Nach SINGH wird den Versuchen des Staates, die Prostitution in dieser Gemeinschaft zu unterbinden, kaum Erfolg beschieden sein.

Erwünscht und gegenüber Söhnen bevorzugt sind Töchter offenbar nur in einigen Prostituierten-Gemeinschaften Indiens, so bei den Kurtisanen von Lucknow. OLDENBURG berichtet in ihrer Studie über diese Kurtisanen, die Geburt einer Tochter sei für sie eine Freude, die eines Sohnes ein Anlaß zur Trauer. Die Kurtisanen bevorzugen nach eigenen Angaben Töchter, weil diese bei den Müttern leben, deren Geld und Schmuck erben und die Tradition weiterführen; ein Sohn verläßt die Mutter bald (S. 44f.). Die Kurtisanen, die sich als Erbinnen einer alten Tradition verstehen, sind in ihrem Leben im Kurtisanenhaus, das von alten Kurtisanen geleitet wird, und in der Verwaltung ihrer Mittel weitgehend autonom. Es ist nicht verwunderlich, daß sie Töchter aus denselben Gründen bevorzugen wie Männer Söhne: Ihr Name und ihre Kunst, ihr Beruf und ihr Besitz leben durch die Tochter weiter; will der Sohn einer Prostituierten weiterkommen, muß er seine Herkunft verleugnen.

Auch die im Tempeldienst befindlichen *devadāsī*-s bevorzugen Töchter gegenüber Söhnen. MARGLIN berichtet über die *devadāsī*-s des Tempels in Puri in Orissa, deren Töchter erbten den mütterlichen Besitz, während die Söhne nur Geschenke erhielten. Die älteste Tochter setze auch den Scheiterhaufen der Mutter in Brand (S. 83), und dies ist eine Aufgabe, die in indischen Familien traditionell dem ältesten Sohn vorbehalten ist. SVJEDA-HIRSCH schreibt, die *devadāsī*-s bevorzugten Töchter, weil ihre künstlerische Tradition matrilinear weitergegeben werde (S. 145).

Ob gewöhnliche Prostituierte in städtischen Bordellen ebenfalls Töchter bevorzugen, darf bezweifelt werden. Schließlich nehmen die Kurtisanen von Lucknow, die vermögend, angesehen und im Vergleich mit anderen Prostituierten privilegiert sind, ebenso eine Sonderstellung ein wie die im Tempel lebenden *devadāsī*-s, deren Prostitution in einem religiösen Kontext gesehen werden muß. Beide Gruppen stehen in jahrhundertealten Traditionen, innerhalb derer die Prostitution nur ein Aspekt, wenn auch ein entscheidender, ist. Die Prostituierten in den Bordellen Bombays und anderer großer Städte werden sich kaum Töchter wünschen, wissen sie doch, daß diese fast zwangsläufig ebenfalls in der Prostitution enden werden.

Die konkrete Benachteiligung der Mädchen hinsichtlich Nahrung, medizinischer Versorgung, Sterblichkeit und Prostitution läßt sich für das indische Altertum nicht nachweisen, da die Texte Mädchen im Alltagsleben nicht beschreiben. Die von den Brahmanen verfaßten Texte geben den von der und für die Elite erwünschten „Soll-Zustand", nicht aber den „Ist-Zustand" wieder; über die tatsächlichen Lebensumstände der Menschen erfahren wir kaum etwas. Die Töchter erscheinen in Gesetzestexten – wie Männer und Frauen auch – als ein Kollektiv, wenn es um die Bestimmung ihrer gesellschaftlichen, rechtlichen und religiösen Stellung geht. In der Märchenliteratur und in den Epen sind Töchter Phantasiegestalten, deren Beschreibungen kaum etwas über die Realität der zeitgenössischen Mädchen aussagt. Die literarischen Wunschbilder, die die ideale Tochter als ein gehorsames, opferbereites und asexuelles, keine eigenen Bedürfnisse äußerndes Wesen zeigen, lassen höchstens erahnen, wie die Sozialisation und das Leben der Mädchen der höheren Kasten aussehen sollte und teilweise auch aussah. Die lebenden Töchter bleiben unsichtbar, und an diesem Umstand hat sich, glaubt man den Worten PADMA SETHs, nichts geändert: „Though in our land of Gods and Goddesses, the feminine divinity overawes the people and demands periodic public ritual and obeisance from time to time, at regular intervals, the girl child is forced into invisibility." (S. 107)

Die Benachteiligung des Mädchens in der Familie und in der Gesellschaft ist an der Bevorzugung des Sohnes erkennbar. Diese kommt in den Ritualtexten klar zum Ausdruck; die vom Vater nach der Geburt auszuführenden Riten galten nur dem Sohn. Wird ein Sohn, *puṃs,* geboren, gibt ihm der Vater unmittelbar nach der Geburt, noch vor dem Durchschneiden der Nabelschnur,[15] einen Namen, streicht eine bestimmte Substanz unter seine Zunge und füttert ihn mit Butterschmalz. Einige Zeit nach der Geburt übergibt die Mutter den Knaben seinem Vater, der weitere rituelle Handlungen für ihn ausführt (GGS 2.8.2 und 10). Der Ritus der Namensgebung geht auf eine sehr alte Zeit zurück, bereits im Śatapathabrāhmaṇa (ŚB) heißt es: „[…] deshalb soll er dem (soeben) geborenen Sohn einen Namen geben."[16] In der dem ŚB zugehörenden BU gilt die Namensgebung ebenfalls nur dem Sohn.[17] Aus dem GGS und vergleichbaren Texten geht deutlich hervor, daß die Rituale allein dem männliche Kind, *kumāra,* galten; was mit einer Tochter geschah, wird nicht erwähnt. Auch die Anweisungen in der Manusmṛti (MS) und im Pāraskaragṛhyasūtra (PGS) betreffen allein den Sohn: *jātasya kumārasya* [...] (1.16.3), der Vater spricht zu ihm: „Du wahrlich bist das Selbst, ‚Sohn' genannt, lebe hundert Herbste!"[18]

Diese Riten erhielten sich über sehr lange Zeit; in dem fast tausend Jahre nach der Manusmṛti entstandenen Agnipurāṇa (AP) überreicht die Mutter ihrem Mann den neugeborenen Jungen mit den Worten: „Dies ist dein Sohn";[19] die Tochter findet keine Erwähnung. Auch in der CS betreffen die nachgeburtlichen Rituale allein das männliche Kind, *kumāra.* Hier heißt es im Śārīrasthāna: „(Vor dem Durchschneiden der Nabelschnur) ist das *jātakarman* (der Geburtsritus) für den Knaben auszuführen. [...] Dann soll sein Schutz vorbereitet werden." Auch die Zeremonie der Namensgebung vollzieht der Vater allein für den Sohn, die Mutter wird ehrend *suputrā strī,* „eine Frau mit vorzüglichen oder zahlreichen Söhnen", genannt.[20] Ähnlich sind die Angaben der SS.[21]

Es ist bemerkenswert, daß die vom Vater durchgeführte Namensgebung und damit die Anerkennung des Knaben als seines rechtmäßigen leiblichen Sohnes ebenso wie das gleichfalls vom Vater vorgenommene Füttern mit *ghṛta,* Butterschmalz, noch vor der Durchtrennung der Nabelschnur und bevor die Mutter ihr Kind aufnehmen und stillen kann, vollzogen werden. Der Vater verleiht seinem Sohn die Identität, er nährt ihn zuerst, und zwar mit dem heiligsten und kostbarsten aller Nahrungsmittel und der Speise der Götter, dem *ghṛta.* Hierdurch wird deutlich, wem der Sohn angehört: der Kultur der Zweimalgeborenen und seinen männlichen Vorfahren und nicht der Mutter, deren Milch die zweitrangige Nahrung ist.

Die genannten Stellen belegen, daß der Vater in der Nähe war, um bei der Geburt eines Sohnes für das Ritual zur Stelle zu sein. Bereits die perinatale Magie im AV bezieht sich vornehmlich (wenn nicht ausschließlich) auf den Knaben. So heißt es in einem Lied, das eine leichte Geburt bewirken soll, die Mutter solle (unversehrt) vom Sohn, *putrá,* getrennt werden (1.11.5 c). Für die Wöchnerin wurden die rituellen Handlungen auch in späterer Zeit nur ausgeführt, wenn sie einen Sohn geboren hatte. Nach dem PGS spricht der Vater des männlichen Kindes nach der Entbindung zu seiner Gattin: „‚Du bist

Iḍā, die Tochter Mitras und Varuṇas, o Starke, einen starken Sohn hast du geboren! Du sollst eine sein, die starke Söhne besitzt, weil du uns mit starken Söhnen versehen hast!' Dann wäscht er ihre rechte Brust und gibt sie (dem Sohn) [...]."[22] Ähnlich sind die Angaben des KhGS, 2.2.28ff. und 2.3.1ff. sowie des GGS 2.7.14ff. und 2.8.1ff. Es ist anzunehmen, daß sich angesichts dieser Ehrungen auch die Frauen über die Geburt eines Sohnes freuten und die einer Tochter bedauerten.

Töchter erhielten im alten Indien eine weniger gute Bildung als ihre Brüder, bis in die letzten Jahrhunderte vor der Zeitenwende wurden Töchter der oberen Schichten aber unterrichtet. ALTEKAR, der in seinem Kapitel „Childhood and Education" in einigen Punkten ein aus meiner Sicht durch die Quellen nicht aufrechtzuerhaltendes positives Bild der Situation der Töchter und Frauen im vedischen und nachvedischen Indien zeichnet, kommt zu dem Ergebnis: „The cause of women's education suffered a good deal after c. 300 B. C. on account of the new fashion of child marriage that then began to come into vogue. [...] By the beginning of the Christian era prepuberty marriages became the order of the day." (S. 16) Und dies gilt für manche Gegenden Indiens noch heute: „Early marriage in certain areas serves as a major constraint in universalization of education." (CHOWDHRY S. 87)

Möglicherweise gab es im alten Indien Kinderarbeit; das AŚ erwähnt, daß in den Webereien neben Witwen, verkrüppelten Frauen, Wanderasketinnen und Frauen, die eine Strafe verbüßten, auch Mädchen arbeiteten (*kanyā* und *kanyakā*, 2.23.2 und 11). Ob diese Waisen oder Kinder armer Leute waren, wird nicht ersichtlich. Auch die Kinderprostitution läßt sich nicht belegen. In der späten Samayamātṛkā (SM) heißt es allerdings, eine Prostituierte habe ihre siebenjährige Tochter, die redegewandt wie eine erwachsene Frau war, aus Gier am Markttor angeboten, wo sie als Jālavadhā bekannt wurde.[23]

Auch im alten Indien bevorzugten Kurtisanen Töchter. NAMOUCHI schreibt in ihrer Arbeit über die Prostitution im alten Indien, es sei zu fragen, „ob die Prostituierte nicht die einzige Frau im alten Indien war, für die es einen Vorteil darstellte, eine Tochter anstelle eines Sohnes auf die Welt zu bringen. [...] Ihre Tochter war nützlich, da sie ebenfalls als Prostituierte ausgebildet werden konnte und somit in das Geschäft einsteigen konnte. Ein Sohn hingegen mußte anderweitig untergebracht werden und kostete eher Geld, als daß er welches zum

Haushalt dazu steuerte." (S. 184f.) Dem AŚ ist zu entnehmen, daß die Töchter der Kurtisanen, *gaṇikā*, das Gewerbe der Mutter übernahmen (2.27.1ff.). Im Kuṭṭanīmata (KN) spricht eine Kurtisane zu einem Freier: „Töchter allein sind zu preisen, Schmach über die Welt, die die Geburt eines Sohnes begrüßt! Durch die Verbindung mit ihnen (den Töchtern) erlangt man Schwiegersöhne Ihrer Art."[24] Dies ist natürlich ironisch zu verstehen, denn der Schwiegersohn ist ein echter Hurensohn.

Anmerkungen

1 Siehe DAVAR S. 210: „Nutritious food, such as butter, eggs, milk, seasonal fruits, curds, etc. are reserved for the male children of the family."

2 Verfressenheit oder der Appetit auf Fleisch und Alkohol sind nach den Purāṇas, Texten aus der zweiten Hälfte des ersten nachchristlichen Jahrtausends, Kennzeichen der Frauen im Untergangszeitalter *kaliyuga,* denn diese leben dann ihren *svabhāva* aus, die ihnen innewohnende, von negativen Eigenschaften bestimmte Natur (SP 1.2.40.236 und 237, BhāP 12.3.31 und 34). Traditionelle Ehefrauen essen nach den Männern der Familie und meist die Reste.

3 Kleine Knaben erfahren mehr Aufmerksamkeit und verbringen längere Zeit auf den Schößen und Armen der Familienmitglieder und sind daher weniger gefährdet. Die häufigere, länger andauernde und intensivere Zuwendung, die man männlichen Säuglingen und Kleinkindern schenkt, ist eher unbewußt als bewußt motiviert, wie mich Beobachtungen in wohlhabenden, konservativen muslimischen Familien in Nordindien und in Pakistan lehrten. Die auch hier anzutreffende Bevorzugung des Sohnes wurde nicht zur Sprache gebracht, es wurde stets darauf verwiesen, das Geschlecht der Kinder liege in Gottes Hand, und man müsse eine Tochter ebenso lieben wie einen Sohn. Man glaubte aber auch, Töchter seien eine Strafe Gottes, Söhne eine Belohnung; die Geburt eines Sohnes wurde daher gefeiert. Zur Sohnespräferenz bei indischen Muslimen siehe JEFFERY S. 152.

4 In Indien gibt es zahlreiche, oftmals von christlichen Nonnen geführte Häuser, in denen schwangere Mädchen ihr uneheliches Kind zu Welt bringen können. Die Eltern halten die Geburt vor den Verwandten und Bekannten geheim, damit das Mädchen weiterhin als Jungfrau gilt und verheiratet werden kann. Das Kind wird sofort nach der Geburt zur Adoption freigegeben.

5 Siehe hierzu auch einen Beitrag in The Hindustan Times vom 1.4.1999: „Selling girl children has become a common aspect of the Lambada tribeswomen's life in villages in the Chandanapaet area. The infants are regularly sold to Lambada brokers, who in turn hand them over to one or other of the half dozen legalized and many illegal adoption centres/agencies in the State."

6 In Bihar ist die Situation für Frauen und Mädchen indienweit am schlechtesten, weil hier die Tradition besonders fest verankert ist: „Ridden with traditional age-old feudal values and lacking exposure to processes of urbanisation, universal education and modernisation, its society is characterised by innumerable restrictions on women and girls. Consequently, the percentage of female literates is very low and the female mortality rate very high. [...] In the Class VI-VIII category, the enrolment of girls is only 14.7 percent compared to boys 45.8 percent. In fact, people in Bihar think that it will be difficult to get girls married if they are educated. The other reason attributed by the parents is that they will have to pay more dowry." (GANGRADE, Social development... S. 75f.)

7 Ich verweise auf die Artikel von KRISHNA sowie von MEHRA und CHATTORAJ; siehe auch REITER S. 78ff. Die neuesten Daten sind in der im Jahr 2000 erschienenen Monographie mit dem Titel „bitter chocolate. Child Sexual Abuse in India" enthalten. Die Autorin, selbst Mißbrauchopfer, schreibt, die Hälfte aller indischen Mädchen und fast ein Drittel der Jungen seien nach den Aussagen der Hilfsorganisationen Opfer von Kindesmißbrauch, fügt aber hinzu: „However, this book will use the police's figures as final: 40 per cent of girls and 25 per cent of boys below sixteen years of age are victims of Child Sexual Abuse in India." (S. 22) Eine 1985 durchgeführte Studie des Tata Institute of Social Sciences ergab, daß 30% der befragten Frauen und 10% der Männer als Kinder mißbraucht worden waren; andere Untersuchungen ergaben ähnliche Zahlen (VIRANI S. 19ff.).

8 KAPUR bezieht sich hierbei auf einen Bericht von C. B. RANGWANI: I felt like God had died, in: The Times of India, 15. Oktober 1995. New Delhi. MUKHOPADHYAY nennt eine nicht ganz so hohe Zahl: „In Uttar Pradesh, Delhi and other metropolitan cities [...], it can be said, based on study reports, that girl prostitutes constitute about one third of the total prostitutes. [...] the number of girl prostitutes in the Country, will not be less than a few lakhs." (S. 145; ein lakh entspricht 100.000.)

9 Siehe auch FEINSTEIN et al.: „UNICEF estimates that there [in India, R. S.] are probably 70,000–100,000 child prostitutes [...]. Many of these children have been sold to these brothels by family members and remain trapped in a system of debt." (S. 1) Indien löst Thailand zunehmend als Reiseland für

westliche Pädophile (besser: Pädosexuelle) ab, die vor allem aus Deutschland und den Niederlanden kommen. Bombay, Goa und Kovalam in Kerala, aber auch Bangalore sind Ziele westlicher Sextouristen auf ihrer Suche nach Mädchen und Jungen (VIRANI S. 24 und S. 87f. sowie S. 90ff.). Diese Entwicklung hängt nach VIRANI mit der laxen indischen Gesetzgebung hinsichtlich des Kindesmißbrauchs zusammen.

10 Eine *devadāsī*, „Dienerin des Gottes", ist ein von seinen Eltern einem Tempel übergebenes Mädchen, das als Frau des Gottes angesehen wird und daher nicht heiraten darf. Meist betätigen sich die *devadāsī*-s auch als Prostituierte, jedoch sind sie im Unterschied zu gewöhnlichen Prostituierten im Tempel künstlerisch ausgebildet worden, sie sind Tänzerinnen, Musikerinnen oder Sängerinnen (siehe SVEJDA-HIRSCH S. 118). Die jahrhundertealte Institution der *devadāsī*-s entstand in Südindien. JHA et al. 1998, S. 318ff. berichten von weiteren indischen Gemeinschaften und Stämmen, die ihre Töchter, meist nach ihrer rituellen Schenkung an die Dorfgöttin, der Prostitution übergeben.

11 Auch eine Studie von PUNEKAR und RAO aus dem Jahre 1962 ergab, daß die meisten Prostituierten in Bombay ehemalige *devadāsī*-s waren. Es handelte sich in der Mehrzahl um Frauen aus Südindien, die von ihren Eltern einem Tempel übergeben worden waren. Die Frauen wollten der mit dem Tempeldienst verbundenen Prostitution entfliehen und erhofften sich in den Bordellen von Bombay ein besseres Leben; als Tempelprostituierte bekamen sie kaum Geld (hierzu auch MUKHOPADHYAY S. 146). Unter den Prostituierten fanden sich auch viele sog. *yogatī*-s, Mädchen, die der Göttin Yellamma geweiht waren. Wie die *devadāsī*-s gehen auch die *yogatī*-s traditionell der Prostitution nach, die in Verbindung mit dem Yellamma-Kult steht (siehe SVEJDA-HIRSCH S. 103, vor allem aber PUNEKAR und RAO S. 78ff.).

12 Inzwischen ist die Mehrzahl der Prostituierten in Bombay über die HIV-Infektion und AIDS aufgeklärt und besteht auf dem Gebrauch von Kondomen.

13 60.000 Rupien entsprechen etwa 2600 Mark; die Summe hat in Indien jedoch eine bedeutend höhere Kaufkraft als der entsprechende Betrag bei uns.

14 Während, so SINGH, die Prostitution das Bachchda-Mädchen in seiner Gemeinschaft nicht stigmatisiere, bestraften die Bachchdas den Ehebruch ihrer verheirateten Frauen sehr streng: Eine Ehebrecherin müsse ihre Hand in kochendes Öl tauchen, ihre Keuschheit sei bewiesen, wenn sie sich die Hand darin nicht verbrenne. (S. 10).

15 Siehe KANE Vol. II, Part I, S. 229; bereits nach ŚB 11.8.3.6 erhielt der Sohn vor dem Durchschneiden der Nabelschnur einen Namen von seinem Vater.

16 ŚB 6.1.3.9: *tásmāt putrásya jātásya nā́ma kuryāt* [...]. GONDA datiert die Brāhmaṇas, Prosatexte, die das Opfer behandeln, in die Zeit zwischen dem 10. und dem 7. Jahrhundert v. Chr. (1975, S. 360). Das Śatapathabrāhmaṇa ist spätestens um 800 v. Chr. entstanden.

17 BU 6.4.25ff., alle Personalpronomina sind maskulin; in 28 wird das Kind dann *vīra* und *putra* genannt.

18 MS 2.28 und 29; die Manusmṛti, einer der bedeutendsten altindischen Rechtstexte, entstand nach WINTERNITZ zwischen dem 2. Jahrhundert v. Chr. und dem 2. Jahrhundert n. Chr. (3, S. 489). Gleichlautend mit MS 2.28 und 29 ist PGS 1.16.18 cd: *ātmā vai putranāmāsi sa jīva śaradaḥ śatam iti* ॥ Ebenso ĀśGS 1.15.

19 AP 153.5 cd: *bālaṃ nivedayed bhartre tava putro 'yam ity uta* ॥ Das Agnipurāṇa ist ein um 1000 n. Chr. entstandener religiöser Text, zu seiner schwierigen Datierung siehe ROCHER S. 136f.

20 CS, Śārīrasthāna 8.47 und 48: *tato 'nantaraṃ kumārasya jātakarma kāryaṃ* [...] *athāsya rakṣāṃ vidadhyāt* [...] ॥ 51: *kumārasya pitā dve nāmanī kārayen* [...] ॥ Nach der MS wird der *jātakarman*-Ritus nur für das männliche Kind durchgeführt: [...] *puṃso jātakarma vidhīyate*, 2.29 ab. Kullūka: *puruṣasya jātakarmākhyaḥ saṃskāraḥ kriyate* ॥

21 SS, Śārīrasthāna 10.13. Das *jātakarman* wird für den *kumāra* durchgeführt. Am 10. Tag nach der Geburt sollen Mutter und Vater ein Fest für den Knaben, *bāla,* veranstalten, 10.24.

22 PGS 1.16.19: *athāsya mātaram abhimantrayata iḍāsi maitravaruṇī vīre vīram ajījanathāḥ* ॥ *sā tvaṃ vīravatī bhava yā 'smān vīravato 'karad iti* ॥ *athāsyai dakṣiṇaṃ stanaṃ prakṣālya prayacchati* [...] ॥

23 SṂ 2.6: *saptavarṣaiva sā lobhād vākprauḍhā haṭṭatoraṇe* । *jananyā paṇyatāṃ nītā loke jālavadhābhidhām* ॥ Dieses Werk wurde im Jahr 1050 n. Chr. vollendet (WINTERNITZ 3, S. 152).

24 KN 145: *duhitara eva ślāghyā dhig lokaṃ putrajanmasaṃtuṣṭam* । *jāmātara āpyante bhavādṛśā yadabhisaṃbandhāt* ॥ Das Kuṭṭanīmata des Dāmodaragupta ist eine erotische Dichtung des späten 8. Jahrhunderts n. Chr. (WINTERNITZ 3, S. 151).

5. Kinderehe

Das heutige Indien

Nach LELE waren Eheschließungen zwischen jungen Mädchen und älteren Männern in den oberen Kasten, hauptsächlich bei den Brahmanen, im Maharashtra des 19. Jahrhunderts überaus verbreitet. Rammohan Roy und Ishvaracandra Vidyasagar kritisierten und bekämpften in dieser Zeit die Kinderehe ebenso wie die Witwenverbrennung und den Mädchen-Infantizid (S. 169). Andere Denker dieser Zeit wie Bāl Gangadhār Tilak, 1856–1920, verteidigten die Praxis der Kinderehe mit dem Hinweis auf die „göttliche Einsetzung hinduistischer Bräuche" und „auf die in den Heiligen Schriften gegebenen Begründungen für hinduistische Lebenspraktiken." (KLIMKEIT S. 237)

KOSAMBI belegt in ihrem Artikel „Child Brides and Child Mothers: The Age of Consent Controversy in Maharashtra as a Conflict of Perspectives on Women" das häufige Vorkommen der Kinderehe im 19. Jahrhundert und dokumentiert die über die Kinderehe ausgetragenen Kontroversen zwischen Traditionalisten und Reformern in dieser Zeit (S. 135–162). Nach dem Census von 1881 waren im Konkan-Distrikt bereits 21% der Mädchen, aber nur 4% der Knaben unter 15 Jahren verheiratet, im Verwaltungsgebiet Dekkhan waren es 26 bzw. 7%, in der Stadt Bombay 28 bzw. 8% (KOSAMBI S. 147f.). 1860 setzte man das Mindestheiratsalter für Mädchen auf zehn Jahre fest, 1891 auf zwölf Jahre (MICHAELS 1998, S. 130). Der Child Marriage Restraint Act von 1929 setzte für die Mädchen ein Mindestheiratsalter von 14 Jahren fest, 1959 wurde dieses auf 18 Jahre erhöht (ALTEKAR S. 25).

Eine Kinderehe ist eine Eheschließung, in der mindestens einer der Ehepartner (fast immer allein das Mädchen) jünger als 14 Jahre und somit noch ein Kind ist (UNISA S. 35). Das durchschnittliche konkrete Heiratsalter ist in Indien bei Männern wie bei Mädchen und Frauen während des 20. Jahrhunderts kontinuierlich gestiegen. Es betrug in der Dekade 1901–1911 für Männer 20,2 und für Mädchen 13,2 Jahre; zwischen 1961–1971 hatte es sich für Männer auf 22,2 Jahre und für Mädchen auf 17,2 Jahre erhöht. Hierbei ist ein deutlicher Unterschied zwischen städtischen und ländlichen Gebieten zu verzeichnen: In den Städten betrug das durchschnittliche Heiratsalter der

Männer zwischen 1961 und 1971 24,3 Jahre und das der Mädchen 19,2 Jahre, auf dem Lande waren es 21,6 und 16,7 Jahre (BOSE S. 158f.). Nach dem Census von 1981 betrug das Heiratsalter der Männer und Frauen im gesamtindischen Durchschnitt 23,3 und 18,3 Jahre. Der Altersunterschied zwischen Männern und Mädchen/Frauen betrug zwischen 1901 und 1911 durchschnittlich sieben Jahre, nach dem Census von 1981 fünf Jahre. Nach dem Census von 1991 lag das durchschnittliche Heiratsalter der Frauen bei 19,5 Jahren, es gibt jedoch Unterschiede in den einzelnen Bundesstaaten:[1] Es betrug in Rajasthan 17,9 Jahre, in Andhra Pradesh 18,2 Jahre, in Madhya Pradesh 18,6 Jahre, in Maharashtra 18,9 und in Bihar 18,8 Jahre und lag damit, mit Ausnahme von Rajasthan, knapp über dem gesetzlich festgelegten Mindestheiratsalter von 18 Jahren für das Mädchen. Nach dem Census von 1981 waren 43,47% der Mädchen zwischen 15 und 19 Jahren verheiratet (NEERJA SHARMA S. 26), in ländlichen Gegenden von Madhya Pradesh waren es nach dem Census von 1991 bereits 50,4%, im Bundesstaat Rajasthan waren es 49,8% (Demographic Profile…, S. 27f.).

Die genannten Zahlen belegen, daß in Indien ein großer Teil der Mädchen immer noch in jugendlichen Jahren verheiratet wird. Nach einem Bericht in der Times of India, Sunday Review, vom 9. Mai 1993 fanden im Jaipur District anläßlich des Akha Teej Festivals („Rajasthan's child marriage festival") jenes Jahres 500 Kinderhochzeiten statt, in den anderen Distrikten Rajasthans sollen es noch mehr gewesen sein (NABAR S. 77). Und dies war auch 1999 nicht anders.[2] Die kindlichen Ehepaare leben nicht gleich zusammen, sondern zwischen der Hochzeit und dem Vollzug der Ehe vergeht eine gewisse Zeit, mindestens bis zur Menarche. MORRIS, die in den siebziger und achtziger Jahren in einem rajasthanischen Dorf als Feldforscherin lebte, berichtet: „Meo girls in Nara are married before they reach puberty. After the marriage ceremony the young girl does not stay with her husband but spends a night or two with her mother-in-law. After puberty a ‚little marriage' takes place, and the girl has her first night with her husband." (S. 100; siehe auch S. 163.) Auch nach LAMBERT war die Verheiratung der Töchter im Kindesalter im Jahre 1995 in rajasthanischen Dörfern in vielen Kasten üblich; die Braut zog aber erst nach der Menarche in das Haus ihres Mannes (S. 99).

Dennoch ist in jüngster Zeit hinsichtlich Gesamtindiens ein Wandel zu verzeichnen: „It is important to notice that child marriage in the country has declined substantially during the last four decades.“ (UNISA S. 35) Eine Sozialarbeiterin in Bombay erklärte mir, das höhere Heiratsalter der Töchter sei aber in vielen Fällen nicht auf die Einsicht der Familie zurückzuführen, sondern darauf, daß die Mitgift immer höher werde und die Eltern länger brauchten, um sie zu erwirtschaften.

Für die Kinderehe ist die Tradition verantwortlich. Nur sehr wenige Mädchen, meist aus der städtischen, westlich orientierten Oberschicht, haben ein Mitspracherecht bei ihrer Verheiratung oder gar die Möglichkeit, sich einen Mann auszusuchen. Fast immer bestimmen die Eltern oder die Brüder den Bräutigam. Noch immer möchten sehr viele Väter die Verantwortung für ihre Töchter, deren Anstand und Keuschheit es zu bewahren gilt, möglichst früh an einen Ehemann abgeben und die oftmals demütigende Prozedur der Bräutigamssuche, in der es um Würde und Geld geht (die Engländer sprechen zu Recht von „pride and purse“, siehe MILLER S. 56), hinter sich bringen. Hat ein Vater mehrere Töchter, muß er mit der Verheiratung der ältesten möglichst früh beginnen, da er für die Beschaffung der Mitgift der jüngeren Töchter in der Regel mehr Zeit benötigt. Je jünger und ungebildeter die Tochter ist, um so eher wird sie sich den elterlichen Anweisungen und gesellschaftlichen Konventionen fügen; je älter eine Tochter ist, um so schwieriger wird ihre Verheiratung und um so höher muß die Mitgift ausfallen. In ihrer Kurzgeschichte „Counting the Flowers“ beschreibt die 1931 geborene Schriftstellerin CHUDAMANI RAGHAVAN eindrucksvoll die Demütigungen, der ein südindischer Vater in unseren Tagen bei der Vorstellung seiner Tochter vor den Eltern des künftigen Schwiegersohnes ausgesetzt ist. Sie beschreibt auch, wie das Mädchen sich innerlich von dem als schmerzlich empfundenen Geschehen distanziert.[3]

Viele Männer bevorzugen nach wie vor Mädchen, die zehn und mehr Jahre jünger als sie und daher anpassungsbereit sind. Unbedingter Gehorsam und Unterwerfung waren und sind die Pflicht einer Braut. In einem dem Dichter Kālidāsa zugeschriebenen Vers lautet die Empfehlung an eine Jungverheiratete: „Du mußt deinem Schwiegervater die höchste Ergebenheit erweisen, der Schwiegermutter die Verehrung ihrer Füße, der Dienerschaft Freundlichkeit; empfange die an deine Tür gekommenen Verwandten mit Beflissenheit, deinem Ehemann aber sei stets ergeben, wie es die Pflicht einer Lebensgefährtin ist, mit einer Zuneigung, die in Freud und Leid gleichbleibend ist und noch wächst, egal, ob dein Mann sich im Haus oder im Wald aufhält."[4] Diese Vorschriften gelten vielerorts in Indien noch heute. Über das von der Schwiegertochter erwartete Verhalten bei den Orissa-Brahmanen berichtet SHWEDER: „Touching the feet of a superior is also a sign of respect, deference, and apology. Young women routinely touch, indeed massage, the legs and body of their father-in-law and mother-in-law." (S. 265)

Nicht wenige Väter, hauptsächlich konservativer Gemeinschaften, versuchen eine Tochter unter 18 Jahren, bisweilen sogar gleich nach der Menarche zu verheiraten. MANDELBAUM schreibt in seinem 1970 erschienenen Buch über die Gesellschaft in Indien, die Anwesenheit einer geschlechtsreifen Tochter rufe bei ihren Verwandten Unbehagen hervor: „Marriage, the transfer of a female from one family to another, is commonly a matter of transcendent concern and much activity in both families. [...] It cannot be avoided, because the person of a pubescent daughter in the household, unwed and unclaimed, is uncomfortable, even ritually dangerous for the other members of the family. It is uncomfortable, because her continuing presence betokens either neglect of duty on their part or grave personal defect on hers. It can be dangerous because her untethered sexuality may bring social disgrace, perhaps supernatural retribution, on the whole family unless she is promptly bound in marriage." (S. 97) Nach MANDELBAUM gibt es in einigen Brahmanenkasten die Vorschrift, eine Tochter müsse sechzehn Tage nach dem Einsetzen der ersten Menstruation mit ihrem Gatten Geschlechtsverkehr haben (S. 111). Dies bedeutet, daß die Hochzeitsvorbereitungen und die Feierlichkeiten zuvor abgeschlossen sein müssen.[5] GOOD schreibt in seiner Arbeit über das Hochzeitsritual in Südindien aus dem Jahre 1991 über die Anwesenheit einer Tochter nach ihrer Menarche im elterlichen Haus: „Marriage, then, is not something to be rushed through in a few days, after one's daughter begins to menstruate. And yet *something* has to be done: a sexually mature female cannot just go on living in her father's house as if nothing had happened. [...] One does just enough to provide temporary prophylaxis against the contagious pollution and accumulating sin which the girl's menarche would otherwise release into the midst of her family. […] The sin arises from the monthly death of the menstruating girl's ovum, which has been denied the chance of life by her non-involvement in legitimate sexual intercourse.“ (S. 235) Hier lebt der altindische Glaube, jede nicht zu einer Empfängnis genutzte fruchtbare Phase komme einer Embryotötung gleich (s. u.).

In vielen Priester- und Brahmanengemeinschaften Südindiens ist die Kinderehe bis in unsere Tage verbreitet. Nach YOUNGER können im Naṭarājan-Tempel von Cidambaram nur verheiratete Männer der Dīṭcitar-Brahmanenkaste das Priesteramt ausüben und daher verheiratet man die Kinder sehr jung, „boys [are, R. S.] about twelve and girls seven“; das Durchschnittsalter der 200 aktiven Priester liegt daher bei etwas über 30 Jahren (S. 23). Nachfragen bei der Priestergemeinschaft der Dīṭcitars anläßlich eines Besuches in Cidambaram im Oktober 1999 ergaben, daß die meist schon im Kindesalter verheirateten Mädchen erst nach dem Einsetzen der Menstruation in das Haus ihres Mannes übersiedeln, so R. N. N. Dīṭcitar. Die neuzeitliche indische Gesetzgebung mit ihrer Festsetzung des Mindestheiratsalters auf 18 Jahre für das Mädchen läuft der Tradition deutlich zuwider.

Die traditionelle indische Kultur kennt die im Westen Adoleszenz genannte, fünf bis sechs Jahre dauernde Reifezeit nicht. Der Westen versteht die Pubertät als eine bei allen Menschen vorkommende, von körperlichen und seelischen Reifungsprozessen gekennzeichnete Lebensphase, in der die Jugendlichen Verständnis, Nachsicht und Schonung benötigen. Im traditionellen Indien gibt es ein vergleichbares Konzept einer Altersperiode zwischen der Kindheit und dem Erwachsenenalter, deren Hauptkennzeichen die sexuelle Reifung ist, nicht.[6] Vor allem von den Mädchen verlangt man heute wie einst einen problemlosen Übergang von der mit der Menarche beendeten Kindheit in den Lebensabschnitt als Ehefrau und Mutter. Dies gilt nach NEERJA SHARMA vor allem für die Mädchen in dörflichen Gemeinschaften: „There is a direct shift from the playfulness of childhood to responsibilities of adulthood. […] However marriage does signify an abrupt change without a transition from one stage (childhood) to another (adulthood) […].“ (S. 26 und S. 28) Die Autorin stellt weiter fest: „Adolescence as a distinct developmental phase is not recognized in rural India. It is primarily an urban phenomenon, being partly a by-product of Westernization in India and partly of the education system which, in a sense, postpones the onset of adult responsibilities.“ (S. 25)

Auch KUMARI vermerkt, die indische Tradition fordere den direkten Übergang von der Kindheit in das Erwachsenenalter: „The process of growing up as a female in the Indian rural situation is a complex one. Unlike the urban situation where we can find a clearly demarcated state of adolescence which gives ample time and space for growth between childhood and adulthood [...] in the rural context such a stage is missing. With the onset of puberty the girl child is immediately transformed into a woman. Menstruation brings with it two things simultaneously – not merely the capacity for full sexual life but the related capacity to reproduce." (S. 178) Und GOOD, der jüngst Feldforschungen im südlichen Tamil Nadu durchführte, stellt fest: „Biological and social maturity [are, R. S.] [...] notionally simultaneous". (S. 194)

Das alte Indien

Die Kinderehe betraf im alten Indien hauptsächlich die Mädchen. Weibliche Kinder wurden an erwachsene Männer verheiratet, je älter aber der Mann war, um so älter durfte auch das Mädchen sein. Den meisten Texten nach soll der Mann dreimal so alt sein wie das Mädchen. So empfiehlt die MS: „Ein Mann von 30 Jahren soll ein ihm angenehmes Mädchen von zwölf Jahren heiraten, ein Mann von 24 Jahren soll ein achtjähriges Mädchen heiraten [...]"[7] Nach dem M soll sich ein Mann von 30 Jahren eine Zehnjährige, ein Mann von 21 Jahren eine Siebenjährige zur Frau nehmen,[8] und nach dem Viṣṇupurāṇa (VP) soll ein Mann dreimal so alt sein wie seine Frau.[9] Nach dem Kāmasūtra (KāmS) soll das Mädchen aber nur drei Jahre jünger sein als der Mann.[10] Eine ausführliche Übersicht über die Anweisungen der Gesetzgeber gibt JOLLY, eine kritische Erwiderung auf JOLLY verfaßte BHANDARKAR.[11]

Es läßt sich nicht feststellen, in welchem Ausmaß die Vorschriften der Texte, die nur für die Angehörigen der oberen drei *varṇa*-s (Stände) galten, befolgt wurden. Ein historisch gesichertes Beispiel gibt es jedoch: Nach dem Harṣacarita (H) wurde Rājyaśrī, die Schwester König Harṣas, im Jahre 603 oder 604 im Alter von 12 Jahren mit König Grahavarman aus der Maukhari-Dynastie verheiratet. Als ihr Mann zwei oder drei Jahre nach der Eheschließung getötet wurde, wollte Rājyaśrī, wie es zu jener Zeit offenkundig Sitte in der

Kriegerkaste war, den Scheiterhaufen besteigen, wurde aber von ihrem Bruder Harṣa davon abgehalten.[12]

Daß die Verheiratung der Mädchen im Kindesalter bereits im ṚV Sitte war, wie MANJUSHREE meint, läßt sich nicht nachweisen.[13] Die Dharmaśāstras aber schreiben die Verheiratung der Tochter unmittelbar nach der Menarche oder sogar früher vor (siehe KANE Vol. II, Part I, S. 442). Nach einem Vers der Märchensammlung Pañcatantra (P) soll die Tochter noch als kleines Mädchen verheiratet werden: „Solange die Tochter noch keine Scham kennt, solange sie mit Sand spielt, solange sie sich auf dem Weg der Kühe (diese hütend?) aufhält, soll sie verheiratet werden."[14] Der Hinweis auf die fehlende Scham zeigt, daß das Mädchen vor dem Eintritt der ersten Menstruation und bevor es etwas über Sexualität weiß, verheiratet werden sollte. Das GDhŚ schreibt die Verheiratung der Tochter noch vor der ersten Menstruation vor, nach anderen Gesetzgebern, so der Text, solle ein Mädchen verheiratet werden, wenn es noch keine Kleider trage; ein Vater, der diese Vorschriften nicht einhalte, mache sich eines Vergehens schuldig.[15] Daher begannen die Sorgen des Vaters, wenn sich die Brüste der Tochter entwickelten: „In der Zeit, wenn ihre Brüste erscheinen, bringt die Tochter mit jedem Jahr, das sie wächst, ihren Vater (allmählich) zu Fall wie ein Fluß sein Ufer in einem gewaltsamen Strudel."[16] *kanyā*, „jungfräuliches Mädchen oder Tochter", ist nach dem Synonym-Wörterbuch Amarakoṣa (AK) gleichbedeutend mit *nagnikā*, „noch nicht mannbares Mädchen" (2.6.1.8;[17] THIEME S. 435), und *anāgatārtavā*, „eine, die noch nicht menstruiert". Die *kanyā* aber mußte der Vater nach den Dharmaśāstras verheiraten, ihre Übergabe an den Bräutigam hieß *kanyādāna*.

Nach der Auffassung der Suśrutasaṃhitā beginnt die Menstruation mit zwölf Jahren,[18] ein nach der Meinung der Autoren zu früher Zeitpunkt für die Ehe; sie empfehlen die Verheiratung eines 25-jährigen Mannes mit einem 16-jährigen Mädchen.[19] Allerdings steht nicht das Wohlergehen der jungen Braut und Mutter im Zentrum der Bedenken, sondern die Gesundheit des Kindes: „Wenn ein Mann, der noch nicht 25 Jahre alt ist, ein Mädchen schwängert, das jünger ist als sechzehn Jahre, dann stirbt das Kind im Mutterleib. Wird es aber geboren, dann lebt es nicht lange, und lebt es, dann hat es schwache Sinnesorgane. Deswegen soll man ein zu junges Mädchen nicht schwängern."[20] Da man außerhalb der medizinischen Lehre davon ausging, das Mädchen werde mit dem Einsetzen der Menstruation zur Frau, bedeutete das Erreichen des zwölften Lebensjahres auch seine Mündigkeit; der Knabe wurde erst mit dem 16. Lebensjahr mündig. Die Mündigkeit bedeutete, daß die betreffende Person für Verfehlungen juristisch belangt werden konnte.[21]

Erlebte die unverheiratete Tochter mehrere Menstruationen im Haus des Vaters, war dieser nach den Gesetzbüchern schuldig: Die Vorväter mußten für dieses Versäumnis büßen, denn die nicht genutzte fruchtbare Zeit einer Frau bedeutete die Verhinderung einer möglichen Empfängnis und den Vorvätern gingen auf diese Weise männliche Nachkommen verloren. Nach Parāśara müssen die Ahnen jeden Monat das Menstrualblut der unverheirateten, im Hause ihres Vaters lebenden Tochter trinken (7.5).[22] Verheirateten die Eltern ihre geschlechtsreife Tochter nicht, obwohl es angemessene Freier gab, lag nach manchen Gesetzgebern sogar der Tatbestand der Embryotötung vor, denn jede Menstruation der Tochter bedeutete, daß eine Gelegenheit zur Zeugung eines Sohnes nicht genutzt worden war: „Wie viele Menstruationen ein Mädchen hat, das geschlechtsreif ist und von Männern gleicher Kaste (als Gattin) erbeten wird, so viele Embryonen werden von ihrer Mutter und ihrem Vater getötet: Dies sagt das Recht."[23] DOSSI schreibt hierzu: „Genaugenommen ist dem altindischen Verständnis nach jede potentielle, aber nicht verwirklichte Schwangerschaft ein Schwangerschaftsabbruch, ein Mord am *garbha,* was im gleichen Atemzug mit Brahmanentötung ausgesprochen und manchmal synonym dazu gebraucht wird. Die Menstruation eignet sich für die Interpretation, die Schuld am Embryonenmord offenbare sich als Blutung." (S. 120) Um die Möglichkeit einer Schwängerung nicht zu verpassen, mußte der Gatte seiner Frau bekanntlich allmonatlich beiwohnen. Yayāti erklärt im M, ein Mann habe grundsätzlich die Pflicht, einer Frau während ihrer fruchtbaren Tage beizuwohnen, wenn sie dies fordere; weigere er sich, sei den Weisen zufolge der Tatbestand der Embryotötung erfüllt.[24]

Die erste Menstruation war daher keine Privatsache des Mädchens: „Ein Mädchen darf seine Menstruation nicht übergehen, sondern muß sie seinen Verwandten mitteilen; wenn diese sie nicht verheiraten, gleichen sie Embryotötern."[25] Auf diese alten Vorstellungen gründet sich die von MANDELBAUM und anderen Forschern erwähnte Auffassung heutiger Brahmanen, ein Mädchen müsse innerhalb von sechzehn Tagen nach dem Eintreten der ersten Menstruation Geschlechtsverkehr mit seinem Ehemann haben. In den sechzehn Tagen, die die erste Zyklushälfte umfassen, ist die fruchtbare Phase des Mädchens enthalten.

Es ist anzunehmen, daß viele Mädchen – wie dies heute der Fall ist – schon vor dem Eintreten der Menstruation verheiratet wurden, bis zur Menarche aber im Hause ihrer Eltern lebten. Nur so läßt sich das Phänomen der jungfräulichen Witwe erklären, von dem in der indischen Literatur bisweilen die Rede ist: „Ein dummer Sohn und eine verwitwete (jungfräuliche, *kanyā*) Tochter verbrennen den Körper (des Vaters) ohne Feuer.“[26] Auch die Verse MS 9.69 und 70 zeigen, daß es kindliche Witwen gab, die mit ihren Männern noch nicht zusammengelebt hatten; sie sollten den Bruder des verstorbenen Mannes heiraten (siehe auch Nāradasmṛti (NS) 12.79 und GDhŚ 18.4).[27]

Nach dem Brahmapurāṇa (BP) sollte ein Vater seine Tochter sogar schon ab dem vierten und vor dem zehnten Lebensjahr verheiraten;[28] dies bedeutete, daß die nach der Hochzeit zunächst im Hause ihrer Eltern verbleibende Tochter bei Eintritt der Menstruation sofort ihrem Ehemann übergeben werden konnte.

Die Bezeichnung *sakāmā*, „die mit Leidenschaft oder Lust Versehene“ in Vāsiṣṭhadharmaśāstra (VDhŚ[29]) 17.71 für das Mädchen nach dem Eintreten der Menstruation ist ein Hinweis auf den Glauben, mit der Geschlechtsreife setze die Geschlechtslust, *kāmā*, ein, die nach indischer Vorstellung durch regelmäßige eheliche Sexualität befriedigt werden muß. Dies machte eine Tochter, die menstruierte, aber keinen Geschlechtsverkehr hatte, für die Familie zu einer Gefahr. Ein Vers lautet: „Eine Jungfrau, die mit ihrem Auge die Menstruation im Hause ihres Vaters sieht, die ist eine Unwürdige (eine unkeusche Frau, *vṛṣalī*), eine *śūdrī* (eine Frau einer verachteten tiefen Kaste) ist hingegen keine *vṛṣalī*.“[30] Auch nach der Viṣṇusmṛti (VS) ist eine unverheiratete Tochter, die ihre Menstruation im Hause ihres Vaters erlebt, eine *vṛṣalī*, und ein Mann, der sie raubt (um sie zu heiraten), begeht keine Verfehlung.[31] Der Vater, der seine wichtigste Pflicht der Tochter gegenüber nicht erfüllte, verlor somit seine Verfügungsgewalt, sie selbst büßte den Schutz ihrer Familie ein. Nach dem Ra verderben das Wohnen im Hause des Vaters und die Selbständigkeit eine Frau.[32] Im M schämt sich Pṛthā, weil ihre erste Blutung eingetreten und sie immer noch ein unverheiratetes Mädchen ist.[33]

Daß die Tochter nach dem Eintreten der Menstruation auch auf den Vater verführerisch wirken kann, wird meines Wissens nicht ausdrücklich gesagt. Allerdings heißt es, jede Frau, auch die Tochter, sei eine mögliche Bedrohung für den Mann: „Das Wesen der Frauen ist es, in dieser Welt die Männer zu verderben; aus diesem Grunde geben sich die Weisen nicht mit den Frauen ab. Nicht nur den Unwissenden, nein, auch den Wissenden vermögen die Frauen hier vom Weg abzubringen, indem sie ihn der Leidenschaft und dem Zorn unterwerfen. Man soll an einem einsamen Orte nicht mit der Mutter, der Schwester oder der Tochter sitzen, denn die Gesamtheit der Sinnesorgane ist stark und zieht selbst den Wissenden hinab."[34]

Das Mädchen hatte im alten Indien kein Mitspracherecht bei seiner Verheiratung, vielmehr suchten die männlichen Verwandten den Bräutigam aus; die Mutter durfte ihren Einfluß erst als letzte geltend machen. Die YS schreibt vor: „Der Vater, der Großvater, der Bruder, ein (anderer) männlicher Verwandter und die Mutter übergeben das Mädchen (dem Bräutigam und seiner Familie). Wenn der jeweilig zuerst genannte verstorben ist, übergibt es der nachfolgende, wenn er in natürlichem Zustand (bei Verstand und Gesundheit) ist."[35] Nach der Nāradasmṛti soll ein Vater seine Tochter oder der Bruder seine Schwester mit Zustimmung des Vaters verheiraten; daneben sind der Vater und der Bruder der Mutter zuständig, letztendlich noch die weiteren (männlichen) Verwandten des Vaters und der Mutter des Mädchens.[36]

Ein junges Mädchen konnte sich leichter an seinen meist bedeutend älteren Ehemann anpassen. Die Braut sollte gehorsam sein, ein Mädchen mit Persönlichkeit und ausgeprägten Charakterzügen galt und gilt als schwer zu verheiraten. Die zahlreichen Anforderungen, die an eine Braut gestellt wurden, nennen die Texte ausführlich.[37] Ein Vers sagt: „Unverheiratet bleibt eine (Tochter), die durch den Genuß eines anderen (Mannes) verunreinigt ist, die einen arroganten Charakter hat, die stolz ist, weil sie geliebt wird, die fröhlich ist, die aufgrund ihrer Schönheit eingebildet ist und deren Geist vollkommen von der Liebe beherrscht wird."[38] Es gab nicht wenige Eigenschaften, die eine Verheiratung der Tochter erschwerten: „Sie leidet unter einer langwierigen und abscheulichen Krankheit, ist verunstaltet, hatte bereits Geschlechtsverkehr, sie ist schamlos, in einen anderen verliebt: Dies sind die bekannten Fehler einer Tochter."[39] Die Schwangerschaft eines unverheirateten Mädchens schändete sie selbst[40] und ihre Familie und machte eine Verheiratung fast unmöglich.

Bis in die Neuzeit waren die alten Vorschriften Richtschnur für viele Hindus. In der im 19. Jahrhundert ausgetragenen Debatte zwischen orthodoxen Hindus und indischen Reformern über die Gesetzgebung zogen die Konservativen die Aussagen der Dharmaśāstras als Autoritäten heran: „A champion of the orthodox interpretation, Ram Shastri Apte, cited 14 *shastras* to prove that the girl who sees her menses in her father's house [...] is impure and is considered to be a Shudra, that her father incurs the sin of foeticide or *bhrunahatya,* and that any Brahmin who marries her is shunned by his caste community as the husband of a *Shudra* woman [...]." (KOSAMBI S. 145) Den Orthodoxen, die sich gegen die sozialen Reformen durch die indischen Liberalen und durch die Briten und somit auch gegen das Verbot der Kinderehe stellten, standen Reformer wie Ramakrishna Gopal Bhandarkar, Mahadev Govind Ranade, Kashinath Trimbak Telang und Gopal Ganesh Agarkar gegenüber (S. 144).

Anmerkungen

1 Für den Census von 2001 liegen bereits Schätzungen vor. Der Census von 1991 ist im Internet zu finden unter: http://censusindia.net/data.html

2 In The Hindustan Times vom 19. April 1999 berichtet POORNIMA JOSHI, anläßlich des am 18. April des Jahres begangenen Akhi Teej Festivals, „the most auspicious of all days for child marriages", seien hunderte von Kindern, darunter zweijährige Mädchen, in Rajasthan verheiratet worden. In manchen Dörfern seien 12 Hochzeiten und mehr gleichzeitig gefeiert worden. Wenn ein Mädchen später seinen in der Kindheit angetrauten Ehemann verlassen wolle, müßten die Verwandten des Mädchens eine Entschädigung bezahlen, „because as per rural belief a woman is the property of a man." Bei einer Trennung, egal ob sie vom Mann oder von der Frau ausgeht, hat allein die Frau Probleme: „In both cases [...] the woman loses her dignity and is no longer a respected member of the society. [...] The deserted women are not allowed to mix freely with anyone in the village and are generally looked down upon." Zu dem Fest siehe auch CHATTERJI S. 46.

3 Der in Tamil verfaßte Text wurde von RAGHAVAN in das Englische übertragen und findet sich in einer Sammlung von Kurzgeschichten zeitge-

nössischer indischer Autorinnen, die MOHANTY und MOHANTY herausgegeben haben. Siehe dort S. 79–86.

4 Incerta, 13: *kurvīthāḥ śvaśurasya bhaktim adhikāṃ śvaśrvāś ca pādānatiṃ snehaṃ bhṛtyajane pratīccha rabhasād dvārāgatān bāndhavān* | *bhartāraṃ sukhaduḥkhayor avikṛtapremānubandhodayā gehe vā vipine 'pi vā sahacarīvṛttena (-kṛtyena) nityaṃ bhaja* || In: SCHARPÉ, Vol. I, Part III. Die Pflichten der idealen Schwiegertochter und Gattin werden in M 3.222ff. ausführlich dargelegt, wo Draupadī Satyabhāmā belehrt. Nach WINTERNITZ wirkte der Dichter Kālidāsa im 5. Jahrhundert n. Chr. (3, S. 44).

5 Diese Praxis bestätigt KOSAMBI für die Hindu-Oberkasten im Maharashtra des 19. Jahrhunderts: „[...] the wedding ceremony itself took place any time during the girl's childhood, from infancy to about the age of ten. The marriage was completed after the performance of the second part, the consummation ceremony, which had to be performed within 16 days of the bride's first menstruation." (S. 137).

6 In der altindischen Sexualwissenschaft galt die folgende Einteilung der weiblichen Lebensalter: Bis 16 ist die Frau ein Mädchen, von 16 bis 30 eine Jugendliche, von 30 bis 55 eine Reife und ab 55 Jahren wird die Frau alt; Ra 4.1 ab: *bālā syāt ṣoḍaśābdāt tad upary taruṇī triṃśatir yāvad ūrdhvaṃ prauḍhā syāt pañcapañcāśad avadhiparato vṛddhatām eti nārī* | Die vier Altersstufen, die *bālā*, die *taruṇī*, die *prauḍhā* und die *vṛddhā*, betreffen die Frau in ihrer Eigenschaft als Sexualpartnerin, auch die *bālā* ist schon zur Partnerin geeignet. Es geht hier nicht um die Frau in ihrer subjektiven Befindlichkeit, sondern um ihre Bedeutung für den Mann. Für die Jungen und Männer gilt eine andere, nicht auf der Sexualität beruhende Einteilung, siehe MICHAELS 1998, S. 115f.

7 MS 9.94 a-c: *triṃśadvarṣo vahet kanyāṃ hṛdyāṃ dvādaśavārṣikīm* | *tryaṣṭavarṣo 'ṣṭavarṣām* [...].

8 M 13.44.13: *triṃśadvarṣo daśavarṣāṃ bhāryāṃ vindeta nagnikām* | *ekaviṃśativarṣo vā saptavarṣām avāpnuyāt* ||

9 VP 3.10.16 ab: *varṣair ekaguṇāṃ bhāryām udvahet triguṇas svayam* |

10 KāmS 3.1: *trivarṣāt prabhṛti nyūnavayasaṃ* [...]. Yaśodhara: *naikena dvābhyāṃ vāpi samavayasam adhikavayasaṃ vā* || Das Kāmasūtra, ein Lehrbuch der Liebeskunst, stammt nach WINTERNITZ aus dem 4. Jahrhundert n. Chr., der Kommentator Yaśodhara lebte im 13. Jahrhundert (3, S. 540). MYLIUS befürwortet die Datierung des Kāmasūtra in die zweite Hälfte des 3. Jahrhunderts n. Chr. (S. 278).

11 BHANDARKAR vertritt die Auffassung, die frühesten Gesetzgeber wie Āśvalāyana hätten die Eheschließung postpubertärer Mädchen und Jungen vorgeschrieben, die Kinderehe sei erst von Hiraṇyakeśin gefordert worden

und hätte sich in der Folgezeit durchgesetzt; der Geschlechtsverkehr sei aber nicht unmittelbar nach der Hochzeit erfolgt, sondern sei von der Reife des Mädchens abhängig gewesen, S. 153f.

12 Harṣa wurde im Jahre 590 geboren, seine Schwester im Jahre 592. „Rājyaśrī could not have been much more than 11 when her nuptials were planned. [...] The wedding may have taken place around A. D. 603–4, when Rājyaśrī was nearly twelve years of age." (DEVAHUTI S. 67f.)

13 MANJUSHREE bezieht sich auf einige mir unverständliche Aussagen in ṚV 1.51.13, 1.116.1 und 1.126.6 und 7 (S. 64).

14 IS 5494, P: *yāvan na lajjate kanyā yāvat krīḍati pāṃsunā* I *yāvat tiṣṭhati gomārge tāvat kanyāṃ vivāhayet* II Das Pañcatantra ist eine Sammlung von Märchen und Fabeln, in denen es um Lebensklugheit und Politik geht; es entstand zwischen 300 und 500 n. Chr. (WINTERNITZ 3, S. 274 und S. 281). MYLIUS schreibt: „Die Entstehungszeit mag zwischen dem 3. und dem 6. Jahrhundert gelegen haben, wahrscheinlich in der ersten Hälfte dieser Zeitspanne." (S. 184)
Nach dem BP droht dem säumigen Vater sogar der Abstieg (in eine tiefere Kaste oder in die Hölle?): BP 165.13 cd und 14 ab: *yāval lajjāṃ na jānāti yāvat krīḍati pāṃśubhiḥ* I *tāvat kanyā pradātavyā no cet pitror adhogatiḥ* II

15 GDhŚ 18.21ff.: *pradānaṃ prāg ṛtoḥ* I *aprayacchan doṣī* I *prāg vāsaḥ pratipatter ity eke* II

16 H 4, S. 13: *udvegamahāvarte pātayati payodharonnamanakāle* I *sarid iva taṭam anuvarṣaṃ vivardhamāna sutā pitaram* II Das Harṣacarita ist eine Königsbiographie, die Bāṇa in der ersten Hälfte des 7. Jahrhunderts n. Chr. verfaßte (WINTERNITZ 3, S. 362).

17 WINTERNITZ datiert den Amarakoṣa in die Zeit zwischen dem 6. und dem 8. nachchristlichen Jahrhundert (3, S. 411).

18 SS, Śārīrasthāna 3.11 ab: *tad varṣād dvādaśāt kāle vartamānam asṛk punaḥ* II

19 SS, Śārīrasthāna 10.53: *athāsmai pañcaviṃśativarṣāya ṣoḍaśavarṣāṃ patnīm āvahet* II

20 SS, Śārīrasthāna 10.54 und 55: *ūnaṣoḍaśavarṣāyām aprāptaḥ pañcaviṃśatim* I *yady ādhatte pumān garbhaṃ kukṣisthaḥ sa vipadyate* II *jāto vā na ciraṃ jīvej jīved vā durbalendriyaḥ* I *tasmād atyantabālāyāṃ garbhādhānaṃ na kārayet* II

21 AŚ 3.3.1: *dvādaśavarṣā strī prāptavyavahārā bhavati ṣoḍaśavarṣaḥ pumān* II *ata ūrdhvam aśuśruṣāyāṃ dvādaśapaṇaḥ striyā daṇḍaḥ puṃso dviguṇaḥ* II

22 Der Text der Parāśarasmṛti lag mir nicht vor. Nach WINTERNITZ ist dieser Rechtstext zeitlich nicht zu bestimmen (3, S. 501), mit Sicherheit entstand

er in nachchristlicher Zeit, ein Kommentar stammt aus dem 14. Jahrhundert.

23 VDhŚ 17.71: *yāvantaḥ kanyām ṛtavaḥ spṛśanti tulyaiḥ sakāmām abhiyācyamānām* | *bhrūṇāni tāvanti hatāni tābhyāṃ mātāpitṛbhyām iti dharmavādaḥ* || Auch NS 12.26–27. Manu ist nicht ganz so strikt, siehe 9.88ff.

24 M 1.78.32 und 33: *ṛtuṃ vai yācamānāyā na dadāti pumān vṛtaḥ* | *bhrūṇahety ucyate brahman sa iha brahmavādibhiḥ* || *abhikāmāṃ striyaṃ yas tu gamyāṃ rahasi yācitaḥ* | *nopaiti sa ca dharmeṣu bhrūṇahety ucyate budhaiḥ* ||

25 NS 12.25: *kanyā nartum upekṣeta bāndhavebhyo nivedayet* | *te cen na dadyus tāṃ bhartre te syur bhrūṇahabhiḥ samāḥ* ||

26 Mahāsubhāṣitasaṃgraha (MSS) 10588 cd: *mūrkhaś ca putro vidhavā ca kanyā vināgninā saṃdahate śarīram* ||

27 Die jungfräuliche Witwe, die wieder heiraten konnte, hieß *akṣatayonipunarbhū*, „Die wieder neu Werdende mit der unverletzten Vulva (oder: Hymen)". Zu den diesbezüglichen Texten siehe JOLLY S. 420 und Anm. 1. WINTERNITZ datiert die Nāradasmṛti in die Zeit zwischen dem 2. Jahrhundert v. Chr. und dem 4. Jahrhundert n. Chr. (3, S. 496), KANE nimmt eine ähnliche Datierung vor (Vol. V, Part II, S. xii). Nach MYLIUS gehört die Nāradasmṛti wahrscheinlich dem 4. Jahrhundert n. Chr. an (S. 263).

28 BP 165.7: *caturthād vatsarād ūrdhvaṃ yāvan na daśamātyayaḥ* | *tāvad vivāhaḥ kanyāyāḥ pitrā kāryaḥ prayatnataḥ* ||

29 Das Vāsiṣṭhadharmaśāstra entstand nach KANE zwischen 500 und 300 v. Chr. (Vol. V, Part II, S. xii), nach WINTERNITZ ist es älter als die Manusmṛti, die er ab dem 2. Jahrhundert v. Chr. datiert (3, S. 482 und S. 489), MYLIUS datiert es zwischen 300 und 100 v. Chr. (S. 260).

30 Nach STENZLER S. 84: *pitur gṛhe tu yā kanyā rajaḥ paśyati cakṣuṣā* | *vṛṣalī sā tu vijñeyā na śūdrī vṛṣalī smṛtā* || SCHMIDT 1922, S. 488ff. führt zahlreiche Stellen vergleichbaren Inhalts an. Siehe auch LESLIE S. 87f.

31 VS 24.41: *pitṛveśmani yā kanyā rajaḥ paśyaty asaṃskṛtā* | *sā kanyā vṛṣalī jñeyā haraṃs tāṃ na viduṣyati* || KANE datiert das Gesetzbuch Viṣṇusmṛti in die Zeit zwischen 100 v. Chr. und 300 n. Chr. (Vol. V, Part II, S. xii). Nach WINTERNITZ ist die Viṣṇusmṛti nicht vor dem 3. Jahrhundert n. Chr. entstanden (3, S. 482).

32 Ra 4.22: *svātantryaṃ pitṛmandire nivasatir* [...] *nāśasya hetuḥ striyāḥ* ||

33 M 3.290.3: *evaṃ saṃcintayantī sā dadarśartuṃ yadṛcchayā* | *vrīḍitā sābhavad bālā kanyābhāve rajasvalā* ||

34 MS 2.213–215: *svabhāva eṣa nārīṇāṃ narāṇām iha dūṣaṇam* | *ato 'rthān na pramādyanti pramadāsu vipaścitaḥ* || *avidvāṃsam alaṃ loke vidvāṃsam*

api vā punaḥ I *pramadā hy utpathaṃ netuṃ kāmakrodhavaśānugam* II *mātrā svasrā duhitrā vā na viviktāsano bhavet* I *balavān indriyagrāmo vidvāṃsam api karṣati* II

35 YS 1.63: *pitā pitāmaho bhrātā sakulyo jananī tathā* I *kanyāpradaḥ pūrvanāśe prakṛtisthaḥ paraḥ paraḥ* II

36 NS 12.20: *pitā dadyāt svayaṃ kanyāṃ bhrātā vānumate pituḥ* I *mātāmaho mātulaś ca sakulyā bāndhavās tathā* II

37 Siehe etwa KāmS 3.1 und MS 3.4ff.

38 MSS 1864: *anyopabhogakaluṣā mānavatī premagarvitā muditā* I *saundaryagarvitā ca premaparādhīnamānasānūḍhā* II Ersteres bedeutet: Eine Tochter, „die durch den Geschlechtsverkehr mit einem anderen (Mann) befleckt ist".

39 NS 12.36: *dīrghakutsitarogārtā vyaṅgā saṃsṛṣṭamaithunā* I *dhṛṣṭānyagatabhāvā ca kanyādoṣāḥ prakīrtitāḥ* II

40 IS 497 c: *garbheṇa duṣyate kanyā* [...].

II. Die traditionellen Grundlagen der Diskriminierung des Mädchens

1. Die Bevorzugung des Sohnes

Vater und Sohn

In der Neuzeit sind Töchter bei vielen Indern unerwünscht, weil sie der Mitgift wegen hohe Kosten verursachen und weil die Suche nach einem geeigneten Schwiegersohn aufwendig und nicht selten demütigend ist. Außerdem stellt das Aufziehen der Töchter, deren Keuschheit und Jungfräulichkeit es zu bewahren gilt,[1] oftmals eine psychische Belastung dar. Diese Probleme bestanden offenbar bereits in der Zeit der Dharmaśāstras und der Epen, also ab ca. 500 v. Chr. Diese Texte betonen die Notwendigkeit der Kontrolle der Tochter und ihre frühe Verheiratung und nennen die Schwierigkeiten der Bräutigamssuche. In vedischer Zeit, zwischen 1000 und 500 v. Chr., gab es die kostspielige, den Vater häufig ruinierende Mitgift zwar noch nicht, das für patriarchalische Kulturen charakteristische Bevorzugen der Söhne aus sozialen, wirtschaftlichen und religiösen Gründen ist aber bereits für diese Epoche nachweisbar. Die Aufwertung des Sohnes und die gleichzeitig erfolgende Abwertung der Tochter förderten wahrscheinlich in nachvedischer Zeit die Mitgiftpraxis, die ihrerseits die Unbeliebtheit der Töchter wachsen ließ. Psychologische, soziale, wirtschaftliche und religiöse Faktoren bedingten und verstärkten einander.

Die Gesellschaft war bereits in der vedischen Zeit patriarchalisch organisiert und kannte die Virilokalität, bei der die Tochter mit der Hochzeit in die Familie ihres Ehemannes überging; diese Praxis ist bereits in ṚV 10.85.23–27 belegt. Die Töchter waren somit für ihre Herkunftsfamilie verloren, während die Söhne die Weiterführung der Familiengeschäfte und die Versorgung der Eltern übernahmen. Mit der seit dem Ende der vedischen Zeit zunehmenden Ausrichtung auf das Jenseits, auf Erlösung und Unsterblichkeit, gewann der Ahnenkult immer mehr an Bedeutung, die Versorgung und Verehrung der Ahnen konnten jedoch nur die männlichen Nachkommen vollziehen. Schon in den vedischen Saṃhitās, den Sammlungen von Hymnen und Opfersprüchen, war der Wunsch nach Söhnen groß, in den Brāhmaṇas, den Texten, die das Opfer erörtern, wird er immer nachdrücklicher geäußert: Das Streben des Mannes nach Unsterblichkeit führte zu einer immer stärker werdenden Bevorzugung des Sohnes und zu einer gleichzeitigen Abkehr von der für die Religion und die Spiritualität des Mannes überflüssigen Tochter.

Einige Aussagen im ṚV weisen zwar auf einen nicht geringen Einfluß der Ehefrau und eine gewisse Bedeutung der Tochter hin,[2] die Mehrheit der Lieder aber belegt die Dominanz der Männer und die Wichtigkeit der Söhne. ZIMMER schreibt über die Auffassung der vedischen Saṃhitās: „Zweck der Ehe war Fortpflanzung und Vermehrung des eigenen Geschlechtes; dies ist nur durch männliche Nachkommenschaft möglich. Auf den Söhnen ruhte die Hoffnung des Hauses; reiche männliche Nachkommenschaft gab Macht und Ansehen, war eine Zierde. [...] Nur ein Sohn ist der Väter Ruhm mehrend (*pitṛśravaṇa*). [...] Mangel an Söhnen (*avīratā*) wird mit Armuth (*amati*), Besitzlosigkeit auf die gleiche Stufe gestellt; vor diesen Uebeln soll Agni helfen.“ (S. 318) So begrüßt man die Braut im Hause des Bräutigams mit den Worten: „Mache, o freigebiger Indra, diese (Braut) zu einer, die schöne Söhne besitzt, die glückbringend ist. Schenke ihr zehn Söhne und mache ihren Gatten zum elften (Sohn).“[3] Ähnlich wird die Braut in AV 14.1.18 angesprochen, auch hier wünscht man ihr viele Söhne, in AV 3.3.21 erbittet man zehn Söhne für sie.

Nur ein dem eigenen Samen entstammter Sohn konnte die Totenriten vollziehen und die Unsterblichkeit, die über die Opfer an die Väter gesichert wurde, gewährleisten; nur der leibliche Sohn war ein rechtmäßiges Glied zwischen der älteren und der auf ihn folgenden Generation. Diese Ansicht gab es im Kern schon in der ältesten vedischer Zeit; so schreibt ZIMMER über die Vorstellung der vedischen Saṃhitās: „Einen das Geschlecht fortpflanzenden (*tanaya*), l e i b - e i g e n e n (*vijāvan*) Sohn wünscht Viśvāmitra (Rv. 3, 1, 23); nicht soll man glauben, er könne durch Adoption ersetzt werden, denn ‚was von einem anderen gezeugt ist, ist keine (rechte) Nachkommenschaft‘ Rv. 7,4,7; ‚nicht ist ein Fremder, ein einem andern Mutterleib Entsprossener zu adoptieren (*grabhāya*), nicht denken soll man daran (denn er kann uns nie das werden was ein eigner Sohn ist), weil er wieder zu seinem Geschlechte geht; zu uns soll ein kräftiger, neuer Heldenspross kommen‘, fleht Vasiṣṭha Rv. 7,4,8.“ (S. 318) Schon im Veda heißt es, die Väter legten ihre Macht, den ausgespannten Faden, in ihre Nachkommen,[4] auch hier kam es allein auf das Fortführen der männlichen Linie an.

Soziale Bedürfnisse verwoben sich mit religiösen Wünschen, und die Verbindung beider verlieh dem Sohn seine einzigartige Bedeutung; die altindischen Texten, die meist religiösen und philosophischen Inhaltes sind, erörtern hauptsächlich die spirituelle Bedeutung des Sohnes. Die Erfahrung der eigenen Sterblichkeit empfanden die gelehrten und vedakundigen Brahmanen, die sich als Götter auf Erden verstanden,[5] offenbar als äußerst schmerzlich, und bald galten das Opfer[6] und der Sohn als die beiden Mittel, Ruhm und finanzielles Wohlergehen in dieser Welt und ein Leben im Jenseits zu erlangen. Die Bedeutung der Söhne wuchs im Laufe der Zeit immer mehr, das Zeugen von Söhnen wurde eine der drei unabdingbaren Pflichten eines jeden Mannes der drei oberen Stände. Nach TS 6.3.10.5 wird der Brahmane mit einer dreifachen Schuld[7] geboren, die er abzutragen hat: Den *ṛṣi*-s (den heiligen Sehern), schuldet er das Leben als *brahmacārin* (als keusch lebender Student der heiligen Texte), den Göttern das Opfer und den männlichen Vorfahren Söhne. Daher ist nur der Mann frei von Schuld, der Söhne besitzt, opfert und als *brahmacārin* gelebt hat.[8] Ein Vater, der das Antlitz seines lebenden Sohnes erblickt, begleicht seine Schuld und erlangt die Unsterblichkeit.[9] Die BU sagt: „Drei Welten gibt es wahrlich, die Welt der Menschen, die Welt der Väter und die Welt der Götter. Diese Menschenwelt ist nur durch den Sohn zu erlangen, durch keine andere Handlung. Die Väterwelt ist durch das Opfer zu erlangen, die Götterwelt durch Wissen."[10] In der MS heißt es: „Durch das Studium des Veda (des heiligen Wissens), durch Gelübde, Opfergaben (ins Feuer), Kenntnis der drei Veden, durch Opfer (an die Götter, die Seher und die Vorväter), durch Söhne, große Opfer und (andere) Opfer wird der Leib (auch das Selbst) geeignet, mit dem *brahman* (dem göttlichen Prinzip) vereint zu werden".[11] Ein Mann ohne Sohn galt als verloren: „Ein Mann ohne Sohn kann überhaupt nicht, überhaupt nicht in den Himmel gelangen, deshalb kann man nur Asket werden, nachdem man das Antlitz seines Sohnes erblickt hat."[12] Pāṇḍu sagt daher im M: „Für einen Mann ohne (männlichen) Nachwuchs gibt es keine Pforte zum Himmel, ihr Glücklichen. Ich sage euch daher, daß ich, weil kinderlos, gequält werde. Die Menschen (Männer) werden in diese Welt mit vierfacher Schuld geboren, die sie den Vorvätern, den Göttern, den Heiligen und den Menschen gegenüber zu erfüllen haben, und dies hundert- und tausendfach. Wenn der Mensch (der Mann) diese (Schulden) nicht begleicht, wenn ihre Zeit kommt, besitzt er die Welten nicht; dies haben die Kenner des Gesetzes festgelegt. Mit den Opfern erfreut er die Götter, mit dem Studium (des Veda) und der Askese die Heiligen, mit Söhnen und Totenopfern aber die Ahnen, und mit Güte die Menschen."[13] Das Zeugen männlicher Nachkommenschaft konnte weder durch das Studium der heiligen Texte noch durch Askese oder Wissen ersetzt werden, vielmehr war es deren Voraussetzung: „Ein Zweimalgeborener, der die Erlösung sucht, ohne die Veden studiert, ohne Söhne gezeugt und ohne die Opfer vollzogen zu haben, sinkt (in die Hölle) hinab."[14]

Der Sohn allein machte den Vater glücklich: „Ein Mann, der das Antlitz seines geborenen, lebenden Sohnes sieht, erreicht Unsterblichkeit, durch den Sohn überqueren die Väter auf ewig die tiefe Dunkelheit, das Selbst wird wahrlich vom Selbst gezeugt, er (der Sohn) ist die gut ausgestattete Überquererin (das Schiff, das ins Jenseits führt)."[15] Die Götter selbst verkündeten den Menschen, ein Sohnloser könne die (himmlische) Welt nicht erlangen, sogar die Tiere wüßten dies.[16] Der Sohn, so das AB, ist daher das Licht im höchsten Himmel: *jyotir ha putraḥ parame vyoman.* Und so bleibt es. Eine mehr als tausend Jahre später verfaßte Inschrift aus dem Jahre 371/72 n. Chr., in der die Errichtung eines Opferpfostens anläßlich des *puṇḍarīka*-Opfers durch einen König namens Viṣṇuvardhana gefeiert wird, endet mit den Segenssprüchen: „Erfolg möge sich einstellen, Gedeihen, Frieden, der Besitz lebender Söhne, die Erlangung der begehrten Wünsche möge sich einstellen, Glauben und Reichtum!"[17]

In spätvedischer Zeit kommt es zur Identifikation des Vaters und des Sohnes auf der rituellen Ebene. Der Sohn, das ist der Vater, und der Vater, das ist der Sohn, sagte schon das Brāhmaṇa.[18] Auch die Upaniṣaden, philosophische Werke, die zwischen ca. 600 v. Chr. und der Zeitenwende entstanden, behandeln die Wichtigkeit des Sohnes. Die Kauṣītakibrāhmaṇopaniṣad (KU) enthält einen Text, der die Bedeutung des geistigen Vater-Sohn-Verhältnisses aufzeigt. Der Sohn übernimmt die Sinne, die Geisteskraft und sogar die Taten des sterbenden Vaters. Der dem Tod nahe Vater ruft seinen Sohn zu sich und übergibt ihm während eines Dialoges die einzelnen Elemente seines Wesens: „‚Meine Rede will ich in dich legen', (spricht) der Vater. ‚Deine Rede nehme ich in mich auf', (spricht) der Sohn."[19] Der Vater übergibt dem Sohn mit den entsprechenden Worten dann seinen Atem (*prāṇa*), sein Auge/Sehvermögen (*cakṣus*), sein Ohr/Gehör (*śrotra*), seinen Geschmack der Speise (*annarasa*, Pl.), seine Werke (*karmāṇi*), seine Freude und sein Leid (*sukhaduḥkha*), sein Glück, seine Lust und seine Zeugungskraft (*ānanda, rati* und *prajāti*), sein Gehvermögen (*ityā*), seine Denkfähigkeit (*manas*) und seine Erkenntnisfähigkeit (*prajñā*). Der Vater sagt dann zum Sohn: „Glanz, *brahman*-Würde und Ruhm sollen in dir wohnen!", und der Sohn spricht zum Vater: „Erlange du himmlische Welten und Freuden!"[20] Bemerkenswert ist die Übergabe der Taten an den Sohn, der die Früchte der Handlungen (*sukhaduḥkha*) seines Vaters zu tragen hat. Der Sohn übernimmt somit auch die Vergehen seines Vaters und sühnt sie, so daß jener, nachdem er seine Identität in den Sohn gelegt hat, frei ins Jenseits eingehen kann. Diese Auffassung ist auch durch die BU belegt, in der es heißt: „Wenn aber der, der dieses weiß, aus dieser Welt geht, dann geht er mit diesen Lebensgeistern zusammen in den Sohn ein, und wenn von ihm irgend etwas falsch getan worden ist, dann befreit ihn der Sohn von alledem; deshalb die Bezeichnung ‚*putra*', durch den Sohn nämlich besteht er in dieser Welt fort, und in ihn gehen die göttlichen Lebensgeister, die unsterblichen, ein."[21] Lieber als der Sohn war nach dieser Upaniṣad nur noch das Selbst: „Das, was lieber ist als der Sohn, lieber als der Besitz, lieber als alles andere, das Innerste, das ist dieses Selbst."[22]

Vater und Sohn sind identisch, weil der Sohn aus dem Innersten des Vaters hervorgegangen ist. Der Gedanke, der Sohn sei im Samen enthalten, entstand auf der Grundlage der Vorstellung, der Same enthalte das Selbst des Mannes. Der Sohn entstammt nach der Auffassung der in den Upaniṣaden dargelegten Philosophie dem Herzen seines Vaters, denn dem Herzen entstammt auch der Same: „Worin ist denn der Same gegründet? Im Herzen. Deshalb sagt man auch, wenn einem ein Ebenbild (ein Sohn) geboren ist, er sei dem Herzen entschlüpft, er sei ihm gleichsam aus dem Herzen geschaffen. Im Herzen also ist der Same gegründet. So ist es, Yājñavalkya."[23]

Daher ist der Sohn von allen Liebsten der Liebste,[24] und nichts erzeugt bei der Berührung ein solches Glück wie der Sohn: „Weder (kostbare) Gewänder, noch Liebesumarmungen, noch (kühlende) Wasser erzeugen bei ihrer Berührung das Glück, das der Sohn bei der Umarmung erzeugt. [...] Der Sohn ist das Vorzüglichste aller berührbaren Dinge."[25] Der Vater gleicht dem Sohn, auch wenn sich die

Körper unterscheiden: „Daß seine Nachkommenschaft Unsterblichkeit bedeutet, das hat die heilige Überlieferung gesagt: ‚In der Nachkommenschaft wirst du wiedergeboren, und das, o Sterblicher, ist deine Unsterblichkeit.‘ Ganz offensichtlich wird er, der Sprößling, als verschieden wahrgenommen. Eine Ähnlichkeit (zwischen Vater und Sohn) ist erkennbar, allein die Körperlichkeit ist eine andere.“[26] Das Gesicht des Sohnes ist wie das eigene Spiegelbild: „Der in der Gattin gezeugte Sohn ist wie das eigene Antlitz im Spiegel: Wenn er es sieht, freut sich der Erzeuger wie ein Heiliger, der den Himmel erlangt hat.“[27]

Stets geht es um das Selbst, das der Vater im Sohn sieht, der aus seinem Herzen und aus seinem Leib gebildet ist. „Wenn der Vater von einer Reise zurückkehrt, soll er den Kopf seines Sohnes küssen und sprechen: ‚Du entstehst aus meinen Gliedern, aus meinem Herzen bist du geboren, du bist mein Selbst mit Namen ‚Sohn‘, lebe hundert Herbste!‘, und er nennt den Namen des Sohnes. (Weiter spricht er:) ‚Sei ein Stein, sei eine Axt, sei ein unzerstörbarer Goldschatz, (mein) Glanz bist du mit Namen ‚Sohn‘, lebe hundert Herbste!‘“[28] Ähnlich äußert sich das PGS: Der Vater küßt den Sohn bei seiner Heimkehr unter zahlreichen Segenssprüche und Götteranrufungen, die Tochter küßt er schweigend auf den Kopf.[29] Der Vater drückt mit den beschwörenden Worten über die Kraft des Sohnes und die hundert Herbste, die er leben soll, seine Freude darüber aus, daß er seinen Sohn nach seiner Abwesenheit lebend antrifft, denn die Kindersterblichkeit war im alten Indien sicherlich hoch.

Ein Synonym für *putra*, „Sohn“, ist daher *ātmaja*, „geboren aus dem *ātman*“; letzteres ist „Hauch, Seele, Selbst“ (MAYRHOFER). Für „Sohn“ werden in AK 2.6.1.27 die folgenden Synonyme genannt: *ātmajas tanayaḥ sūnuḥ sutaḥ putraḥ. tánaya* ist nach MAYRHOFER „das Geschlecht fortpflanzend, n. Nachkommenschaft […], m. Sohn“; die Wurzel ist das seit dem ṚV belegte *tán-*, das „Fortdauer, Fortbestehen, Erstreckung, (häufig: des Geschlechts); Nachkommenschaft, Kinder“ bedeutet (ebd.). *sūnú-* ist „Sohn, Nachkomme“ (ebd.). Der Sohn heißt nach einer späteren Etymologie *pu(t)-tra*, weil er rettet,[30] oder *put-(t)ra*, weil er seinen Vater vor der Hölle namens *put* bewahrt;[31] diese ist somit als ein Ort der Verdammnis für die Sohnlosen zu verstehen. Die Aussage wird dem Schöpfer Brahmā selbst in den Mund gelegt, um ihr die Bedeutung einer unumstößlichen und in alle

Ewigkeit gültigen Wahrheit zu verleihen. Und diese Wahrheit hat überdauert, denn um 1950 zitierte sie ein Brahmane aus Rajasthan einem Anthropologen gegenüber, der schreibt: „Shankar Lal machte mir als erster klar, daß der Vater in einer Beziehung von seinem Sohn abhängig ist, als er einen Sanskrit-Slok zitierte: ‚Dies ist die wahre Definition eines Sohnes: Punnamna naraka trayate tat putr – der ist ein Sohn, der seinen Vater vor der Hölle rettet [...].'" (CARSTAIRS S. 89)

Die große Bedeutung der männlichen Nachkommenschaft für die traditionelle Familie des heutigen Indien ist an modernen Todesanzeigen ablesbar, in denen im Falle eines verstorbenen Mannes in der Regel fast ausschließlich seine männlichen Verwandten als Trauernde aufgeführt werden, während die Ehefrau und die Töchter namentlich nicht erscheinen, und höchstens unter „& family" zusammengefaßt werden.[32]

Nicht nur Sohn und Vater waren verbunden, die Verbindung erstreckte sich erfahrbar über mehrere Generationen, gedanklich vom Urvater des Geschlechtes bis in die Ewigkeit. Nicht nur vom eigenen Sohn, sondern auch vom Sohn des Sohnes und von dessen Sohn profitierte ein Mann: „Durch den Sohn erstreitet er die Welten, durch den Enkel erlangt er die Unendlichkeit, und durch den Enkel seines Sohnes erlangt er den Himmel der Sonne."[33] Und: „Durch seine Söhne und Enkel erlangt man für immer die Welten der Guten (die Himmel)."[34] Den Sohn seines Sohnes wollte man daher sehen: „Wenn man ein liebliches Weib, Reichtum, einen wohlgesitteten, tugendhaften Sohn und von diesem Sohne wieder einen Sohn besitzt – was kann es wohl in der Stadt des Oberhauptes der Götter (Indras, also im Himmel) noch besseres geben?"[35] Ein indischer Mann wollte seine Enkel, möglichst seine Urenkel, sehen, um beruhigt sterben zu können und sorgte daher früh für die Verheiratung seiner Söhne. Kaum ein Mann konnte sich der Ehe und der Vaterschaft entziehen, und ein Mann, der seinen Samen in einen „schlechten Schoß verschleudert", also mit einer anderen Frau als der von seiner Familie ausgesuchten Gattin Geschlechtsverkehr hat und deshalb keine der Familie angehörenden Kinder zeugt, ist ein „Hasser der medizinischen Heilmittel", ein „Hasser seines Selbst", ein „Hasser der Väter" und ein „Hasser der ganzen Welt"; er muß ewige Zeiten in der Dunkelheit (der Unterwelt) verbringen.[36] Persönliche Wünsche und individuelle Bedürfnisse spielten daher bei der Lebensplanung kaum eine Rolle,[37] jeder Mann war nur ein Glied in einer als unendlich angenommenen Kette, deren Bedeutung weit über den Einzelnen hinausging, und ein sohnloser Mann ließ diese Kette schuldhaft abreißen.

Diese Kette betraf nicht nur das physische und das geistige Kontinuum, sondern auch die lückenlose Fortführung der rituellen Pflichten des Geschlechtes. Nach MICHAELS geht es um die rituelle Identität zwischen Vater und Sohn, die den Fortbestand des Opfers, das keiner Wandlung unterliegen darf, garantiert, und hierzu bedarf es nach MICHAELS der „ununterbrochene[n] Vater-Sohn-Substitution“ (1986, S. 121): „Indem der Sohn [im Ritual, R. S.] die Worte des Vaters wiederholte und die darin enthaltene magische Wahrheit formulierte, war der Vater, rituell gesehen, durch den Sohn ersetzt. [...] Im rituellen Sinne starb der Vater nämlich überhaupt nicht. Er wurde durch den Sohn substituiert, er ging in ihn ein, und beide lebten in verschiedenen Lebensräumen, wie schon ihre Vorväter, weiter, wobei der jeweilig rituell und zumeist auch physisch zuletzt Lebende der Patrilinie die Pflicht hatte, durch das Opfer die Lebensräume zu erhalten. In diesem Sinne übertrifft also die sakrale Vaterschaft die biologische.“ (1986, S. 93)

Die biologische Vaterschaft war jedoch die Bedingung der sakralen Vaterschaft, denn nur der leibliche Sohn verhalf dem Mann zur Unsterblichkeit; der Sohn gehörte dem, der ihn gezeugt hatte.[38] Die Angst „pater semper incertus“ führte in Indien wie in anderen patriarchalischen Kulturen zur Kontrolle der Sexualität und Fruchtbarkeit der Frauen; aus Angst vor ihrer Unkeuschheit und Untreue verbannte man sie in das Haus und unterstellte sie lebenslang männlicher Autorität.[39] „‚Dem Erzeuger gehört der Sohn‘, so sagt das Brāhmaṇa. Und sie sagen auch: Jetzt nämlich, o Janaka, bin ich eifersüchtig hinsichtlich der Frauen – früher jedoch nicht –, weil sie sagen, der Sohn gehöre im Reiche Yamas dem Erzeuger. Im Reiche Yamas führt der Besamer, nachdem er gestorben ist, den Sohn. Deswegen schützen (beaufsichtigen) sie ihre Gattin, den Samen eines Fremden fürchtend. Schützt aufmerksam diese Reihe der Nachkommen, laßt sie nicht den Samen anderer in euer Feld säen, dem Erzeuger gehört der Sohn in der jenseitigen Welt [...].“[40] Auch die MS rät, ein Ehemann solle seine Frau aufmerksam schützen (bewachen), um seine Nachkommenschaft rein zu halten, denn in sie eingegangen, werde er (als sein Sohn) von ihr geboren.[41]

Die wichtigste Aufgabe des Sohnes bestand, wie dargelegt, im Durchführen der Ahnenopfer; der Spruch, in dem es heißt, *putrayojanā dārāḥ*, „Die Frauen sind um der Söhne willen da", verkündet auch: *putraḥ piṇḍaprayojanaḥ*, „Der Sohn ist um der Ahnenopfer willen da" (Indische Sprüche (IS) 4112). Daneben gab es soziale und wirtschaftliche Gründe, Söhne zu bevorzugen. Der älteste Sohn hatte eine besondere Bedeutung, denn er verlieh dem Vater die Vaterschaft, mit der dieser die Schuld gegenüber den Vorvätern abtrug; aus diesem Grunde erbte er einigen Texten zufolge alles;[42] nach anderen Texten erbten alle Söhne.[43] Der Sohn führte die Linie und den Namen der Familie fort, und daher bedeutete die Sohnlosigkeit den Untergang der Familie: „So wie ein Haus ohne Stützpfosten, wie ein Leib ohne Seele, wie ein Baum ohne Wurzel, so stürzt eine Familie ohne Sohn."[44] Das Haus eines Sohnlosen ist leer.[45] Ein einziger guter Sohn, der Wissen besitzt, erhellt das gesamte Geschlecht wie der Mond die Nacht; und ein einziger tugendhafter Sohn ist besser als hundert nichtsnutzige Söhne, denn der Mond allein, nicht Tausende von Sternen, vertreibt die Dunkelheit.[46] Dennoch sollte man nach vielen Söhnen streben, denn nur einen Sohn zu haben ist gleichbedeutend mit Kinderlosigkeit, ein Sohn ist kein Sohn.[47] Drei Söhne sind das Ideal: „Eine Gattin, drei Söhne, zwei Pflüge, zehn Milchkühe und das Leben im Dorf mit Vertrauten, das ist lieblicher als der Himmel."[48] Einem einzigen Sohn in Hinblick auf die Opfer und die Totenriten zu vertrauen, ist gefährlich: „Viele Söhne soll er sich wünschen, denn einer pilgert vielleicht nach Gayā oder bringt ein Pferdeopfer dar oder läßt einen dunkelfarbenen Stier frei."[49] Ein dummer Sohn ist jedoch schlimmer als gar kein Sohn: „Lieber eine Fehlgeburt, lieber die Enthaltsamkeit in der fruchtbaren Zeit der Gattin, besser, daß der Sohn, sobald er geboren wird, stirbt, lieber sogar eine Tochter, lieber eine unfruchtbare Gattin, besser, daß er im Uterus verbleibt, besser (ist all das) als ein dummer Sohn, und besäße er auch die Vorzüge der Schönheit und der Kraft." So klagt im Pañcatantra ein König über seine dummen Söhne, die nichts von der Kriegsführung verstehen.[50]

In patriarchalischen Gesellschaften wie der indischen haben fast ausschließlich die Männer die ideologische, politische und wirtschaftliche Macht inne. Zwischen den Vätern, den Söhnen und den Enkeln gibt es einen Generationenvertrag, von dessen aktiver Organisation die weiblichen Familienmitglieder weitgehend ausgeschlossen sind; diese partizipieren nur passiv durch ihre Bindung an die jeweiligen Männer. Schon das Śatapathabrāhmaṇa (ŚB) sagt: „In frühen Jahren leben die Söhne vom Vater, in späteren Jahren lebt der Vater vom Sohn."[51] Wer im Alter keinen Sohn hat, dessen Leben ist verloren.[52] Jahrhunderte später heißt es im M: „Das Versorgen (des Vaters) im Alter ist die vorgeschriebene Aufgabe des Sohnes. Dies, o brahmanischer Heiliger, ist die in den Drei Welten verkündete Tradition."[53] Die Söhne sollen ihrem Vater ein sorgenloses Alter ermöglichen, damit er sich seiner geistigen und spirituellen Entwicklung widmen kann.[54] Die Gründe, warum sich Eltern einen Sohn wünschen, werden im Aṅguttaranikāya (AN) genannt; der buddhistische Text gibt zweifelsohne die gängige, auch unter Nichtbuddhisten vorherrschende Auffassung seiner Zeit wieder: „Es sind fünf Gründe, ihr Mönche, warum die Eltern die Geburt eines Sohnes in der Familie wünschen. Welche sind diese fünf? (Sie denken:) Er wird für unseren Unterhalt sorgen, er wird unsere Pflege übernehmen, er wird das Familiengeschlecht lange fortführen, er wird das Erbe antreten, und er wird für die Toten, für die, die das Zeitliche gesegnet haben, das Totenopfer darbringen."[55]

Wie neue anthropologische Untersuchungen zeigen, sind die alten Vorstellungen in traditionellen brahmanischen Gemeinschaften heute noch anzutreffen. BENNETT belegt in ihrer Studie über die Brahmanen in Nepal die Notwendigkeit der Söhne aus wirtschaftlichen und religiösen Interessen: „In the ideal situation – i. e., when there is a male heir – the order for both kirya [death rites, R. S.] responsibility and land inheritance is the same. There is then a reciprocal relation between the economic basis of the patrilineal group – the land – and its spiritual basis – the quest for immortality. To put it somewhat crudely, the son ensures his parents' salvation in exchange for their land." (S. 129) Und PARISH schreibt über das Verhältnis von Vater und Sohn in der brahmanischen Newar-Kultur des heutigen Nepal: „The son's life is a continuation of the father's life; the son's body is an extension of the father's body. Sons inherit family estate – a powerful symbol of self. Culturally, a son will perform death rites necessary for the salvation of his father. He will assume his father's roles and duties." (S. 135) Der Sohn erhält nach diesem Verständnis das Gut seines Vaters und steht dafür in der Schuld, die Opfer für die Ahnen auszuführen.

Die Beziehung zwischen dem Vater und seinem heranwachsenden und erwachsenen Sohn war den altindischen Texten zufolge aber keineswegs nah und herzlich, der Vater hatte vielmehr Distanz zu wahren und seine Autorität durchzusetzen. Gerade weil der Vater den Sohn so nötig braucht, fordert die patriarchalische Kultur ein distanziertes Verhältnis zwischen beiden; auf diese Weise kann der Vater seine Machtposition aufrechterhalten und vom Sohn Respekt, Unterwerfung und Gehorsam fordern; ein Sohn, der sich gegen seinen Vater auflehnt, wird mit einem Schüler verglichen, der mit der Frau seines Lehrers schläft, und mit einem Mann, der bewußt keine Nachkommenschaft zeugt: Er verletzt wie diese seine Pflicht, den *dharma*.[56] Auch der erwachsene Sohn muß, um tugendhaft und erfolgreich zu werden, auf seinen Vater hören.[57]

Der Vater brachte dem Sohn ein gewisses Mißtrauen entgegen, und sollte ihn daher nicht loben: „Die Lehrer (oder ehrwürdigen Personen) soll man offen preisen, Freunde und Verwandte heimlich, Sklaven und Diener soll man nach getaner Pflicht preisen, Söhne niemals und Frauen erst nach ihrem Tod."[58] Das Lob, so glaubte man, mache den Menschen hochmütig und veranlasse ihn, in seinen Anstrengungen nachzulassen.

Der Sohn wurde nur als Baby und Kleinkind gehätschelt und verwöhnt. Bekannt ist die Aussage: „Fünf Jahre soll man seinen Sohn hätscheln, zehn Jahre soll man ihn schlagen, wenn er aber das 16. Jahr erreicht hat, soll man ihn wie einen Freund behandeln."[59] Ein ähnlicher Spruch empfiehlt, den Sohn fünf Jahre lang wie einen König, zehn Jahre wie einen Sklaven und ab dem 16. Lebensjahr wie einen Freund zu behandeln.[60] Die Erklärung für die Strenge gegenüber dem jungen Sohn wird auch gegeben: „Das Hätscheln hat viele Nachteile, das Schlagen aber viele Vorteile, und deshalb soll man den Sohn und den Schüler schlagen und nicht hätscheln."[61] Auch nach einem Vers Bhartṛharis, eines Dichters des frühen 5. Jahrhunderts n. Chr., verdirbt das Hätscheln den Sohn.[62] Die MS erlaubt die Prügelstrafe für den Sohn, allerdings darf nur die Rückseite des Körpers geschlagen werden, und nur, wenn ein Vergehen vorliegt: „Die Gattin, der Sohn, der Sklave, der Diener und der von derselben Mutter stammende (jüngere) Bruder dürfen, wenn sie Verfehlungen begangen haben, mit einem Strick oder einem gespaltenen Bambusrohr geschlagen werden, auf die Rückseite des Körpers, niemals aber auf den Kopf [...]."[63] In den entscheidenden Jahren der Sozialisation sollte der Vater somit streng sein, und sich erst, wenn der Sohn älter geworden ist und er ihn in die Geschäfte oder das Handwerk einführt, freundlich verhalten. Dieses Modell gilt vielfach auch heute noch. CARSTAIRS schreibt: „Puran Singh sprach für die meisten, als er sagte: ‚Mein Vater war sehr streng, als ich klein war, doch jetzt spricht er manchmal sogar freundlich mit mir.'" (S. 89)

Es waren meist die kleinen Söhne ungefähr bis zum fünften Lebensjahr, die der Vater liebkoste. Dies geht aus einem Vers hervor, nach dem es nichts Schöneres gibt, als wenn der staubbedeckte Sohn seinen Vater umarmt;[64] das Spielen im Sand weist auf die frühe Kindheit hin. Der im 5. Jahrhundert n. Chr. wirkende Dichter Kālidāsa beschreibt die Freude der Väter an ihren kleinen Sohn eindringlich: „Glücklich sind diejenigen, die ihre Söhne umhertragen, die auf ihrem Schoß Zuflucht suchen, deren Zahnknospen beim grundlosen (unschuldigen) Lachen sichtbar werden und die ein liebliches Gerede aus undeutlichen Lauten von sich geben, (glücklich sind sie,) wenn sie vom Staub am Körper (ihrer Söhne) beschmutzt werden."[65] Gefühle scheint sich der Vater nur beim kleinen Sohn, der ihn noch nicht auszunutzen verstand, gestattet zu haben. Man muß sich hier, wie auch sonst, angesichts der spärlichen Aussagen jedoch vor Vereinfachungen und Verallgemeinerungen hüten.

Für das Verwöhnen in den ersten Lebensjahren ist heute meist die Mutter zuständig, für die Strenge in den Jahren der späteren Sozialisation der Vater. Berichte von Anthropologen und Psychologen dokumentieren die für das moderne Indien typische gesellschaftlich geforderte Distanz zwischen Vater und Sohn. Der indische Psychoanalytiker KAKAR berichtet, der Hinduknabe erlebe den Übergang aus dem Umfeld der Mutter in den Autoritätsbereich des Vaters häufig als einen Schock: „Even more than the suddenness of the transition, the *contrast* between an earlier, more or less unchecked benevolent indulgence and the new inflexible standards is its striking feature. [...] And a north Indian proverb, addressed to men, pithily conveys what the boy has now to face: ‚Treat a son like a *raja* for the first five years, like a slave for the next ten and like a friend thereafter.'" (1978, S. 127) PARISH bemerkt über die brahmanischen Newars im heutigen Nepal: „Although Newars sometimes say the relationship of a father and a son is ultimately grounded in ‚love', they do not believe that sons will necessarily have easy, warm relationships with their fathers. [...] A son should honour and obey a father, and must be grateful for being taught and shaped. The father is a disciplinarian." (S. 133f.) Und MANDELBAUM schreibt, sich auf Dumonts Forschungen über die in Tamil Nadu lebenden Pramalai Kallar beziehend: „[...] a father is generally indulgent with a young child. But as his child grows up [...] the father becomes a more distant person, isolated in his authority." (S. 60)[66] Diese von Respekt und Abstand gekennzeichnete Beziehung zwischen Vater und Sohn im heutigen Indien bezeugt auch MICHAELS, sich auf ethnographische Arbeiten und auf eigene Beobachtungen stützend: „Der Vater bleibt also immer in einem gewissen Sinne unerreichbar. Ihn umgibt ein von der Mutter und anderen genährtes Charisma und eine Autorität, von der man sich Führung, nicht emotionale Nähe erhofft. Mit ihm wird auch nicht rivalisiert. [...] Von vornherein werden Wünsche des Sohnes nach mehr Autonomie bekämpft, er hat sich unter- und einzuordnen. So kommt es, daß der Sohn sich gegenüber dem Vater, den männlichen Autoritäten und deren Instanzen eher abwartend und passiv verhält." (1986, S. 58; siehe auch 1998, S. 119ff.) CARSTAIRS berichtet über die Familien in einem rajasthanischen Dorf ähnliches: „Die gegenseitigen Verpflichtungen, finanzielle Unterstützung und Anleitung einerseits und pflichtgemäßer Dienst das ganze Leben hindurch (und nach dem Tod) andererseits, wurden ständig betont. Aber eine enge persönliche Beziehung zwischen Vater und Sohn fehlte in auffallender Weise." (S. 89) CARSTAIRS weist darauf hin, daß der Sohn den Vater mit „*āp*", „Sie", anreden muß, während dieser den Sohn mit „*tum*", „Du", anspricht; Mutter und Sohn hingegen ‚duzten' sich (S. 91).

Eine kritische Betrachtung erfuhr die Bedeutung des Sohnes im alten Indien nur in der lebensfeindlichen Asketenliteratur, in der alle menschlichen Beziehungen und Bindungen als Verstrickungen im *saṃsāra*, der Wiedergeburtenkette, und daher als Hindernisse für die geistige Entwicklung, die Erkenntnis und die Befreiung des Mannes aus der Kette der Existenzen erklärt wurden. Im Śāntiśataka (ŚŚ) hört man: „(O Söhne,) Wer seid ihr für mich und wer sind wir für euch? Im Ozean der Welt sind wir durch das wilde Spiel der Wellen des *karman* als Schaum zusammengeworfen worden."[67] Und hier zählt man auch die Sorgen auf, die ein Sohn seinem Vater bereitet; beklagt wird die seelische Abhängigkeit des Vaters vom über alles geliebten Sohn:

„Man leidet, weil man will, daß einem ein Sohn geboren wird; ist er geboren, leidet man, wenn er krank ist; dann leidet man, wenn er in Leid und Kummer versinkt; und wenn er sich unklug verhält, leidet man wegen seiner Torheit. Wird er mit Vorzügen versehen geboren, fürchtet man seinen Tod, ist er tot, leidet man auch. Dieser Feind in der trügerischen Verkleidung ‚Sohn' sollte niemandem geboren werden!"[68] Auch in den buddhistischen Texten wird die Anhänglichkeit an Freunde, an die Gattin und an die Söhne als eine Ursache für die Verstrickung in den *saṃsāra* verstanden und getadelt, so im Suttanipāta (SN): „Die Gewalt gegen alle Lebewesen aufgegeben habend, keines von ihnen schädigend, soll er sich weder einen Sohn noch einen Gefährten wünschen, soll er alleine wandeln, dem Nashorn gleich. Wie weit verzweigter Bambus verstrickt, so verstrickt auch die Zuneigung zu den Söhnen und Gattinnen; nirgends anhaftend wie der oberste Bambussproß, soll er alleine wandeln, dem Nashorn gleich."[69]

Mutter und Sohn

Eine der in Indien entwickelten Zeugungstheorien überträgt die Verhältnisse in der Natur, in der der Samen die Eigenschaften der zukünftigen Frucht in sich trägt und der Boden nur seiner Versorgung dient, auf den Menschen: „Die Frau wird von der Tradition als das Feld bestimmt, der Mann als der Samen, und die Zeugung aller Körper besitzenden Wesen erfolgt durch die Vereinigung von Feld und Samen. [...] Von Samen und Schoß wird aber der Samen als das bedeutsamere angesehen, denn die Nachkommenschaft aller Wesen trägt die Kennzeichen des Samens."[70] Nach anderen, in den medizinischen Texten und im M dargelegten Theorien trägt die Mutter etwas zum Embryo bei, so entstehen Blut, Fleisch, Haut und andere körperliche Elemente aus der mütterlichen Zeugungssubstanz (ich verweise hierzu auf die Arbeit von DOSSI). Von der Mutter stammen aber nur materielle, sterbliche Elemente; das Geistige, das Unsterbliche des Menschen, kommt vom Vater.

Die Theorie von der Frau als dem Feld ist sehr alt. Bereits im AV gilt die Frau als das Feld, das den Samen des Mannes trägt: „(Als) ein beseeltes Feld ist diese Frau gekommen, in sie, o Männer, sät den Samen, Nachkommenschaft soll sie euch gebären aus ihrem Leib, den gemolkenen Samen des Mannes tragend."[71] Die MS diskutiert die verschiedenen Ansichten über den Beitrag von Samen, *bīja*, und Uterus, *kṣetra*, bei der Entwicklung des Embryos: Einige sagten, der Same sei entscheidend, andere rühmten das Feld, wieder andere glaubten, beide seien von Bedeutung. Die MS kommt zu dem Ergebnis, der Same sei das entscheidende Element für die Entstehung und Ausprägung des Keimes, da Heilige von tierischen Müttern geboren und trotzdem geehrt und geachtet worden seien. Der Kommentator Kullūka erklärt am Beispiel Ṛśyaśṛṅgas, dieser und andere seien wegen der überragenden Bedeutung des Samens trotz einer tierischen Mutter verehrte Heilige geworden, die man ihrer Vedakenntnis wegen gerühmt habe.[72] Nach dieser Auffassung ist alles, was den Menschen körperlich und geistig bestimmt, im Samen enthalten, das Mütterliche kann sich, selbst wenn es grundverschiedener Natur ist, nicht durchsetzen. Bekanntermaßen hatte Ṛśyaśṛṅga, dessen Vater ein Heiliger und dessen Mutter eine Gazelle war, Gestalt, Wesen und Intelligenz eines Menschen und trug als die einzige Hinterlassenschaft seiner Mutter ein Gazellenhorn auf der Stirn.

Nach dem M ist der Uterus nur der Schlauch, der den Embryo trägt: „Die Mutter ist der Schlauch für den (Samen des) Vater(s), der Sohn, der von ihm gezeugt wurde, das ist er selbst."[73] Daher wird allein der Mann durch den Sohn unsterblich, für die Mutter hat die Geburt eines Sohnes auf der spirituellen Ebene keine Bedeutung: „Allein der Same, der einst vergossen wurde, ist das, was weiterlebt. Die Verstorbenen sind verstorben, untergegangen, aus dem Samen lebt der Same weiter."[74] Diese Vorstellungen haben Jahrtausende überlebt. Auf die Frage PARISHs nach der Entstehung des Kindes im Mutterleib antwortete ihm sein Informant Govinda Raj: „Let me make an analogy: think of a field. The field is the mother's womb. The man's semen is planted in the field. [...] Blood is only the soil. The man's semen – this seed is the real person. [...] From the man's seed knowledge and intellect develop. From the woman's blood, only flesh develops." (S. 146f.)

Der mütterliche Körper war zwar nur ein Feld oder ein Gefäß, ein wertvoller Same benötigte aber selbstverständlich ein würdiges Feld oder Gefäß. Daher mußte die Gattin aus der eigenen Kaste, *jāti*, stammen und jungfräulich sein. Ein Sohn, den ein Brahmane mit der Frau einer tiefstehenden Kaste gezeugt hatte, war weder im körperlichen noch im sozialen oder rituellen Kontext ein Erbe seines Vaters: „Einen

Sohn, den er auf dem eigenen Felde, in der ihm rechtmäßig angetrauten Gattin, zeugt, den soll er als den eigenen (der Brust entstammten) Sohn (*aurasa*) anerkennen, der die größte Bedeutung besitzt. [...] Ein Sohn, den ein Brahmane mit einer *śūdrā* (der Frau einer tiefen und verachteten Kaste) aus Lust zeugt, der ist, selbst wenn er lebt, ein Leichnam, und daher als lebender Leichnam bekannt."[75] Das Kind eines brahmanischen Vaters und einer *śūdrā*-Mutter konnte nach dieser Vorstellung nur einer unrechtmäßigen außerehelichen Beziehung entstammen und somit die Frucht niedriger Begierde sein; er war ein Verachteter, aus der Gesellschaft Ausgestoßener, unrein wie ein Leichnam, den jeder Mensch meidet.

Weil der Mann die Frau als Austrägerin seiner Söhne brauchte, sollte er ein freundschaftliches Verhältnis zu seiner Gattin pflegen; allein in diesem Punkt war er von ihr und ihrem Wohlwollen abhängig. Daher erklären das AB und spätere Texte die Gattin (im AB *jāyā*, „die Gebärerin") zum „Freund"; nach M 3.297.51 ist sie sogar ein von den Göttern bestimmter Freund, ein Umstand, der die Unauflösbarkeit der Ehe betont.[76] Die Bezeichnung *jāyā* für die geschätzte Gattin im AB und anderswo verweist auf ihre Funktion als Gebärerin: „Der Gatte geht (mit dem Samenerguß beim Geschlechtsverkehr) in die Gattin ein, und zum Embryo geworden, in sie als (seine) Mutter ein; in ihr aufs neue entstanden, wird er im 10. Monat geboren. Deshalb ist die Gattin eine Gattin, weil er in ihr wiederersteht."[77]

Verletzte oder verärgerte man die Gattin, drohte ihre geheime Rache, die in einem Nichtbeachten der rituellen Gebote oder gar in Untreue bestehen konnte. MANDELBAUM stellt für das moderne Indien fest: „A woman is not without certain powers. For one thing, she is in charge of domestic ritual purity. If she feels vexed and vengeful, she may be careless about the purity of food or of her own person. She need not go to the length of traffic with other men, she need only be a bit lax about her own menstrual seclusion." (S. 77) BENNETT berichtet von verschiedenen Möglichkeiten der heutigen Frauen, sich für Vernachlässigung oder Gewalt zu rächen; die Frauen verweigerten den Geschlechtsverkehr, kochten nicht mehr oder wendeten schwarze Magie an (S. 177f., S. 199ff.). Daß die auch heute noch geforderte Freundschaft mit der Gattin oftmals mehr der Notwendigkeit als der Neigung entspringt, äußerte ein Brahmane und Lehrer, auf die Tradition anspielend, im Jahre 1951 CARSTAIRS gegenüber: „Aber meine

Frau ist nicht gebildet wie ich, sie kann also kein Freund sein, wie ich ihn brauche. Sie ist es bis zu einem gewissen Grad, aber eben nicht vollkommen. Die Umstände zwingen dazu, eine Freundschaft zwischen sich und der Ehefrau zu schaffen. Wenn dies nicht geschieht, wird man ständig streiten, und das häusliche Leben wird zerstört." (S. 305)

Die positive Bewertung der Frau galt in alter Zeit allein ihrer Funktion als Mutter von Söhnen: „Frauen sind zum Zwecke (des Gebärens) von Söhnen da."[78] Bekannt ist die Aussage: „Die Fehler der Frauen sind tausende, ihre Vorzüge diese drei: das Führen des Hauses, das Gebären von Söhnen und das Sterben mit dem Gatten."[79] Das P vermerkt: „Der Nutzen der Frauen besteht (für die Männer) in der Lust und in den Söhnen."[80] Und Vātsyāyana zählt auf, was der Mann durch eine Ehefrau gewinnt: Er gelangt durch eine ihm ebenbürtige, sorgfältig ausgewählte Frau zu *dharma* und *artha* (zu Recht und Wohlergehen), zu Söhnen, zu Verwandtschaft, zu einem Zuwachs an Freunden und zu einfachem Liebesgenuß.[81]

Die YS schreibt vor: „Man soll die Frauen verehren und gut beschützen, weil man durch Söhne, Enkel und Urenkel die Welt, die Unendlichkeit und den Himmel erlangt."[82] Und die NS stellt fest: „Die Frauen wurden wegen der Nachkommenschaft erschaffen, die Frau ist das Feld, die Nachkommenschaft gehört dem Samengeber."[83] Verließ ein Mann eine Frau, die ihm Söhne geboren hatte, wurde er bestraft: „Wer eine (Gattin) verläßt, die seine Befehle befolgt, gehorsam ist, Söhne zur Welt bringt und lieb spricht, muß den dritten Teil (seines Vermögens) bezahlen, hat er kein Vermögen, muß er für den Unterhalt der Frau aufkommen."[84] Erfüllte die Gattin ihre Pflicht, respektierte der Mann sie wie eine Mutter: „Das Selbst, das durch das Selbst gezeugt wurde, das nennen die Weisen ‚Sohn', deshalb soll ein Mann seine Gattin, die Mutter seines Sohnes, wie eine Mutter betrachten."[85] Dieser Gedanke wurde bereits in ṚV 10.85.45 geäußert, wo der Gatte zum elften Sohn seiner Frau werden soll.

Schon WINTERNITZ schrieb: „Denn geehrt wird die Frau nur, weil sie dem Manne Kinder gebiert [...]." (1920, S. 18) Und: „Wehe der Frau, die diesem ihrem Daseinszweck nicht dient, wehe der Unverheirateten, wehe der Kinderlosen, der Mutter von Töchtern, der Witwe! Schon in der ältesten Zeit konnte eine Frau, die keine Söhne hatte, verstoßen werden." (S. 21) Eine Frau, die ihrer Verpflichtung als *jāyā*, Gebärerin (von Söhnen), nicht nachkam, wurde ersetzt; ihr Mann durfte sich eine zweite Frau nehmen: „Acht Jahre soll (der Ehemann) warten bei einer Frau, die nicht gebiert, keine Söhne hervorbringt oder unfruchtbar ist, zehn Jahre bei einer Frau, die Totgeburten hat und zwölf Jahre bei einer, die nur Töchter gebiert. Dann soll er, der Söhne Wünschende, sich eine zweite (Gattin) nehmen."[86] Auch nach dem KāmS soll ein Mann eine zweite Frau heiraten, wenn die erste Gattin keine Kinder oder ausschließlich Mädchen bekommt.[87] Zum einen erklärte man die Frau, etwa in der MS, zum passiven Feld, das nur den Samen des Mannes, der alle Eigenschaften des Kindes trägt, aufnimmt, zum anderen machte man sie, ebenfalls in der MS, für das Geschlecht des Kindes verantwortlich: Der hierdurch entstehende Widerspruch störte offenbar nicht. (Allein die Theorie von der Konkurrenz zwischen der männlichen und der weiblichen Zeugungssubstanz ermöglicht es, der Frau eine „Schuld" an der Geburt einer Tochter zu geben.)

Bereits dem AV ist zu entnehmen, daß eine Frau nur durch das Gebären von Söhnen die erste Gattin sein konnte: „O Agni, diese Frau möge einen Gatten finden, denn Soma, der König, macht sie zu einer Glücklichen; Söhne gebärend soll sie zur Hauptgattin werden, zum Gatten gegangen, soll sie, die Glückliche, regieren."[88] Im ŚB steht: „Eine sohnlose Gattin ist eine Verlassene. [...] Eine sohnlose Gattin ist eine von der *nirṛti* (Verderbnis, Auflösung) Ergriffene."[89] Daß der sohnlosen Frau auch Strafen im Jenseits drohten, ist der VS indirekt zu entnehmen, wenn sie vermerkt: „Eine gute Frau, die nach dem Tod ihres Gatten Keuschheit bewahrt, kann wie die *brahmacārin*-s (die keuschen Vedastudenten) den Himmel erlangen, selbst wenn sie sohnlos ist."[90] Dafür, daß sie sexuell befriedigt wurde und Söhne bekam, hatte die Frau ihrem Mann, der ihre höchste Gottheit sein sollte, dankbar zu sein: „Das Blut der Mutter und der Same des Vaters (bilden das Kind); der Gatte ist die höchste Gottheit, denn durch die Gnade des Ehemannes erlangen die Frauen Lust und das Geschenk des Sohnes."[91]

Der Sohn war für seine Mutter von großer Bedeutung, allerdings nicht als biologische oder rituelle Fortsetzung ihres Selbst oder als Garant ihrer Unsterblichkeit, sondern ausschließlich familiär und gesellschaftlich. Wir erfahren nichts über die Ansichten der Frauen des alten Indien, können jedoch annehmen, daß auch sie Söhne bevorzugten; im Alltag, in schweren Zeiten und im Alter konnten sich

Frauen allein auf ihre Söhne verlassen und durch sie gewannen sie gesellschaftliche Anerkennung. Ein Sohn, der seine Mutter nicht schützt, ist nach der MS tadelnswert.[92] Da eine Mutter viel für ihre Söhne tut, sind diese ihr auch dann verpflichtet, wenn sie ihren Kastenstatus wegen eines Vergehens verloren hat.[93] Die Mutter-Sohn-Beziehung wurde von den Vätern bisweilen mit Mißtrauen betrachtet; im Zeitalter des Unterganges, im *kaliyuga*, so die Schreckensvisionen der Texte, töten nicht nur die Söhne ihre Eltern, sondern die Frauen werden ihre Ehemänner töten und ihre Zuflucht allein bei ihren Söhnen suchen.[94] Und zu den apokalyptischen Bildern Vyāsas von einer im Chaos versinkenden Welt angesichts der beginnenden Schlacht zwischen den Kauravas und den Pāṇḍavas gehört die Vision, die Söhne schliefen mit ihren Müttern.[95]

Abbé DUBOIS, der sich zwischen 1792 und 1823 in Indien aufhielt, beschreibt den Wunsch und das Streben der Hindus nach zahlreicher Nachkommenschaft und erwähnt, daß es als großes Ungück galt, keine Söhne und Enkel zu haben; die Frauen pilgerten in der Hoffnung auf männliche Nachkommenschaft zu den Tempeln, etwa zum Tempel Viṣṇus in Tirupati (S. 593). Dieser im Bundesstaat Andhra Pradesh gelegene Tempel ist auch in unseren Tagen eines der bedeutendsten Heiligtümer Südindiens und wird täglich von unzähligen Gläubigen besucht. Frauen, die sich Söhne wünschen, opfern dort ihr Haar. Auch in Śivatempeln, so im Ekāmbareśvara in Kāñcīpuram, bitten die Frauen, wie der dortige Priester mir im Oktober 1999 erzählte, hauptsächlich um Söhne.

Anmerkungen

1 Die Tochter mußte selbstverständlich als Jungfrau, *aspr̥ṣṭamaithunā*, wörtl.: „vom Geschlechtsverkehr unberührt“, in die Ehe gehen, siehe etwa VDhŚ 8.1. Man vergleiche unsere Bezeichnung „unberührt“ für die Jungfrau.

2 So R̥V 10.159, in dem eine Frau spricht, die als eine Beherrscherin ihres Gatten auftritt (Verse 1, 3 und 6): *úd asáu sū́ryo agād úd ayám māmakó bhágaḥ | ahám tád vidvalā́ pátiṃ abhy àsākṣi viṣāsahíḥ || máma putrā́ḥ śatruháṇó 'tho me duhitā́ virā́ṭ | utā́hám asmi saṃjayā́ pátyau me ślóka uttamáḥ || sám ajaiṣam imā́ ahám sapátnīr abhibhū́varī | yáthāhám asyá*

vīrásya virā́jāni jánasya ca ǁ „Die Sonne dort ist aufgegangen, hier mein Glück. Ich, die Kluge, habe den Ehemann als eine Siegreiche erobert. Feindestöter sind meine Söhne, meine Tochter wiederum ist weitherrschend, und ich bin eine Gewinnerin, mein Ansehen beim Gatten ist das höchste. Besiegt habe ich alle diese Rivalinnen, ich Siegreiche, so daß ich diesen Helden (den Gatten) und sein Gefolge beherrschen kann." (Das Lied findet sich teilweise auch in der Paippalāda-Rezension des AV, siehe ZEHNDER S. 109ff.) Nach GELDNER handelt es sich um das „Triumphlied einer Frau. Ṛṣi (oder Sprecherin) und Gottheit nach Anukr. Śacī (Indra's Gemahlin), die Tochter des Puloman. Also eine Selbstverherrlichung." (Teil 3, S. 387f.) Ob das Lied von einer Frau verfaßt wurde, läßt sich nicht feststellen.

3 ṚV 10.85.45: *imā́ṃ tvám indra mīḍhvaḥ suputrā́ṃ subhágāṃ kṛṇu* ǀ *dáśāsyāṃ putrā́n ā́ dhehi pátim ekādaśáṃ kṛdhi* ǁ Sāyaṇa: *asyāṃ vadhvāṃ daśa putrān ā dhehi* ǀ *patim ekādaśaṃ kṛdhi* ǀ *daśa putrāḥ patir ekādaśo yathā syāt tathā kṛdhi* ǁ

4 ṚV 10.56.6 cd: *svā́ṃ prajā́ṃ pitáraḥ pítryaṃ sáha ā́vareṣv adadhus tántuṃ ā́tatam* ǁ Nach GELDNER ist *tántum ā́tatam* „die Geschlechtskontinuität", 3, S. 221 zu 6d; Sāyaṇa verweist in seinem Kommentar auf AB 13.14 (3.38), wo erklärt wird, die Nachkommenschaft sei der Faden: *prajā vai tantuḥ* ǁ

5 ŚB 2.2.2.6: *dvayā́ vaí devā́ devā́ḥ* ǀ *áhaivá devā́ átha yé brāhmaṇā́ḥ śruśruvā́ṃso 'nūcānā́s té manuṣyadevā́s* [...] ǁ

6 Siehe O'FLAHERTY 1987, S. 20: „The Vedic sacrifice was designed primarily to allay the fear of death; through sacrifice, a man could become immortal." O'FLAHERTY verweist in diesem Zusammenhang auf ṚV 7.59.12, ŚB 2.6.1.12 sowie 10.2.6.190 und auf AV 18.3.

7 Zu der Bedeutung des *ṛṇá*, der Schuld, siehe MALAMOUD S. 92f.

8 TS 6.3.10.5: *jā́yamāno vái brāhmaṇás tribhír ṛṇavā́ jāyate brahmacáryeṇa ṛ́ṣibhyo yajñéna devébhyaḥ prajáyā pitṛ́bhya eṣá vā́ anṛṇó yáḥ putrī́ yájvā brahmacārivāsī́* [...].

9 AB 7.13: *ṛṇam asmin saṃnayaty amṛtatvaṃ ca gacchati* ǀ *pitā putrasya jātasya paśyej cej jīvato mukham* ǁ Das Vortragen der hier erzählten Śunaḥśepa-Geschichte verhilft dem, der Söhne begehrt, zu Söhnen: *putrakāmā hāpy ākhyāpayeraṃl labhante ha putrāṃl labhante ha putrān* ǁ 7.18.

10 BU 1.5.16: *atha trayo vāva lokā manuṣyalokaḥ pitṛloko devaloka iti so 'yaṃ manuṣyalokaḥ putreṇaiva jayo nānyena karmaṇā karmaṇā pitṛloko vidyayā devaloko* [...].

11 MS 2.28: *svādhyāyena vratair homais traividyenejyayā sutaiḥ* ǀ *mahāyajñaiś ca yajñaiś ca brāhmīyaṃ kriyate tanuḥ* ǁ

12 IS 443: *aputrasya gatir nāsti svarge naiva ca naiva ca* I *tasmāt putramukhaṃ dṛṣṭvā paścād bhavati tāpasaḥ* II Siehe auch M 1.111.11, 23 und 24 sowie 2.64.5. Bekannt ist die Geschichte des Asketen Jaratkāru. Seine Ahnen fallen aus dem Himmel und die Früchte ihrer Askese sind zerstört, weil Jaratkāru und damit auch sie keine männliche Nachkommenschaft haben: *lokāt puṇyād iha bhraṣṭāḥ saṃtānaprakṣayād vibho* II *pranaṣṭaṃ nas tapaḥ puṇyaṃ na hi nas tanur asti vai* I M 1.41.16 cd und 17 ab. Jaratkāru zeugt daraufhin einen Sohn.

13 M 1.111.11–14: *aprajasya mahābhāgā na dvāraṃ paricakṣate* I *svarge tenābhitapto 'ham aprajas tad bravīmi vaḥ* II *ṛṇaiś caturbhiḥ saṃyuktā jāyante manujā bhuvi* I *pitṛdevarṣimanujadeyaiḥ śatasahasraśaḥ* II *etāni tu yathākālaṃ yo na budhyati mānavaḥ* I *na tasya lokāḥ santīti dharmavidbhiḥ pratiṣṭhitam* II *yajñaiś ca devān prīṇāti svādhyāyatapasā munīn* I *putraiḥ śrāddhaiḥ pitṝṃś cāpi ānṛśaṃsyena mānavān* II Daß immer die männlichen Kinder angesprochen sind, geht aus der Aussage hervor, die Söhne seien für die Ahnen bedeutsam. Ähnlich äußert sich die MS in 6.36 und 37 sowie in 9.106 und 107.

14 MS 6.37: *anādhītya dvijo vedān anutpādya tathā sutān* I *aniṣṭvā caiva yajñaiś ca mokṣam icchan vrajaty adhaḥ* II Kullūka erklärt: *narakaṃ vrajati* II

15 AB 7.13: [...] *amṛtatvaṃ ca gaccahti* I *pitā putrasya jātasya paśyec cej jīvato mukham* II [...] *śaśvat putreṇa pitaro 'tyāyan bahulaṃ tamaḥ* I *ātmā hi jajña ātmanaḥ sa irāvaty atitāriṇī* II

16 AB 7.13: *devā manuṣyān abruvann* [...] *nāputrasya loko 'stīti tat sarve paśavo viduḥ* II

17 Bijayagadh Stone Pillar Inscription of Viṣṇuvardhana, in: FLEET S. 252ff.; S. 254, Zeile 4: *siddhir astu puṣṭir astu śāntir astu jīvaputtrattvam astv iṣṭakāmāvaptir astu śraddhāvitte syātām iti* II

18 ŚB 12.4.3.1: *putráḥ sá pitā́ yáḥ pitā́ sá putrás* [...] II

19 KU 2.15: *vācaṃ me tvayi dadhānīti pitā vācaṃ te mayi dadha iti putraḥ* [...]. Die Kauṣītakibrāhmaṇopaniṣad gehört zu den älteren Upaniṣaden und ist um 500 oder 400 v. Chr. entstanden (WINTERNITZ 1, S. 205).

20 KU 2.15: *taṃ pitānumantrayate yaśo brahmavarcasaṃ kīrtis tvā juṣatām ity* [...] *svargāṃl lokān kāmān āpnuhīti* [...].

21 BU 1.5.17: *sa yadaivaṃvid asmāl lokāt praity athaibhir eva prāṇaiḥ saha putram āviśati sa yady anena kiñcid akṣṇayā kṛtaṃ bhavati tasmād enaṃ sarvasmāt putro muñcati tasmāt putro nāma sa putreṇaivāsmiṃl loke pratitiṣṭhaty athainaṃ ete daivāḥ prāṇā amṛtā āviśanti* II

22 BU 1.4.8: *tad etat preyaḥ putrāt preyo vittāt preyo 'nyasmāt sarvasmād antarataraṃ yad ayam ātmā* II

23 BU 3.9.22: *kasmin nu retaḥ pratiṣṭhitam iti hṛdaya iti tasmād api pratirūpaṃ jātam āhur hṛdayād iva sṛpto hṛdayād iva nirmita iti hṛdaye hy eva retaḥ pratiṣṭhitaṃ bhavatīty evam evaitad yājñavalkya* II Nach HOLDREGE verstand man das Herz bereits in vedischer Zeit als den Sitz des Bewußtseins und der Götter innerhalb des menschlichen Mikrokosmos, S. 235.

24 M 4.2.14 c: *putraḥ priyāṇām adhiko* [...].

25 M 1.68.55 und 56 d: *na vāsasāṃ na rāmāṇāṃ nāpāṃ sparśas tathā sukhaḥ* I *śiśor ālingyamānasya sparśaḥ sūnor yathā sukhaḥ* II [...] *putraḥ sparśavatāṃ varaḥ* II

26 ĀDhS 2.9.24: *athāpy asya prajātim amṛtam āmnāya āha* I *prajām anu prajāyase tad u te martyāmṛtam iti* I *athāpi sa evāyaṃ virūḍhaḥ pṛthak pratyakṣeṇopalabhyate* I *dṛśyate cāpi sārūpyaṃ dehatvam evānyat* II

27 M 1.68.48: *bhāryāyāṃ janitaṃ putram ādarśe svam ivānanam* I *hlādate janitā prekṣya svargaṃ prāpyeva puṇyakṛt* II

28 KU 2.11: *atha proṣyāyan putrasya mūrdhānam abhijighret* I *aṅgād aṅgāt saṃbhavasi hṛdayād adhijāyase* I *ātmā vai putranāmāsi sa jīva śaradaḥ śatam iti nāmāsya dadhāty aśmā bhava paraśur bhava hiraṇyam astṛtaṃ bhava tejo vai putranāmāsi sa jīva śaradaḥ śatam iti* [...]. Das Zitat findet sich in vielen Texten, so in Baudhāyanadharmasūtra (BDhS) 2.2.3.14, einem alten Rechtsbuch, das nach KANE zwischen 500 und 300 v. Chr. entstand (Vol. V, Part II, S. xii). Nach MYLIUS ist das BDhS älter als das 5. Jahrhundert v. Chr. (S. 260), nach WINTERNITZ sind einige Teile dieses alten Werkes erst später hinzugekommen (3, S. 481).

29 PGS 1.18.6: *striyai tu mūrdhānam evāvajighrati tūṣṇīm* II Ebenso ĀśGS 1.15.9 und 10.

30 M 14.93.37 bc: [...] *trāṇāt putro hi viśrutaḥ* II *ātmā putraḥ smṛtas tasmāt* [...] I

31 MS 9.138. *puṃnāmno narakād yasmāt trāyate pitaraṃ sutaḥ* I *tasmāt putra iti proktaḥ svayam eva svayaṃbhuvā* II Ebenso M 1.220.14.

32 Zwei Beispiele aus der Tageszeitung The Hindu vom 27. Oktober 1999 in der Ausgabe von Chennai (Madras) belegen dies: „Obituary. Shri Ghisulal Bagmar Expired on: 25.10.99, Age: 73 Years [...] Mourned by: Rekhchand (Brother), Dulichand, Ganpatraj, Rajendrakumar, Suresh, Prem, Dinesh (Sons), Lalit, Arun, Sunil, Hemant, Nishanth, Upender, Gourav, Mohit (Grandsons), Nikhil (Greatgrandson) & Bagmar Family." Und: „Obituary. Mummidi Ramdoss Chetty. [...] Mourned by M. R. Krishnamurthy, M. R. Ramesh Kumar & Family Members." In Todesanzeigen in The Hindustan Times (Delhi) verhält es sich ähnlich: S. Satwant Singh Anand Ji hinterläßt ‚Grief-stricken: Wife, Son, Son, Son, Son-in-law, Son-in-law, Mother-in-Law, Brother, Brother, Brother, Brother-in-Law', wobei alle diese Perso-

nen namentliche Erwähnung finden, die Töchter und Schwiegertöchter aber fehlen (6. April 1999, siehe vergleichbare Todesanzeigen in The Hindustan Times vom 25. April). In den seltener anzutreffenden Todesanzeigen für Frauen werden die Töchter und Schwiegersöhne meist genannt. Bekanntlich begleiten auch nur männliche Verwandte den Verstorbenen zum Verbrennungsplatz.

33 MS 9.137: *putreṇa lokāñ jayati pautreṇānantyam aśnute* | *atha putrasya pautreṇa bradhnasyāpnoti viṣṭapam* ||

34 M 14.93.45 cd: *putrapautraiś ca niyataṃ sādhulokān upāśnute* || Siehe auch Vers 43.

35 Die Übersetzung dieses Spruches (17.16) aus dem Vṛddhacāṇakya ist von KRESSLER, S. 194 (siehe Vṛddhacāṇakya).

36 SP 1.2.1.57 cd und 58: *vinikṣepe kuyonau tu tasyedaṃ proktavān yamaḥ* || *prathamaṃ cauṣadhīdrogdhā ātmadrogdhā tataḥ punaḥ* | *pitṛdrogdhā viśvadrogdhā yāty andhaṃ śāśvatīḥ samāḥ* ||

37 Von jedem Individuum wurde und wird in Indien eine hohe Anpassung an die Geschlechterrolle und die mit ihr einhergehenden vorgeschriebenen Verhaltensweisen und Normen gefordert. Die Familie übt eine starke Kontrollfunktion auf den Einzelnen aus. Nach MICHAELS sagte ein Inder zu der amerikanischen Forscherin Cormack: „Die Familie ist alles, der einzelne ist nichts.“ (MICHAELS 1998, S. 118)

38 Siehe hierzu WINTERNITZ 1920, S. 44.

39 Die Ehre einer Familie, *izzat*, beruht auf der Keuschheit und Reinheit ihrer Frauen. Daher ist der weibliche Körper Besitz der Familie und gleichzeitig ihre soziale und psychologische Schwachstelle; die Demütigung einer Familie erfolgt nicht selten durch die Vergewaltigung ihrer Frauen: „The communal significance attached to a woman's body by patriarchy is evident from the rapes of women common between warring groups, from the rapes of women in subordinate class or caste positions by the men of the more powerful groups, where the sexuality of the lower-caste woman is believed to be public property.“ (DAVAR S. 216)

40 ĀDhS 2.6.13: *utpādayituḥ putra iti hi brāhmaṇam* | *athāpy udāharanti* | *idānīm evāhaṃ janaka strīṇāṃ īrṣyāmi no purā* | *yadā yamasya sādane janayituḥ putram abruvan* || *retodhāḥ putraṃ nayati paretya yamasādane* | *tasmād bhāryāṃ rakṣanti bibhyantaḥ pararetasaḥ* || *apramattā rakṣatha tantum etaṃ mā vaḥ kṣetre parabījāni vāpsuḥ* | *janayituḥ putro bhavati* [...] ||

41 MS 9.8 ab und 9 cd: *patir bhāryāṃ saṃpraviśya garbho bhūtveha jāyate* | *tasmāt prajāviśuddhyarthaṃ striyaṃ rakṣet prayatnataḥ* || Bekannt ist die in MS 9.3 getroffene Aussage: *pitā rakṣati kaumare bhartā rakṣate yauva-*

ne | rakṣanti sthavire putrā na strī svātantryam arhati || Ähnlich VS 25.13: *bālyayauvanavārdhakyeṣv api pitṛbhartṛputrādhīnatā ||*

42 MS 9.106: *jyeṣṭhena jātamātreṇa putrī bhavati mānavaḥ | pitṝṇām anṛṇaś caiva sa tasmāt sarvam arhati ||*

43 Z. B.: MS 9.104, YDhŚ 2.114. Für die Töchter galt: „In the patrilineal family based on pure agnatic kinship ties, the daughter had hardly any rights in the property of her agnates apart from maintenance and the marriage expenses including the dowry which amounted according to some authors to 1/4 of the share of the son.“ (SONTHEIMER S. 53) Nach dem Hindu Women's Right to Property Act 1937 und dem Hindu Succession Act von 1956 sind Söhne und Töchter gleichermaßen erbberechtigt. CHATTERJI zufolge verzichten aber heute viele Töchter auf das Erbe, um ihre Brüder nicht zu verärgern; Frauen gehen nur selten vor Gericht, um ihr Erbe einzuklagen (S. 127ff.).

44 IS 6141: *vinā stambhaṃ yathā gṛhaṃ yathā dehaṃ vinātmanā | tarur yathā vinā mūlaṃ vinā putraṃ kulaṃ patet ||*

45 Cāṇakya's Aphorisms (CA) 13 a: *aputrasya gṛhaṃ śūnyaṃ* [...].

46 Cāṇakyanītiśākhāsampradāya (CNŚS) 209 und 215: *ekenāpi suputreṇa vidyāyuktena sādhunā | āhlāditaṃ kulaṃ sarvaṃ yathā candreṇa śarvarī || eko 'pi guṇavān putro nirguṇena śatena kim | ekaś candras tamo hanti na ca tārāḥ sahasraśaḥ ||*

47 M 1.94.59 cd: *anapatyataikaputratvam ity āhur dharmavādinaḥ ||* 5.145.17 cd: *ekaputram aputraṃ vai pravadanti manīṣiṇaḥ ||*

48 MSS 7627: *ekā bhāryā trayaḥ putrā dvau halau daśa dhenavaḥ | grāmavāsaḥ purāsattraiḥ svargād api manoharaḥ ||* Ähnlich 7626.

49 VS 85.67: *eṣṭavyā bahavaḥ putrā yady eko 'pi gayāṃ vrajet | yajeta vāśvamedhena nīlaṃ vā vṛṣam utsṛjet ||* Ähnlich IS 1474 und 1476.

50 P 1, Vers 5 (KOSAMBĪ): *varaṃ garbhasrāvo varam ṛtuṣu naivābhigamanaṃ varaṃ jātaḥ preto varam api kanyaiva janitā | varaṃ vandhyā bhāryā varam api ca garbheṣu vasatir na cāvidvān rūpadraviṇaguṇayukto 'pi tanayaḥ ||*

51 ŚB 12.2.3.4: *pūrvavayasé putrā́ḥ pitáram úpajīvanti* [...] *uttaravayasé putrā́n pitópajīvaty* [...].

52 IS 2774: *vārddhakye putrahīnatvaṃ niṣphalaṃ tasya jīvanam ||*

53 M 14.93.32: *putrārtho vihito hy eṣa sthāvirye paripālanam | śrutir eṣā hi viprarṣe triṣu lokeṣu viśrutā ||*

54 MS 6.95: *saṃnyasya sarvakarmāṇi karmadoṣān apānudan | niyato vedam abhyasya putraiś varye sukhaṃ vaset ||*

55 AN Fünferbuch 39 (Bd.3, S. 43): *pañc' imāni bhikkhave ṭhānāni sampassantā mātāpitaro puttaṃ icchanti kule jāyamānaṃ | katamāni pañca |*

bhato vā no bharissati kiccaṃ vā no karissati kulavaṃso ciraṃ ṭhassati dāyajjaṃ paṭipajjissati atha vā pana petānaṃ kālakatānaṃ dakkhiṇaṃ anuppadassatīti ‖ Diese Aussage läßt mich an DE SILVAs Auffassung, die buddhistische Kultur hätte im Gegensatz zur brahmanischen weder Söhne bevorzugt noch Töchter benachteiligt, zweifeln, siehe DE SILVA S. 27.

56 M 12.35.14: *pitrā vibhajate* (v. l. *vivadate) putro yaś ca syād gurutalpagaḥ* ǀ *aprajāyann adharmeṇa bhavaty ādharmiko janaḥ* ‖ Ein *gurutalpaga* ist im weiteren Sinne ein Mann, der Inzest begeht.

57 M 1.38.4: *pitrā putro vayaḥstho 'pi satataṃ vācya eva tu* ǀ *yathā syād guṇasaṃyuktaḥ prāpnuyāc ca mahadyaśaḥ* ‖

58 IS 4238: *pratyakṣe guravaḥ stutyāḥ parokṣe mitrabāndhavāḥ* ǀ *karmānte dāsabhṛtyāś ca putrā naiva mṛtāḥ striyaḥ* ‖

59 IS 5848: *lālayet pañca varṣāṇi daśa varṣāṇi tāḍayet* ǀ *prāpte tu ṣoḍaśe varṣe putraṃ mitravad ācaret* ‖

60 IS 5747: *rājavat pañca varṣāṇi daśa varṣāṇi dāsavat* ǀ *prāpte tu ṣodaśe varṣe putraṃ mitravad ācaret* ‖ Variante in 7345: *svāmivat pañca varṣāṇi* [...] ǀ

61 IS 5847: *lālane bahavo doṣās tāḍane bahavo guṇāḥ* ǀ *tasmāt putraṃ ca śiśyaṃ ca tāḍayen na tu lālayet* ‖ Siehe auch IS 4047: *pitṛbhis tāḍitaḥ putraḥ śiṣyaś ca guruśikṣitaḥ* ǀ *ghanāhataṃ suvarṇaṃ ca jāyate janamaṇḍanam* ‖ „Ein vom Vater (und anderen männlichen Verwandten) geschlagener Sohn, ein vom Lehrer unterwiesener Schüler und mit dem Hammer geschlagenes Gold – diese werden den Menschen zum Schmuck."

62 IS 2991: [...] *naśyati* [...] *suto lālanāt* [...]. Ein Brahmane geht durch das Vernachlässigen des Studiums zugrunde und eine Familie durch einen schlechten Sohn: [*naśyati*] *vipro 'nadhyayanāt kulaṃ kutanayāt* [...]. Zur Datierung Bhartṛharis siehe LIENHARD S. 88; er datiert den Dichter „cautiously [...] about 400 A. D."

63 MS 8.299 und 300 ab: *bhāryā putraś ca dāsaś ca preṣyo bhrātā ca sodaraḥ* ǀ *prāptāparādhās tāḍyāḥ syū rajjvā veṇudalena vā* ‖ *pṛṣṭhatas tu śarīrasya nottamāṅge kathaṃcana* ǀ

64 IS 4230: *pratipadya yadā sūnur dharaṇīreṇuguṇṭhitaḥ* ǀ *pitur āśliṣyate 'ṅgāni kim asty abhyadhikaṃ tataḥ* ‖

65 Abhijñānaśakuntalā (Aśak) 7.17: *ālakṣyadantamukulān animittahāsair avyaktavarṇaramaṇīyavacaḥpravṛttīn* ǀ *aṅkāśrayapraṇayinas tanayān vahanto dhanyās tadaṅgarajasā malinībhavanti* ‖ Der Dichter Kālidāsa verfaßte das Schauspiel Abhijñānaśakuntalā im 5. Jahrhundert n. Chr. (WINTERNITZ 3, S. 44f.).

66 Das Vater-Sohn-Verhältnis wird nach Dumont mit zunehmendem Alter des Sohnes immer distanzierter, bis kaum noch eine Kommunikation zwischen

beiden besteht und diese über die Mutter geführt wird (nach MANDELBAUM, ebd.).

67 ŚŚ 3.6 ab: (*putrāḥ*) *ke yūyaṃ no vayam api ca vaḥ ke bhavāmo bhavābdhau karmormīṇāṃ viṣamavalanaiḥ phenavat puñjitāḥ smaḥ* | Das Werk ist schwer zu datieren, nach SCHÖNFELD entstand es wahrscheinlich zwischen dem 10. und dem 12. Jahrhundert n. Chr., mit Sicherheit aber vor 1205 n. Chr. (S. 42).

68 ŚŚ Anhang. Zweifelhafte und unechte Strophen, Vers 8: *putraḥ syād iti duḥkhitaḥ sati sute tasyāmaye duḥkhitas tadduḥkhādikamajjane tadanaye tanmūrkhatāduḥkhitaḥ* | *jātaś cet saguṇo 'tha tanmṛtibhayaṃ tasmin mṛte duḥkhitaḥ putravyājam upāgato ripur ayaṃ mā kasyacij jāyatām* ||

69 SN Khaggavisāṇasutta 35 und 38: *sabbesu bhūtesu nidhāya daṇḍaṃ aviheṭhayaṃ aññataraṃ pi tesaṃ* | *na puttaṃ icchayya kuto sahāyam eko care khaggavisāṇakappo* || *vaṃso visālo va yathā visatto puttesu dāresu ca yā apekhā* | *vaṃsākaḷīro va asajjamāno eko* [...]. Teile des Suttanipāta gehören nach WINTERNITZ zum Ältesten, was an altbuddhistischer Literatur erhalten ist (2, S.71), sie sind in die vorchristliche Zeit zu datieren. Auch MYLIUS geht von einem sehr hohen Alter bedeutender Teile des Suttanipāta aus (S. 308).

70 MS 9.33 und 35: *kṣetrabhūtā smṛtā nārī bījabhūtaḥ smṛtaḥ pumān* | *kṣetrabījasamāyogāt saṃbhavaḥ sarvadehinām* || *bījasya caiva yonyāś ca bījam utkṛṣṭam ucyate* | *sarvabhūtaprasūtir hi bījalakṣaṇalakṣitā* || Siehe hierzu DOSSI: „Der Samen ist das Vehikel des Mannes, das ihn befähigt, als Alter Ego den Schoß der Frau zu betreten. [...] Der Samen ist demnach zwar noch ein unterentwickelter, aber prinzipiell vollständiger Embryo. Alle Bestandteile, deren Zusammenwirkung zur Zeugung eines Kindes führt, liefert der Vater mit seinem Samen." (S. 34)

71 AV 14.2.14: *ātmanváty urvárā nā́rīyám ā́gan tásyāṃ naro vapata bī́jam asyām* | *sā́ váḥ prajā́ṃ janayad vakṣáṇābhyo bíbhratī dugdhám ṛṣabhásya rétaḥ* ||

72 MS 10.70 und 72: *bījam eke praśaṃsanti kṣetram anye manīṣiṇaḥ* | *bījakṣetre tathaivānye tatreyaṃ tu vyavasthitiḥ* || *yasmād bījprabhāveṇa tiryagjā ṛṣayo 'bhavan* | *pūjitāś ca praśastāś ca tasmād bījaṃ praśasyate* || Kullūka: *yasmād bījamāhātmyena tiryagjātihariṇyādijātā api ṛśyaśṛṅgādayo munitvaṃ prāptāḥ pūjitāścābhivādyatvādinā vedajñānādinā praśāstā vācā saṃstutāḥ* ||

73 M 1.69.29: *bhastrā mātā pituḥ putro yena jātaḥ sa eva saḥ* || Das AŚ zitiert diese Ansicht in 3.7.2: *mātā bhastrā yasya retas tasyāpatyam ity apare* || DOSSI spricht angesichts der im alten Indien vorherrschenden Meinung, der Same des Vaters beinhalte bereits den vollständigen Embryo (das

Blut der Mutter liefert nur einige materielle Elemente wie Haut, Blut und Fleisch), zu Recht von einer „Vaterschwangerschaft“: „Es scheint anhand des Materials nicht übertrieben, die Zeit von der Entstehung des Samens bis zu seinem Erguß ‚Vaterschwangerschaft‘ zu nennen. Wie eine schwangere Frau das ungeborene Kind in sich trägt, muß der Mann den Samen bis zur Ejakulation austragen, d. h. erhalten und ernähren. Je länger die ‚Samenschwangerschaft‘ währt, desto leichter kann nach der Ejakulation ein Kind entstehen, denn der Vater übernimmt die Schwangerschaft anteilsmäßig.“ (S. 33) Aus diesem Grunde soll ein Mann, der einen intelligenten und langlebigen Sohn zeugen will, dies nach einer Phase der Enthaltsamkeit tun: Je mehr Samen der Vater ansammeln konnte und je länger er ihn in sich trug, um so wertvoller war der gezeugte Sohn, denn um so mehr war er ein Teil seines Vaters.

74 M 12.179.15: *bījamātraṃ purā sṛṣṭaṃ yad etad parivartate* | *mṛtā mṛtāḥ pranaśyanti bījād bījaṃ pravartate* ||

75 MS 9.166 und 178: *svakṣetre saṃskṛtāyāṃ tu svayam utpādayed dhi yam* | *tam aurasaṃ vijānīyāt putraṃ prathamakalpitam* || *yaṃ brāhmaṇas tu śūdrāyāṃ kāmād utpādayet sutam* | *sa pārayann eva śavas tasmāt pāraśavaḥ smṛtaḥ* || Kullūka, der im 15. Jahrhundert wirkende Kommentator, erklärt *pāraśava* mit *śavatulya*. Nach MS 9.163 ist allein der *aurasa*-Sohn der rechtmäßige Erbe des väterlichen Gutes: *eka evaurasaḥ putraḥ pitryasya vasunaḥ prabhuḥ* |

76 M 3.297.51 ab: *putra ātmā manuṣyasya bhāryā devakṛtaḥ sakhā* || M 4.2.14 d: *bhāryā ca suhṛdāṃ varā* ||

77 AB 7.13: *patir jāyāṃ praviśati garbho bhūtvā sa mātaram* | *tasyāṃ punar navo bhūtvā daśame māsi jāyate* || *taj jāyā jāyā bhavati yad asyāṃ jāyate punaḥ* |

78 AŚ 3.2.42: *putrārthā hi striyaḥ* || IS 4112: *putraprayojanā dārāḥ* [...].

79 IS 7203: *strīṇāṃ doṣasahasrāṇi guṇāḥ strīṇāṃ amī trayaḥ* | *gṛhacaryā sutotpattir maraṇaṃ patinā saha* ||

80 P 2, Vers 153 c: *ratiputraphalā dārāḥ* [...]. Der Kommentator erklärt: *bhāryā ramaṇasantatiphaladāḥ*.

81 KāmS 3.1: *savarṇāyām ananyapūrvāyāṃ śāstrato 'dhigatāyāṃ dharmo 'rthaḥ putrāḥ saṃbandhaḥ pakṣavṛddhir anupaskṛtā ratiś ca* || Die Frau muß, wie der Text beschreibt, aus derselben Kaste stammen und jungfräulich sein, die Heirat muß nach den Vorschriften der Rechtstexte erfolgt sein. *artha*, den materiellen Gewinn, erklärt Yaśodhara als *yautakalābhād gārhasthyānuṣṭhānāc ca*, „Durch das Erlangen der Mitgift und die Gründung eines Haushaltes.“ *anupaskṛtā ratiḥ* bedeutet nach Yaśodhara: *akṛtrimā* | *viśvāsātiśayayogāt*, „nicht künstlich, wegen der Vereinigung in

großem Vertrauen"; gemeint ist mit *anupaskṛta*, „nicht gekünstelt", auch: „einfach, mühelos".

82 YDhŚ 1.78: *lokānantyaṃ divaḥ prāptiḥ putrapautraprapautrakaiḥ* I *yasmāt tasmāt striyaḥ sevyā kartavyāś ca surakṣitāḥ* II

83 NS 12.19 ab: *apatyārthaṃ striyaḥ sṛṣṭāḥ strī kṣetraṃ bījinaḥ prajāḥ* I

84 YDhŚ 1.76: *ājñāsaṃpādinīṃ dakṣāṃ vīrasūṃ priyavādinīm* I *tyajan dāpyas tṛtīyāṃśam adravyo bharaṇaṃ striyāḥ* II

85 M 1.68.47: *ātmātmanaiva janitaḥ putra ity ucyate budhaiḥ* I *tasmād bhāryāṃ naraḥ paśyen mātṛvat putramātaram* II

86 AŚ 3.2.38 und 39: *varṣāṇy aṣṭāv aprajāyamānām aputrāṃ vandhyāṃ cākāṅkṣeta daśaninduṃ dvādaśa kanyāprasavinīm* II *tataḥ putrārthī dvitīyāṃ vindeta* II Siehe auch MS 9.81: *vandhyāṣṭame 'dhivedyābde daśame tu mṛtaprajā* I *ekādaśe strījananī sadyas tv apriyavādinī* II „Eine unfruchtbare Frau kann er im achten Jahr (durch eine zweite Gattin ersetzen), im zehnten Jahr eine, die nur tote Kinder gebiert, im elften Jahr eine, die nur Töchter hat, und eine, die ihm Unliebes sagt, zu jedem Zeitpunkt."

87 KāmS 4.1.2: *jāḍyadauḥśīlyadaurbhāgyebhyaḥ prajānutpatter ābhīkṣṇyena dārikotpatter* [...] II Der Ehemann kann sich nach dem KāmS auch dann eine zweite Gattin nehmen, wenn die erste gemein ist, einen schlechten Charakter hat oder er sie nicht lieben kann.

88 AV 2.36.3: *iyám agne nā́rī pátiṃ videṣṭa sómo hí rā́jā subhágāṃ kṛṇóti* I *súvānā putrā́n máhiṣī bhavāti gatvā́ pátiṃ subhágā ví rājatu* II

89 ŚB 5.3.1.13: *yā́ vā́ apútrā pátnī párivṛttī* [...] *yā́ vā́ apútrā pátnī sā́ nírṛtigṛhītā* [...].

90 VS 25.17: *mṛte bhartari sādhvī strī brahmacarye vyavasthitā* I *svargaṃ gacchaty aputrāpi yathā te brahmacāriṇaḥ* II Außer der lebenslangen Keuschheit blieb der Witwe nur das Besteigen des Scheiterhaufens des Gatten: *mṛte bhartari brahmacaryaṃ tadanvārohaṇaṃ vā* II 25.14.

91 M 14.93.25: *ṛtur mātuḥ pitur bījaṃ daivataṃ paramaṃ patiḥ* I *bhartuḥ prasādāt strīṇāṃ vai ratiḥ putraphalaṃ tathā* II

92 Ein Vater, der seine Tochter nicht zur rechten Zeit verheiratet, ist ebenso tadelnswert wie ein Mann, der seiner Gattin in ihrer fruchtbaren Zeit nicht beiwohnt oder wie ein Sohn, der sich nach dem Tode des Vaters nicht um seine Mutter kümmert: *mṛte bhartari putras tu vācyo mātur arakṣitā*, 9.4 cd.

93 ĀDhS 1.10.28.9: *mātā putratvasya bhūyāṃsi karmāṇy ārabhate* I *tasyāṃ śuśrūṣā nityā patitāyām api* II Allerdings durfte der Sohn bei der Versorgung der Mutter nicht gegen das Recht verstoßen: *na tu dharmasaṃnipātaḥ syāt* II 1.10.28.10. Siehe hierzu KANE Vol. II, S. 580.

94 M 3.188.78: *putrāś ca mātāpitarau haniṣyanti yugakṣaye* | *sūdayiṣyanti ca patīn striyaḥ putrān apāśritāḥ* ||

95 M 6.3.1 b: *ramante mātṛbhiḥ sutāḥ* ||

2. Die Ablehnung der Tochter

Während den indischen Texten zahlreiche Aussagen über die Bedeutung des Sohnes für den Vater und einige Äußerungen über das Mutter-Sohn-Verhältnis zu entnehmen sind, ist über die Beziehung des Vaters zur Tochter viel weniger und über das Verhältnis der Mutter zur Tochter so gut wie nichts in Erfahrung zu bringen. Die Tochter war im Gefüge der Familienstruktur und im Ahnenkult überflüssig, und daher fehlt sie auch in den meisten Mythen und Erzählungen. KAKAR erklärt die Bedeutung des Sohnes und die Bedeutungslosigkeit der Tochter für den Vater so: „Myths, too, are sparing of their bounty towards daughters, for in a patriarchal society myths are inevitably man-made and man-oriented. Addressing as they do the unconscious wishes and fears of men, it is the parent-son rather than the parent-daughter relationship which becomes charged with symbolic significance." (1978, S. 57)

Die seit den Brāhmaṇa-Texten stärker werdende Abwertung der Tochter verläuft parallel zu der zunehmenden Bedeutung des Sohnes für die Unsterblichkeit des Vaters und die Ahnenverehrung. Gleichzeitig erfolgt die ideelle Abwertung der Frau, die in den Brāhmaṇas, um ca. 800 v. Chr., beginnt und in den Dharmaśāstras, zwischen 600 v. Chr. bis etwa 200 v. Chr., voll ausgebildet in Erscheinung tritt.[1] Für die zunehmende Frauenfeindlichkeit gibt es hauptsächlich zwei Gründe. Zum einen führte die zunehmende Verfestigung des Kastensystems, in dem es für die höherstehenden Kasten um die Reinerhaltung der *jāti*-s und damit um die Kontrolle der weiblichen Sexualität und Fruchtbarkeit ging, zur Unterdrückung der Frau. Diese Unterdrückung erhielt ihre ideologische Rechtfertigung aus dem gleichzeitig entstehenden *svabhāva*-Konzept, das eine angeblich angeborene Minderwertigkeit der Frau festlegte. Durch die wachsende Bedeutung der Askese und der sexuellen Enthaltsamkeit für die Erlösung des Mannes erfolgte seit der Upaniṣaden-Zeit, also ab etwa 600 v. Chr.,[2] eine Abwertung der Körperlichkeit und der Sexualität ganz allgemein und damit zunehmend der Frau, die man, in Verflechtung mit dem entstehenden *svabhāva*-Konzept, als die Verkörperung der Leiblichkeit und der sexuellen Begierde und damit als natürliche Feindin des nach Erlösung strebenden Mannes betrachtete. Die patrilineare Deszendenz verlangte die Kontrolle der weiblichen Fertilität und Sexualität, und die patrilokale Residenz, bei der die Frau physisch und rechtlich in den Besitz ihres Gatten und seiner Familie übergeht, ermöglichte sie. Die Beschränkung der Frauen aus der Oberschicht auf das Haus führte zu ihrem Ausschluß aus der öffentlichen Religion und Kultur sowie vom Gelderwerb, und dies bewirkte ihre religiöse, geistige und wirtschaftliche Abhängigkeit.

Das den Frauen angeblich von Natur aus innewohnende Wesen, der *svabhāva* oder *strīsvabhāva*, ist durch die folgenden Eigenschaften gekennzeichnet: „Unehrlichkeit, Gewalttätigkeit, Trug, Dummheit, maßlose Gier, Unreinheit und Mitleidslosigkeit sind die angeborenen Fehler der Frauen.“[3] In dem Gespräch zwischen dem Heiligen Nārada und der Apsaras (der himmlischen Tänzerin) Pañcacūḍā in M. 13.38–40 über das Wesen der Frauen werden diese als berechnend, betrügerisch, hinterlistig, verschlagen und schlau, mitleidslos, egoistisch, pflichtvergessen und unzuverlässig, stets sexuell erregt und unersättlich beschrieben, und dies alles sind die Frauen von Natur aus, *svabhāvatas* (13.38.8).[4] Gegenstimmen sind selten, es gibt sie jedoch. So zeichnet Varāhamihira im 74. BS-Abschnitt, der den Titel *strīpraśaṃsādhyāya* („Kapitel des Frauenlobes“) trägt, ein günstiges Bild der Frau, jedoch ausschließlich in ihren Eigenschaften als Mutter und bis in den Tod treue Ehefrau: „Sei es als Gattin, sei es als Mutter, die Existenz der Männer beruht auf der Frau. O, ihr Undankbaren (Männer)! Welches Glück entsteht euch, wenn ihr die beiden tadelt?“[5] Varāhamihira preist die Frauen für ihre Fähigkeit, die Leidenschaft durch Willenskraft zu überwinden, während die Männer, deren sexuelles Verlangen niemals abnehme, nur aufgrund ihrer Impotenz von der Sexualität abließen.[6] Varāhamihira lobt die Frauen auch, weil sie aus Dankbarkeit für erhaltene Wohltaten ihre toten Männer umarmten und deren Scheiterhaufen bestiegen.[7]

Diese Preisung der Frau ist eine singuläre Erscheinung und widerspricht dem in den Rechtstexten entwickelten und vor allem in den Epen und Purāṇas verbreiteten *svabhāva*-Konzept. Weibliche Wesen werden nach dieser Anschauung von körperlicher und geistiger Wildheit geprägt, die sich hauptsächlich in den zwei Grundfehlern Zügellosigkeit und Unaufrichtigkeit äußern, die alle weiteren negativen Wesenszüge bedingen. Daher traute man den Frauen nicht und legte ihre Beaufsichtigung in männliche Hände. Das verwendete Verbum *rakṣ-* bedeutet „schützen" ebenso wie „beaufsichtigen", und „schützen" mußte man die Frauen nach dieser Vorstellung vor allem vor sich selbst, vor ihrer Natur, dem *svabhāva*, der nur durch strenge Zucht in Schach gehalten und der Kultur dienstbar gemacht werden konnte. Konkrete Unterdrückung und ideelle Entwertung verwoben sich in alter Zeit zu einem Geflecht, in dem die Frau fortan mit dem immer wieder artikulierten Hinweis auf ihre Mangelhaftigkeit gefangengehalten wurde und aus dem es für sie kaum ein Entrinnen gab. Die tatsächliche Ohnmacht der meisten Frauen stand in krassem Widerspruch zu der phantasierten Macht, die man dem Weiblichen zuschrieb (SYED, Bern u. a. 1998). In der Rechtsliteratur, den Epen und den Purāṇas ist die Verdammung der Frauen und die damit zusammenhängende Ablehnung der Tochter am ausgeprägtesten. Diese Texte aber, vor allem das Mahābhārata, das Rāmāyaṇa und die Purāṇas, haben im heutigen Indien einen großen Einfluß, sie sind geachtet und beliebt, ihre Geschichten leben in Märchenbüchern und als Comics weiter und bilden den Stoff unzähliger Filme und Seifenopern.

Die zitierte Aussage über die Tochter in AB 7.13 wird in der indischen Literatur oftmals wiederholt, die MS steigert die Aussage zu: *duhitā kṛpaṇaṃ param*, „Die Tochter ist das höchste Unglück" (4.185). Im M kehrt die Aussage des AB in leicht abgewandelter Form als Zitat vielfach wieder, so heißt es: „Der Sohn ist das Selbst, die Gattin ist eine Freundin, die Tochter aber ist für die Männer ein Unglück."[8] Das hier anstelle von *kṛpaṇa* verwendete *kṛcchra* bedeutet nach MAYRHOFER: „Schwierigkeit, Beschwerde, Verlegenheit, Not, Gefahr [...]", als Adjektiv „Beschwerde verursachend, schlimm [...]".[9] Sāyaṇa zitiert in seinem Kommentar zu der AB-Stelle den folgenden Vers zur Erläuterung von *kṛpaṇaṃ ha duhitā*: „Bei ihrer Geburt erzeugt sie bei ihren Verwandten Schmerz, bei ihrer Verheiratung raubt sie das Vermögen, und selbst in der Jugend erzeugt sie zahlreiche Probleme, daher ist die Tochter die Herzensspalterin ihres Vaters."[10] Der Hindī-Kommentar erklärt: „Die Tochter ist ein Jammer, weil sie nur Schmerz bereitet."[11]

Durga, der im 13. Jahrhundert einen Kommentar zum Nirukta verfaßte, erklärt zu der bereits zitierten Stelle N 3.4 *duhitṛ* auf verschiedene Weise; es sind sprachwissenschaftlich gesehen falsche Etymologien, die jedoch eindrucksvoll das ihnen zugrundeliegende Denken aufzeigen: „[1.] ‚Tochter', das bedeutet ‚die Jämmerliche', *durhitā.* Wohin auch immer sie gegeben wird, dort ist sie eine Schlechtgegebene. [2.] Oder, in der Ferne, *dūre*, weilend, ist sie für den Vater eine Heilsame, *hitā,* Gute, daher wird sie *duhitā* genannt. [3.] Beständig melkt sie Vermögen aus dem Vater, beständig Wünsche äußernd."[12] *dogdhi,* „melkt", von der Verbalwurzel *duh-*, wird hier zu *duhitṛ* in Verbindung gesetzt. Varadattasuta erklärt das im AB erscheinende *duhitā kṛpaṇam* mit: „eine ewig jämmerliche, eine Kummer bereitende".[13] Die Tochter ist geradezu das Symbol des Jammers: „Die Tochter (ist ein Symbol) für die Kummer bereitenden Dinge, und der von Einsicht Verlassene (ist ein Symbol) für die Mitleid erregenden (Wesen)."[14]

Schon im AV heißt es wiederholt, Töchter sollen woanders geboren werden, im eigenen Haus nur Söhne: „Die Geburt einer Tochter soll er anderswo gewähren, hier (in unserem Haus) soll er (der Schöpfergott Prajāpati) ein männliches Kind gewähren."[15] Ein Lied, mit dem man Fruchtbarkeit erbittet, sagt: „In deinen Schoß soll ein Embryo kommen wie ein Pfeil in einen Köcher, ein Held soll hier geboren werden, dein zehnmonatiger Sohn. Bring ein männliches Kind zur Welt, einen Sohn, und danach soll (wieder) ein männliches Kind geboren werden, du sollst die Mutter von Söhnen sein, von geborenen und solchen, welche du gebären wirst."[16]

Die Geburt einer Tochter bedeutete für den Vater eine lebenslange Sorge „Wird eine Tochter geboren, bedeutet sie in dieser Welt einen großen Kummer. (Dem Vater) entsteht die große Sorge ‚Wem soll ich sie (zur Ehe) geben?' Und wenn sie verheiratet ist, (sorgt er sich darum,) ob sie Glück findet oder nicht. Vater einer Tochter zu sein ist wahrlich eine schlimme Sache!"[17] Sechs Arten des Unglücks gibt es für einen Mann: „Das Leben in einem schlechten Dorf, der Dienst bei einem schlechten König, schlechtes Essen, eine Gattin mit zornigem Gesicht, viele Töchter und Armut, das sind die sechs Höllen in der Welt der Lebenden."[18] Die Tochter bereitet nicht allein dem Vater, sondern auch anderen Personen Kummer: „Wenn sie geboren wird, raubt sie ihrer Mutter das Herz, wenn sie wächst, wächst auch die Sorge ihrer Freunde, ist sie verheiratet, tut sie noch Böses. Töchter sind ein unüberwindbares Unglück!"[19]

Die Bräutigamssuche war für den Vater demütigend, daher sagt das M: „Gleichstehende und tieferstehende Menschen verachten den Vater einer Tochter in dieser Welt, selbst dann, wenn er dem Gott

Indra (an Macht) auf Erden gleicht."[20] Und das R stellt fest: „Vater einer Tochter zu sein bedeutet Kummer für Männer, die nach Würde streben."[21] Zu viele Dinge galt es bei der Auswahl eines Bräutigams zu bedenken: „Familie, Benehmen, der Besitz einer Person, die ihn schützt, Wissen, Vermögen, die körperliche Erscheinung und das Alter, diese sieben Vorzüge müssen weise Männer berücksichtigen, bevor sie ihre Tochter vergeben; das Übrige ist nicht zu bedenken (zu berechnen)."[22] Bekannt ist die Äußerung des Vaters Śakuntalās in Kālidāsas gleichnamigem Schauspiel: „Die Tochter ist wahrlich das Gut eines anderen, und nachdem ich sie heute ihrem Besitzer übergeben habe, bin ich nun in meinem Inneren ruhig geworden, als hätte ich eine Leihgabe nach langer Zeit zurückerstattet."[23]

Die Mühsal, die eine anstehende Verheiratung der Tochter für ihren Vater bedeutet, schildert die im M erzählte Geschichte Mātalis, der sich auf die langwierige Suche nach einem Schwiegersohn begibt: „Als Mātali zusammen mit seiner Gattin erkannte, daß die Zeit ihrer (der Tochter) Verheiratung gekommen war, sorgte er sich, o König, nur noch hierüber nachdenkend. Schlimm ist wahrlich das Aufwachsen einer Tochter in einer Familie von Männern edler Gesinnung, die erhaben, ruhmreich und wohlhabend sind. Drei Familien, die ihrer Mutter, die ihres Vaters und diejenige, in die sie gegeben wird, bringt eine Tochter selbst guter Menschen in Schwierigkeiten."[24]

Eine Tochter großzuziehen ist zehnmal so schwierig wie das Aufziehen eines Sohnes, daher heißt es: *daśaputrasamā kanyā*, „Eine Tochter entspricht zehn Söhnen". Himālaya, der Vater der Göttin Pārvatī, belehrt den Heiligen Nārada über das zweite Lebensstadium des Mannes, in dem er ein Familienvater, *gṛhastha*, ist. Töchter, heißt es hier, seien um des Weiterbestandes der Schöpfung willen nötig (denn sie bringen später Söhne zur Welt, die ihren Vater vor der Hölle retten): „(Man heiratet) um des Weiterbestehens der Schöpfung und um der Rettung vor der Hölle willen; ohne die Geburt von Frauen aber gäbe es keine Schöpfung. Durch die Natur ihrer Art ist die Frau mit Jammer und Elend versehen. ‚Doch darf man ihnen (den Frauen) nicht mit Verachtung begegnen', hat der Schöpfer in den heiligen Schriften ausdrücklich bestimmt, als eine Aussage von großer Bedeutung. Die Tochter kommt zehn Söhnen gleich, (dies bedeutet:) das Verdienst, das der Sterbliche durch das Aufziehen von zehn Söhnen erlangt, das erlangt er durch eine einzige Tochter, denn die Tochter ist für den

Vater beklagenswert, beständig vermehrt sie seinen Kummer, selbst wenn sie mit allen Gütern ausgestattet ist, wenn sie einen Gatten, Söhne und Reichtümer besitzt."[25]

Indische Väter sagten mir häufig, Töchter bereiteten nicht nur wegen der Suche nach einem Bräutigam und der Mitgift Kummer, sondern vor allem, weil die Trennung von ihnen bei ihrer Verheiratung schmerzlich sei. Im Harṣacarita (H), einem von Bāṇa in der ersten Hälfte des 7. nachchristlichen Jahrhunderts verfaßten Werk, findet sich die Klage eines Vaters, die diesen Schmerz zum Ausdruck bringt. Der Vater der Prinzessin Rājyaśrī (der Schwester des späteren Königs Harṣavardhana von Kanauj) klagt seiner Gattin gegenüber: „Zu Beginn der Jugendzeit ihrer Töchter werden Väter zu Brennhölzern im Feuer der Pein. Das Wachsen ihrer Brüste verdunkelt mein Herz wie das Aufziehen (dunkler) Wolken den Tag. Von irgend jemandem ist ohne meine Zustimmung dieses dem Recht entsprechende Gesetz erlassen worden, nach dem die aus unserem Körper entstandenen und auf unserem Schoße gehätschelten Nachkommen, die wir nie verlieren wollen, von unversehens herbeikommenden Fremden fortgeführt werden. Dies sind wahrlich die Brandzeichen der Existenzenkette. Diese Brennkraft des Kummerfeuers, die alles andere überstrahlt, bedeutet, daß, obwohl beide (Sohn und Tochter) gleichermaßen Nachkommen sind, gute Männer bei der Geburt einer Tochter Qual empfinden. Aus diesem Grunde bringen die Guten ihren Töchtern bei der Geburt mit ihren Tränen die (den Toten zugedachte) Wasserspende dar.[26] Die hier erwähnte Wasserspende ist das den Verstorbenen darzubringene Wasseropfer; die Tochter galt somit bereits bei ihrer Geburt als eine Verlorene (so KANE, Notes on Harshacharita IV, S .51; siehe *Harṣacarita*).

Es gibt auch Aussagen, die zeigen, daß man die Tochter schätzte. So spricht ein Brahmane im M: „Einige Männer sind der Meinung, der Vater liebe den Sohn mehr als die Tochter. Ich aber schätze beide gleichermaßen, auch wenn auf dem Sohn die Welten, die Fortsetzung des Geschlechts und das ewige Glück beruhen."[27] Und in Kālidāsas Kumārasaṃbhava (KuS) heißt es, die Augen Himālayas konnten sich an seiner Tochter Pārvatī nicht sattsehen, obwohl er einen Sohn hatte.[28] Allerdings sind wir hier in dichterisch verklärten göttlichen Welten, die nur bedingt als Modell für die Realität herangezogen werden können. Die Aussage des Brahmanen aus dem M hörte ich in ähnlicher Form häufig von indischen Vätern; ein aus der Mittelschicht stammender, in Delhi lebender Vater mehrerer Töchter sagte mir, die meisten Männer wollten tatsächlich keine Töchter, diese Ablehnung sei aber rein theoretisch, denn werde eine Tochter geboren, akzeptiere und liebe man sie. Diese Haltung dürfte die Mehrzahl der indischen Väter einnehmen.

Für einen Mann, der nur Töchter hatte, gab es eine Rettung im Tochtersohn, der nach einigen Texten ebensoviel galt wie der Sohn des Sohnes: „In dieser Welt gibt es keinen Unterschied zwischen dem Sohn des Sohnes und dem Sohn der Tochter, denn der Sohn der Tochter vermag ihn (seinen Großvater mütterlicherseits) in der jenseitigen Welt zu erretten wie der Sohn des Sohnes."[29] Daher kann eine Tochter ihren sohnlosen Vater beerben. Nach der NS gilt das bruderlose Mädchen als ein gleichwertiges Kind, denn Sohn und Tochter führten beide die Linie des Vaters weiter.[30] LARIVIERE vermerkt, nach dem Verständnis des Kommentators Bhavasvāmin führe die Tochter die Linie aber nicht selbst weiter, dies täte der *putrikāputra*, ihr Sohn, den ihr sohnloser Vater zu seinem eigenen Sohn erklärt habe. Die Tochter erbt nach Bhava nicht für sich, sondern für den *putrikāputra*, den „Tochtersohn" (NS, Part Two, S. 180). Auch Bhīṣmas Darlegung der Erbgesetze gegenüber Yudhiṣṭhira in M 13.45 bringt die Wertschätzung der bruderlosen Tochter und ihren Anspruch auf das Erbe zum Ausdruck; sie sei dem Sohn, der das Selbst darstelle, ebenbürtig, warum also solle das Vermögen eines sohnlosen Mannes an Fremde gehen? Zwischen dem Sohn und dem Tochtersohn gäbe es schließlich keinen Unterschied.[31] Die Tochter, wahrscheinlich die älteste, hatte also dann eine besondere Bedeutung für ihren Vater, wenn dieser keinen Sohn besaß und etwas zu vererben hatte.

Im Saṃyuttanikāya (SaṃN) preist der Buddha das Mädchen gegenüber König Pasenadi von Kosala, der Schmerz über die Geburt einer Tochter empfindet: „Eine Tochter, o König, kann ein besseres Kind sein, klug und tugendhaft (werden), sie kann ihre Schwiegermutter wie eine Göttin verehren und eine treue Gattin sein; sie gebiert ein männliches Kind, das ein Held wird oder ein Herrscher, ein derartiger Sohn einer edlen Gattin beherrscht (einst) ein Königreich."[32] Die Wertschätzung der Tochter beruht hier zum einen auf ihren möglichen persönlichen Vorzügen wie Intelligenz und Tugendhaftigkeit, zum anderen aber auf ihren Fähigkeiten, andere glücklich zu machen und einen heldenhaften Sohn zu gebären.

Die Beziehung zwischen Vater und Tochter erfährt in den altindischen Texten nur selten Beachtung, die *subhāṣita*-s, lehrreiche Verse, thematisieren sie kaum. Die *subhāṣita*-s sind eine wichtige Quelle für das Verständnis der altindischen Psychologie und Weltanschauung, da sie weitverbreitete und allgemein akzeptierte Aussagen über die Natur der Menschen und der Dinge treffen. Diese Wertungen galten als Wahrheiten und sollten Richtschnur sein;[33] was fehlte, war ohne Belang. Das Nichterwähnen der Tochter in vielen Versen, die die Familie und ihre Mitglieder zum Thema haben, zeugt von der Bedeutungslosigkeit des Mädchens im Leben und Denken der meisten Väter. So spricht ein Vers von der Trauer, die ein Mann beim Tod der wichtigsten Personen seines Lebens in der Regel empfindet: „Der Schmerz über den Tod des Vaters dauert sechs Monate, der Schmerz über den Tod der Mutter ein Jahr, der Schmerz über den Verlust der Gattin dauert bis zur Wiederverheiratung, der Schmerz über den Verlust des Sohnes ist ohne Ende."[34] Es ist anzunehmen, daß der Tod der Tochter von einem Vater nur selten erlebt wurde, weil diese als junges Mädchen heiratete; wenn sie später im Kindbett oder an einer Krankheit starb, war sie ihrer Herkunftsfamilie bereits entfremdet. Was ein Vater beim Tod einer sehr kleinen Tochter empfand, wird nicht erwähnt.

Verse, die die Nichtigkeit der irdischen Existenzen und die Sinnlosigkeit menschlicher Bindungen beklagen, schweigen über die Tochter, denn als bedeutungslos kann nur entlarvt werden, was – wenngleich unberechtigterweise – eine (scheinbare) Bedeutung besitzt. Das Verhältnis zu Freunden, zu Söhnen und zur Gattin wird unwirklich wie ein Traum genannt.[35] Dort, wo das Haften am Weltlichen und an Menschen verurteilt wird, nennen die Texte stets die Söhne, die Gattin und die Freunde, ohne die Tochter zu erwähnen.[36] Auch im Śāntiśataka (ŚŚ), einem Werk der Asketenliteratur, das in zahlreichen Versen den Trug menschlicher Beziehungen beschreibt, erscheint die Tochter nicht. Nur aufgrund seines Nichtwissens wünscht sich der Mann Liebe, Söhne, Land und eine Gattin, heißt es in einem Vers (1.25), die Tochter wird hier übergangen und sie fehlt auch in einem Vers, der die Bezugspersonen des Mannes aufzählt: Vater und Mutter, Gattin und Sohn, Schwester und Bruder (4.9). Das R, das die religiöse Bedeutung der Ehe erörtert, nennt neben der Ehefrau als wichtige Personen eines

Mannes: Vater, Mutter, Bruder, Sohn und Schwiegertochter (in 2.24.2) oder Vater, Sohn, Mutter und Freunde (in 2.24.4). Die im Hause lebende Schwiegertochter besaß hiernach eine höhere Bedeutung als die eigene Tochter. In einem anderen Spruch (IS 1025) werden Vater, Mutter, Brüder, (entferntere) Verwandte und Söhne genannt.

Der Ehefrau gab man die Schuld an Kinderlosigkeit, Fehl- und Totgeburten und Töchtern, diese Schuldzuweisung ermöglichte dem Ehemann die Heirat mit einer zweiten Frau. Gleichzeitig verstand man die Zeugung einer Tochter als ein körperliches Versagen des Vaters, denn nach einer Theorie entstand eine Tochter dann, wenn die Zeugungssubstanz der Frau überwog und der männliche, den Sohn enthaltende Same sich gegenüber dieser weiblichen Zeugungssubstanz nicht durchzusetzen vermochte. Grundlage dieser Annahme war das oben beschriebene Modell, nach dem bei der Zeugung die männliche und die weibliche Samensubstanz in Konkurrenz treten.[37] Dies ist, wie DOSSI (S. 108ff.) darlegt, eine Zeugungstheorie, die von der anderen bedeutsamen Lehre, nach der allein der Same des Mannes entscheidend ist und die Frau nur das Gefäß oder den „Schlauch" darstellt, abweicht. Die MS etwa sagt: „Ein männliches Kind entsteht, wenn der Same des Mannes überwiegt, ein weibliches, wenn der weibliche Same überwiegt. Bei gleicher Menge entstehen ein nichtmännliches (hermaphroditisches) Kind oder ein Junge und ein Mädchen (ein Zwillingspaar); sind sie (die Samen) von schlechter Qualität oder zu gering, findet keine Empfängnis statt."[38] Auch die medizinischen Texte gehen davon aus, daß ein Knabe durch ein Übermaß an männlichem Samen, eine Tochter durch das Überwiegen der weiblichen Zeugungssubstanz entsteht (DOSSI S. 107, Anm. 544). Derartige Gedanken sind auch im modernen Indien anzutreffen. MARGLIN schreibt in ihrer Arbeit über die *devadāsī*-s von Puri in Orissa, diese glaubten, wenn die Kraft (*śakti*) des männlichen Samens bei der Zeugung überwiege, entwickle sich ein Sohn, eine Tochter hingegen, wenn die Kraft der weiblichen Zeugungssubstanz größer sei (S. 58). Die Geburt einer Tochter gilt daher als ein Zeichen der Schwäche des Mannes, der als seiner Frau unterlegen gilt: „When a man has a girl people say to him: ‚Oh, you are useless, she is stronger than you!'" (ebd.)

Daneben gab es eine andere Meinung, nach der allein die Qualität des männlichen Samens ausschlaggebend war; eine schlechte Samenqualität bewirkt die Zeugung einer Tochter, während aus qualitativ hochwertigem Samen ein Sohn entsteht: „Wenn die Qualität des männlichen Samens aus irgend einem Grund mangelhaft ist, kann kein Sohn entstehen (*alpa-dur-bala-śukratvān nārī syād...* SS).“ (Übers. DOSSI, S. 107, Anm. 544)[39] DOSSI kommt zu dem Ergebnis: „Weibliches Geschlecht ist also kein neutrales anderes, sondern ein auf Mangel beruhendes Geschlecht.“ (ebd.)

Wenn Töchter als Mangelwesen angesehen werden, verwundert es nicht, daß nach der indischen Zeitalterlehre das Überhandnehmen von Töchtern gegenüber Söhnen ein Kennzeichen des nahenden Weltunterganges ist. Indien befindet sich nach hinduistischer Zeitrechnung im *kaliyuga*, dem schlechtesten aller Zeitalter, in dem der *dharma*, das die Gesellschaft und den Einzelnen bestimmende Gesetz, untergeht und der *adharma*, die Gesetzlosigkeit, sich durchsetzt. Dieses Schwinden des *dharma* führt zu Unordnung und Chaos und bewirkt die Zerstörung der Menschen, der Familien und der Gesellschaft. Das Fremde, das Tierische und das Weibliche gewinnen an Macht über das Männliche, das die Ordnung repräsentiert. In einem nach indischer Vorstellung verhängnisvollen Kreislauf bedingen sich die biologische und die gesellschaftliche Dominanz des Weiblichen: Mit der wachsenden Macht des immer zügelloser werdenden Weiblichen in der Familie und in der Gesellschaft geht die Stärkung der mütterlichen Kraft und damit der weiblichen Zeugungssubstanz einher, die Geburten von Töchtern bewirkt; und dies führt wiederum zu einem Anwachsen weiblicher Macht in der Gesellschaft.

Die Menschen des schlechtesten der vier Zeitalter, des gegenwärtigen *kaliyuga*, werden nach den apokalyptischen Visionen des Epos und der Purāṇas[40] wenige Söhne und viele Töchter haben; nach dem Vāyupurāṇa (VāP) und dem Brahmāṇḍapurāṇa (BraP) wird es immer mehr Frauen und immer weniger Männer geben,[41] wie es auch nach dem Skandapurāṇa (SP) mehr wilde Tiere und weniger Kühe geben wird:[42] Das Wilde setzt sich durch. Die Frauen werden verlogen und gierig sein und eine hauptsächlich aus Töchtern bestehende Nachkommenschaft haben.[43] Die Abtreibungen nehmen im *kaliyuga* zu.[44] Die Menschen, so das Viṣṇupurāṇa (VP), sterben im *kaliyuga* bereits in der frühen Kindheit, denn die Männer praktizieren falsche, schreckliche Askese, und die Könige begehen Fehler;[45] die Gesetzlosigkeit der Väter hat somit Folgen für die Nachkommen. Die Ehen werden nicht mehr den Gesetzen entsprechend geschlossen,[46] und die Töchter werden im *kaliyuga* nicht, wie es die alten Gesetzgeber vorschreiben, vom Vater an den Bräutigam übergeben, sondern die Männer nehmen sich ihre Frauen nach Belieben.[47] Nach dem M gebären die „Frauen“ schon mit fünf oder sechs Jahren, die „Männer“ werden mit sieben oder acht Jahren Väter; nach dem SP gebären Zwölfjährige.[48] Dies hängt nach der Ansicht der Autoren mit einer wachsenden Sexualisierung und Promiskuität der Menschen, die sich nicht an den *dharma* halten, zusammen.

Einige der Schreckensvisionen der brahmanischen Autoren sind Wirklichkeit geworden. Der Einfluß fremder Kulturen, aber auch die Unabhängigkeit der Frauen und Töchter sind gewachsen, Mütter haben einen großen Einfluß auf ihre Söhne. Unrecht hatten sie hinsichtlich des Anwachsens des weiblichen Geschlechts, denn heute fehlen in Indien – gemessen an der Zahl der Männer – mehr Frauen denn je.

Anmerkungen

1 GONDA datiert die Brāhmaṇas in die Zeit zwischen 800 und 600 v. Chr. (1975, S. 22) und die Dharmasūtras und Dharmaśāstras (erstere sind älter) zwischen „ca. 600 – ca. 200 B. C.?“ (1977, S. 478).

2 GONDA datiert den Beginn der Upaniṣaden-Zeit um „+– 600 B. C.“ (1975, S. 354).

3 MSS 1527: *anṛtaṃ sāhasaṃ māyā mūrkhatvam atilubdhatā* | *aśaucatvaṃ nirdayatvaṃ strīṇāṃ doṣāḥ svabhāvajāḥ* || Siehe auch MS 9.17: *śayyāsanam alaṃkāraṃ kāmaṃ krodham anārjavam* | *drohabhāvaṃ kucaryāṃ ca strībhyo manur akalpayat* || „Der Schöpfer versah die Frauen mit (dem Wunsche nach) Liegen und Sitzen (Faulheit), mit Schmuck (Putzsucht), mit Leidenschaft, Zorn, Unehrlichkeit, Haß und schlechtem Wandel.“ Nach M 13.39.8 a und b erklären die Frauen die Lüge für Wahrheit und umgekehrt: *anṛtaṃ satyam ity āhur satyaṃ cāpi tathānṛtam* |

4 Pañcacūḍās Belehrung Nāradas über die ewigen, wahren Fehler der Frauen, *strīdośāñ śāśvatān satyān* (13.38.10), wird von Bhīṣma vorgetragen, der Yudhiṣṭhira über die Frauen unterrichtet. Bhīṣma nennt die Unterhaltung zwischen dem Heiligen und der Apsaras eine „alte Begebenheit“, *itihāsaṃ purātanam* (13.38.2), und erklärt sie somit zu einem Mythos, dem eine zeitlose Wahrheit zukommt. Der Kunstgriff der Verfasser des Textes liegt darin, daß sie die erschütternden „Wahrheiten“ über die Frauen einer „Frau“, sogar einer göttlichen, in den Mund legen: Die männlichen

Autoren verstecken sich hinter einer weiblichen Gestalt und lassen eine angeblich weibliche Stimme zu Wort kommen. Im Padmapurāṇa ist es sogar die Göttin Pārvatī, die Nārada über die verwerfliche Natur der Frauen aufklärt.

5 BS 74.11: *jāyā vā syāj janitrī vā sambhavaḥ strīkṛto nṛṇām* I *he kṛtaghnās tayor nindāṃ kurvatāṃ vaḥ kutaḥ śubham* II

6 BS 74.14: *na śatenāpi varṣāṇām apaiti madanāśayaḥ* I *tatrāśaktyā nivartante narā dhairyeṇa yoṣitaḥ* II Diese ist eine der wenigen Aussagen, die der generellen altindischen Auffassung widerspricht, das Verlangen der Frau sei achtmal so stark wie das des Mannes und der Mann könne seinen Trieb besser beherrschen als die Frau.

7 BS 74.16: [...] *gatāsūn avagūhya praviśanti saptajihvam* II

8 M 1.147.11: *ātmā putraḥ sakhī bhāryā kṛcchraṃ tu duhitā nṛṇām* I Ähnlich 13.49.3.

9 MANJUSHREE sieht dies anders, sie schreibt in Bezug auf die AB-Stelle: „It is often understood that it shows the unwanted position of the daughter in the family, but it is not so. This word only conveys the sense that the daughter is an object of compassion and tenderness." (S. 31; vgl. auch S. 32)

10 Sāyaṇa zu AB 7.13: *saṃbhave svajanaduḥkhakārikā saṃpradānasamaye 'rthahārikā* I *yauvane 'pi bahudoṣakārikā dārikā hṛdayadārikā pituḥ* II Es liegt ein Wortspiel mit *dārikā*, „Tochter", vor, auf das sich *kārikā* und *hārikā* reimen; *dārikā* bedeutet auch „Spalterin", von *dṛ-*.

11 *putrī (keval duḥkhadāyak hone se) dainya ho hai.*

12 Durga zu N 3.4 (S. 208): *duhitā durhitā* I *sā hi yatraiva dīyate tatraiva durdattā bhavati* I *dūre vā satī sā pituḥ hitā pathyā bhavatīti duhitety ucyate* I *sā hi nityam eva pituḥ sakāśād dravyaṃ dogdhi prārthanāparatvāt* II

13 ŚŚS 15.17.15: *sarvadādīnaiva śokakarī* II (Hillebrandt Vol. III, S. 324)

14 MSS 8238 cd: *kanyā śokakarāṇāṃ buddhivihīno 'anukampyānām* II

15 AV 6.11.3 cd: *straíṣūyam anyátra dádhat púmāṃsam u dadhad ihá* II

16 AV 3.23.2 und 3: *ā́ te yóniṃ gárbha etu púmān bā́ṇa iveṣudhím* I *ā́ vīró 'tra jāyatāṃ putrás te dáśamāsyaḥ* II *púmāṃsaṃ putrám janaya táṃ púmān ánu jāyatām* I *bhávāsi putrā́ṇāṃ mātā́ jātā́nāṃ janáyāś ca yā́n* II

17 IS 2390, aus dem P: *jāteti kanyā mahatīha cintā kasmai pradeyeti mahān vitarkaḥ* I *dattā sukhaṃ prāpsyati vā na veti kanyāpitṛtvaṃ khalu nāma kaṣṭam* II

18 MSS 10589: *kugrāmavāsaḥ kunarendrasevā kubhojanaṃ krodhamukhī ca bhāryā* I *kanyābahutvaṃ ca daridratā ca ṣaḍ jīvaloke narakā bhavanti* II

19 IS 2325, aus dem P: *jananīmano harati jātavatī parivardhate saha śucā suhṛdām* I *parasātkṛtāpi kurute malinaṃ duratikramā duhitaro vipadaḥ* II

20 M 2.119.36: *sadṛśāc cāpakṛṣṭāc ca loke kanyāpitā janāt* I *pragharṣaṇam avāpnoti śakreṇāpi samo bhuvi* II Ähnlich R 2.110.33 und 34.

21 R 7.12.11 ab: *kanyāpitṛtvaṃ duḥkhaṃ hi narāṇāṃ mānakāṅkṣiṇām* I

22 MSS 10820 B: *kulaṃ ca śīlaṃ ca sanāthatā ca vidyā ca vittaṃ ca vapur vayaś ca* I *etān guṇān sapta vicintya deyā kanyā budhaiḥ seśaṃ acintanīyam* II Nach 10820 A muß der Vater bei der Wahl eines Schwiegersohnes die folgenden Punkte berücksichtigen: Familie, Benehmen, Schönheit, (das richtige) Alter, Wissen, Vermögen und Ebenbürtigkeit.

23 Aśak 4.26: *artho hi kanyā parakīya eva tām adya saṃpreṣya parigrahītuḥ* I *jāto 'smi sadyo viśadāntarātmā cirasya nikṣepam ivārpayitvā* II

24 M 5.95.14–16: *tasyāḥ pradānasamayaṃ mātaliḥ saha bhāryayā* I *jñātvā vimamṛśe rājaṃs tatparaḥ paricintayan* II *dhik khalv alaghuśīlānām ucchritānāṃ yaśasvinām* I *narāṇām ṛddhasattvānāṃ kule kanyāprarohaṇam* II *mātuḥ kulaṃ pitṛkulaṃ yatra caiva pradīyate* I *kulatrayaṃ saṃśayitaṃ kurute kanyakā satām* II Auch R 7.12.11 cd.

25 SP 1.2.23.44–48 ab: *punaś ca sṛṣṭivṛddhyarthaṃ narakatrāṇanāya ca* I *tatra strīṇāṃ samutpattiṃ vinā sṛṣṭir na jāyate* II *sā ca jātiprakṛtyaiva kṛpaṇādainyabhāginī* I *tāsām upari mā 'vajñā bhaved iti ca vedhasā* II *śāstreṣūktaṃ asandigdhaṃ vākyam etan mahat phalam* I *daśaputrasamā kanyā daśaputrān pravardhayan* II *yat phalaṃ labhate martyas tal labhyaṃ kanyayaikayā* I *tasmāt kanyā pituḥ śocyā sadā duḥkhavivardhinī* II *yāpi syāt pūrṇasarvārthā patiputradhanānvitā* I

26 H 4, S. 13: *yauvanārambha eva ca kanyakānām indhanībhavanti pitaraḥ santāpānalasya* I *hṛdayam andhakārayati me divasam iva payodharonnatir asyāḥ* I *payodharonnati* bedeutet sowohl „das Wachsen der Brüste" als auch „das Aufziehen der Wolken". *kenāpi kṛtā dharmyā nābhimatā me sthitir iyaṃ yad aṅgasambhūtāny aṅkalālitāny aparityājyāny apatyakāny akāṇḍa evāgatyāsaṃstutair nīyante* I *etāni tāni khalv aṅkasthānāni saṃsārasya* I *seyaṃ sarvābhibhāvinī śokāgner dāhaśaktir yad apatyatve samāne 'pi jātāyāṃ duhitari dūyante santaḥ* I *etad artham janmakāla eva kanyakābhyaḥ prayacchanti salilam aśrubhiḥ sādhavaḥ* II

27 M 1.145.36 und 37 ab: *manyante kecid adhikaṃ snehaṃ putre pitur narāḥ* I *kanyāyāṃ naiva tu punar mama tulyāv ubhau matau* II *yasmiṃl lokāḥ prasūtiś ca sthitā nityam atho sukham* II

28 KuS 1.27 ab: *mahībhṛtaḥ putravato 'pi dṛṣṭis tasminn apatye na jagāma tṛptim* I Das Werk entstand im 5. Jahrhundert n. Chr. (WINTERNITZ 3, S.44).

29 MS 9.139: *pautradauhitrayor loke viśeṣo nopapadyate* I *dauhitro 'pi hy amutrainaṃ saṃtārayati pautravat* II Kein Mann heiratete gerne eine Frau,

deren Sohn zum Sohn ihres Vaters erklärt werden sollte, da der Sohn der Familie seines leiblichen Vaters verloren ging. WINTERNITZ schreibt hierzu: „Die Gesetzbücher [...] warnen davor, ein Mädchen ohne Bruder zu heiraten, weil sie eine putrikā sein könnte, d. h. eine Tochter, die von ihrem Vater nur unter der Bedingung verheiratet wird, dass ihr Sohn für rechtliche und religiöse Zwecke als Sohn ihres Vaters, nicht ihres Gatten zu gelten habe." (1920, S. 22)

30 NS 13.47: *putrābhāve tu duhitā tulyasaṃtānadarśanāt* | *putraś ca duhitā coktau pituḥ saṃtānakārakau* || Die Datierung des Kommentators Bhavasvāmin ist schwierig, möglicherweise wirkte er zwischen 700 und 1000 n. Chr., siehe LARIVIERE 2, S. xxix.

31 M 13.45.12 und 14 cd: *yathaivātmā tathā putraḥ putreṇa duhitā samā* | *tasyām ātmani tiṣṭhantyāṃ katham anyo dhanaṃ haret* || *putradauhitrayor neha viśeṣo dharmataḥ smṛtaḥ* ||

32 SaṃN 3.2.6: *itthīpi hi ekaccī yā seyyā posā janādhipa* | *medhāvinī sīlavatī sassudevā patibbatā* || *tassā yo jāyati poso sūro hoti disampati* | *tādiso subhariyā putto rajjaṃ pi anusāsatī ti* ||

33 LUDWIK STERNBACH sagt über die *subhāṣita*-s: „These epigrams, aphorisms, wise sayings, maxims, and adages, however quaintly expressed, contain the essence of some moral truths or practical lessons. They are drawn from real life and give the fruit of philosophy grafted on the stem of experience; they furnish an index to the spirit of a nation and are the result of its civilization." (S. 1) Die Inder stellten ab dem 12. Jahrhundert n. Chr. Sprüche aus den verschiedensten Werken und unterschiedlichen Alters in Spruchsammlungen, *subhāṣitasaṃgraha*-s, zusammen. BÖHTLINGKs Indische Sprüche und STERNBACHs Mahāsubhāṣitasaṃgraha sind westliche Sammlungen indischer Sprüche.

34 IS 7588: *pitṛduḥkhaṃ tu ṣaṇmāsaṃ mātṛduhkhaṃ tu vatsaraḥ* | *bhāryāduḥkhaṃ punarbhāryā putraduḥkhaṃ nirantaram* ||

35 STENZLER, § 340, S. 71: *asāraḥ saṃsāro 'yam [...] svapnasadṛśo mitraputrakalatrasaṃyogaḥ* ||

36 M 12.316.30 ab: *putradārakuṭumbeṣu saktāḥ sīdanti jantavaḥ* | Mārkaṇḍeyapurāṇa (MP) 66.37 ab: *putramitrakalatreṣu saktāḥ sīdanti jantavaḥ* |

37 So entsteht nach CS, Śārīrasthāna 2.18 a und b, ein Mensch mit beiderlei Geschlechtsorganen, ein Hermaphrodit, wenn männliche und weibliche Zeugungsflüssigkeit bei der Empfängnis in gleichem Maße vorhanden sind oder wenn der Same des Mannes minderwertig (eigentlich: erhitzt) ist: *bijāt samāṃśād upataptabījāt strīpuṃsaliṅgī bhavati dviretāḥ* |

38 MS 3.49: *pumān puṃso 'dhike śukre strī bhavaty adhike striyāḥ* | *same 'pumān puṃstriyau vā kṣīṇe 'lpe ca viparyayaḥ* ||

39 Wörtlich heißt es: „Bei wenigem oder kraftlosem Samen entsteht ein Mädchen.“

40 Beschreibungen des *kaliyuga* finden sich im Mahābhārata und in den Purāṇas, umfangreichen religiösen Texten. Nach WINTERNITZ erhielten die „bedeutenderen Purāṇas im Anfang des 6. Jahrhunderts ihre jetzige Gestalt“, die in ihnen erhaltenen Überlieferungen könnten jedoch viele Jahrhunderte älter sein (1, S. 445). Nach MYLIUS entstanden die Purāṇas zwischen 300 und 800 n. Chr., wobei es Nachträge gibt, die bis in das 13. Jahrhundert reichen (S. 135). Die Purāṇas sind aus Texten verschiedener Jahrhunderte zusammengesetzt und überaus schwer zu datieren.

41 VāP Uttarārdha 37.388: *teṣāṃ vyatīte paryāye bahustrīke yuge tadā* I Pūrvārdha 58.52 cd: *puruṣālpaṃ bahustrīkaṃ yugānte paryupasthite* II Ähnlich BraP 1.2.31.54 ab. SP 1.2.40.232 cd und 221 ab. Das Vāyupurāṇa stammt nach MYLIUS möglicherweise aus dem 5. oder 6. Jahrhundert n. Chr. (S. 139), für das Brahmāṇḍapurāṇa gibt er ebensowenig eine Datierung (S. 144) wie WINTERNITZ (1, S. 480).

42 SP 1.2.40.234 ab: *śvāpadaprabalatvaṃ ca gavāṃ cāpi parikṣayaḥ* I

43 SP 1.2.40.232 cd: *puruṣālpabahustrīko nṛṇāṃ cāpatyasaṃbhavaḥ* II 221 ab: *anṛtaṃ bruvate lubdhā nārīprāyāś ca duṣprajāḥ* I

44 VāP Pūrvārdha 58.40 und 69, BraP 1.2.31.70 ab: *prajāsu bhrūṇahatyā ca tadā vairāt pravartate* I

45 VP 6.1.40: *aśāstravihitaṃ ghoraṃ tapyamāneṣu vai tapaḥ* I *nareṣu nṛpadoṣeṇa bālye mṛtyur bhaviṣyati* II WINTERNITZ geht von einem hohen Alter des Viṣṇupurāṇa aus (1, S. 456), nach MYLIUS ist es möglicherweise dem 5. Jahrhundert n. Chr. zuzuweisen (S. 138).

46 VP 6.1.11 a: *vivāhā na kalau dharmyā* [...] I

47 M 3.188.35: *na kanyāṃ yācate kaścin nāpi kanyā pradīyate* I *svayaṃgrāhā bhaviṣyanti yugānte paryupasthite* II

48 M 3.188.48: *pañcame vātha ṣaṣṭhe vā varṣe kanyā prasūyate* I *saptavarṣāṣṭavarṣāś ca prajāsyante narās tadā* II SP 1.2.40.240 cd: *tathā dvādaśavarṣāś ca prasavanti striyas tadā* II Ähnlich äußert sich das VP in 6.1.41.

III. Indiens Töchter heute

1. Indiens unerwünschte Töchter

Auch in der Neuzeit gilt die Geburt von Töchtern bisweilen noch als eine Strafe für einstige Vergehen des Vaters oder der Mutter. In der Erzählung Subhāgī des Dichters Premcand (1880–1936) heißt es: „Einen Sohn sah man als ein Juwel an, die Tochter als Strafe für die Verfehlungen im früheren Leben“, [1] und KAPADIA zitiert eine im modernen Indien vielfach geäußerte Ansicht: „The birth of a daughter is considered to be the penalty of sins committed in a former state of existence.“ (S. 110) Nach SHWEDER glauben die heutigen Oriya-Brahmanen: „Rebirth as a woman is a sign of prior sin, as is giving birth to a daughter, dying as a widow, or suffering a lingering death.“ (S. 157)

Ein Elternpaar, das nur Töchter hatte, war nach altindischem Verständnis kinderlos; die Tochter gehörte ihren Eltern nicht, sie galt als ein Pfand, das der Schöpfer ihrem Vater übergeben hatte und das er an ihren Gatten weitergeben mußte.[2] Noch heute nennt man in Hindī die Tochter *āṅgan kī ciṛiyā*, „Vögelchen im Hof“, und vergleicht sie mit einem Spatzen, der sich nur kurz im Innenhof des Hauses aufhält, einige Körner aufpickt und das Haus dann für immer verläßt. Ein Telugu-Sprichwort sagt: „Bringing up a daughter is like watering a plant in another's courtyard.“ (CHOWDHRY S. 85) [3] Töchter haben jedoch selbst in Familien mit hoher Sohnespräferenz ganz unterschiedliche Schicksale, denn die Stellung, die eine Tochter innerhalb der Geschwisterreihe einnimmt, ist von entscheidender Bedeutung für ihre Akzeptanz. So wird eine zweite, dritte oder gar vierte Tochter in einer sohnlosen Familie meist nicht freudig begrüßt. Ein einzelnes Mädchen, das nach zwei oder mehr Söhnen auf die Welt kommt, wird hingegen der Liebling seiner Eltern und Brüder sein. Nach ROSS wünschen sich die meisten indischen Familien nach der Geburt mehrerer Söhne eine Tochter, da bei vielen Hindu-Festen, wie Dasara, Mädchen im Mittelpunkt stünden, und: „A house without a daughter was considered drab and inauspicious.“ (S. 144) Viele Frauen wollen auch eine Tochter, weil sie eine Hilfe im Haushalt und bei der Beaufsichtigung der anderen Kinder benötigen. Nach GHOSH akzeptiert man das erstgeborene Mädchen, solange es keinen Bruder hat: „The only female who is of high priority is the first born, so long as she is the only living child. However, a subsequent pregnancy or a delivery of a male child diminishes her priority status. First and second males are always of a very high priority." (S. 46) KAPADIA schreibt aber über das heutige Bengalen, man Töchter betrachte dort wegen der Mitgift stets als Last: „[...] a daughter is always viewed as a liability." (S. 110) Es gibt also von indischer Seite überaus unterschiedliche Auffassungen über die Bewertungen der Töchter.

Die Gegenwart einer Tochter, die nach der ersten Menstruation noch unverheiratet ist, erzeugt in manchen konservativen Brahmanenfamilien auch heute noch Unbehagen: „But if, as is often the case, menarche occurs before marriage, both the purity of the girl and the reputation of her maiti [the woman's consanguineal relatives, R. S.] become extremely vulnerable. Her nascent unattached sexuality is an anomaly which endangers herself and her male consanguineal relatives. She has changed from a female child into a nubile girl, but she has not yet been transferred to the affinal group that will channel her sexuality to forward its own legitimate continuity." (BENNETT S. 240) Die Sexualität der Tochter stellt somit eine Bedrohung für ihre männlichen Familienangehörigen dar. Deshalb darf der Vater seiner Tochter nach ihrer ersten Menstruation erst wieder in das Gesicht blicken, wenn sie bereits die rituellen Gegenstände ihrer anstehenden Hochzeit am Leibe trägt (S. 242); die Tochter gehört nun ihrem Ehemann, und dies führt zu einer sozialen, vor allem aber psychischen Distanz, die dem Vater den Umgang mit ihr erleichtert. In Orissa glaubt man noch heute an die bei einigen altindischen Gesetzgebern zu findende Vorstellung, die Vorväter müßten das Menstruationsblut der geschlechtsreifen, aber unverheirateten Tochter trinken (MARGLIN S. 59).

Nach REYNOLDS teilt man die Frauen im heutigen Tamil Nadu in Jungfrauen, fruchtbare verheiratete Frauen, unfruchtbare verheiratete Frauen und Witwen ein (S. 36). Und GOOD kommt nach seinen Feldforschungen in Tamil Nadu, sich auf REYNOLDS Konzept beziehend, zu dem Ergebnis: „Likewise, the fertility of women is dangerous unless it is properly controlled and regulated by men. The four roles are not alternatives, but *stages* in the lives of all women. All begin adulthood as virgins; all should marry; in every marriage barrenness is an initial cause for anxiety; and every woman should outlive her husband." (S. 255; NABAR S. 41) Allein die Heirat vermag die ambivalente, sich potentiell negativ äußernde weibliche Kraft des Mädchens in positive Energie zu verwandeln (KERSENBOOM-STORY S. 6f.).[4] Die der weiblichen Sexualität im alten Indien entgegenbrachte Ambivalenz beherrscht das Denken auch heute vielfach noch: „The danger of female sexuality is a pervasive cultural theme in the Indian context. This sexuality, with its tremendous negative properties, can be transformed into positive sacred power if harnessed appropriately through chastity and fidelity." (GANESH S. 119).

Wegen der Wahrung ihrer Keuschheit und Jungfräulichkeit müssen Mädchen beständig beaufsichtigt werden, dabei hält man sie von Jungen und Männern, die nicht zur Familie gehören, weitgehend fern. „What is most problematic about this segregation [of girls and boys, R. S.] in late childhood is the fact that it is the girl who is held responsible for maintaining the distance between the sexes and thus protecting her ‚purity' which is also the ‚honor' (*izzat*) of the whole family – a great burden indeed on the little girl. At the same time she is being told that girls are weak, liable to succumb to the forces of pollution – pre-eminently incorporated in sexuality – to which they are especially vulnerable – in contrast to males and the non-menstruating matriarchs – and which therefore require constant personal vigilance and mastery." (KAKAR o. J. S. 115) Der Umgang der meisten Mädchen ist auf Kontakte mit Familienmitgliedern beschränkt und damit auf Personen, die ebenfalls der Kontrolle der Großfamilie unterstehen: „Low affiliation with persons not related through kin or caste is a very Indian feature and conforms to the cultural theme of family loyalty." (NEERJA SHARMA S. 55) Für ländliche Gegenden gilt: „Parents did not tolerate their daughters' friendship with a peer who was not a relative." (S. 52) Toleranter hinsichtlich des Umgangs ihrer Töchter sind nach SHARMA die obere Mittelschicht und die Oberschicht in den Städten, in denen der westliche Lebensstil einen gewissen Einfluß besitzt.

Im alten Indien war die Tochter, wie den Texten zu entnehmen war, für ihren Vater von eher geringer Bedeutung. Die Soziologin ROSS, die die Beziehungen innerhalb der modernen Hindu-Familie im städtischen Milieu untersucht hat, kommt für die Neuzeit zu einem ähnlichen Ergebnis: „In the large joint family the father did not need the companionship of his daughters. Informants told of families in which daughters never even talked to their fathers, but sent word through their mothers [...]." (S. 146) PARISH schreibt: „When young, daughters are treated warmly, but as they grow older their fathers may distance themselves, and treat daughters with a certain coolness. Asked how she would describe the relationship of fathers and daughters, a woman said, ‚Not much.' She made a sort of shrug, grimaced, and went on: ‚When the daughter marries, her father will think – I have to buy this and buy that. They only think about the expense.'" (S. 134) Auch NEERJA SHARMA betont, das Vater-Tochter-Verhältnis sei bei den von ihr untersuchten Mädchen von einer „physical and emotional distance" geprägt und die Mädchen gehorchten den Anweisungen des Vaters, um Konflikte mit ihm zu vermeiden (S. 109). Sicherlich verschleiern derartige Verallgemeinerungen, daß in Indien liebevolle Vater-Tochter-Beziehungen häufig sind,[5] und es ist zu erwarten, daß sich durch den Wandel von der traditionellen Großfamilie zur Kleinfamilie und durch die Abnahme der Kinderzahl das Vater-Tochter-Verhältnis in Zukunft immer häufiger positiv gestalten wird.

Für den Vater bedeuten Söhne auch heute noch Ansehen und Macht. Im ṚV will man Söhne, um die eigene Macht in der Dorfgemeinschaft zu stärken: „[...] (Gott) Soma schenkt einen befähigten Sohn, im Hause hilfreich, in der Versammlung hervorragend, in der *sabhā* tüchtig, den Ruhm des Vaters mehrend [...]."[6] Aus der oben zitierten BU-Stelle 6.4.18 geht hervor, daß man sich einen Sohn wünschte, der die Versammlungen besuchte und gelehrte Reden halten konnte. Und MORRIS sagt über das von ihr untersuchte Dorf in Rajasthan: „Village respect comes from a combination of age, wealth, high caste, intelligence, education, and a large family of strong sons." (S. 68) Ein junges Ehepaar steht daher unter großem Druck, einen Sohn zu bekommen. Der Schweizer MEDARD BOSS, der in den fünfziger Jahren als Psychiater und Psychoanalytiker in Indien tätig war, stellte fest: „Eine weitere Beeinträchtigung der menschlichen Reifung liegt in der Erwartung der indischen Sippe, daß ein junges Ehepaar bereits im Laufe des ersten Jahres nach der Heirat ein Kind, wenn möglich einen Sohn, auf die Welt zu bringen hat." (S. 104)

Indische Mütter lieben heute wie einstmals ihre Söhne auch deshalb, weil diese der einzige Beweis ihrer Pflichterfüllung sind und ihnen Bedeutung verleihen. Erst wenn sie einen Sohn geboren hat, wird eine Frau ein vollwertiges Mitglied ihrer neuen Familie; vorher ist ihr Status „a rather doubtful and shaky one", wie eine junge Inderin es ausdrückte, die Braut befindet sich noch in einer Art Probezeit. KAKAR schreibt hierzu: „An Indian mother, as we have shown, preconsciously experiences her newborn infant, especially a son, as the means by which her ‚motherly' identity is crystallized, her role and status in family and society established. She tends to perceive a son as a kind of saviour and nurtures him with gratitude and even reverence as well as with affection and care." (1978, S. 88f.) Andere indische Psychologen, wie NANDY, bestätigen diese Aussagen: „For the Indian mother, [...] the son is the major medium of self-expression. [...] The woman's self-respect in the traditional system is protected not through her father or husband, but through her son. It is also through the son [...] that she traditionally exercises her authority." (Women in Indian Society, S. 74)[7] Frauen bleibt fast ausschließlich die Mutterrolle, Männer besitzen, wie bei uns auch, selbstverständlich mehr Freiheit. Es ist für die Mehrzahl der indische Männer zwar unerläßlich, Vater zu sein, viele aber nehmen die konkrete, alltägliche Vaterrolle, wie auch in westlichen Ländern, nicht sonderlich ernst. DAVAR stellt fest: „‚Fatherhood' is not a viable concept in the self-understanding of many men." Sie fügt hinzu, in einem Male Gender Workshop habe sich herausgestellt, „fatherhood was secondary to their [the men's, R. S.] identity." (S. 221)

Der Sohn verhilft auch heute seiner Mutter zu Ansehen und Respekt und zu einer machtvollen Stellung in der Großfamilie; die Schwiegertöchter einer Familie stehen daher hinsichtlich des Gebärens von Söhnen häufig in Konkurrenz zueinander. MANDELBAUM stellt für das moderne Indien fest: „If the child is a son, she has proved herself in the most important way of all and her confidence is the more secure. The son is her social redeemer and thenceforth her importance in the family tends gradually to increase." (S. 88f.) Schon RAMABAI SARASVATI, die ihr Buch im Jahre 1888 in Philadelphia veröffentlichte, schrieb: „In most cases her [the wife's, R. S.] hope of winning her husband to herself hangs solely on her bearing sons." (S. 14)[8] Und die Gedanken einer Mutter bei der Geburt einer Tochter und die Ansichten ihrer Familie zu Söhnen und Töchter schildert SARAT KUMARI CHAUDHURANI (1861–1920) in ihrer 1891 erschienenen Kurzgeschichte „Beloved, or Unloved?", die sich kritisch mit der Ablehnung von Töchtern auseinandersetzt.[9] Die Mutter einer Tochter wird in dieser Geschichte bedauert, da sie zehn Monate lang nur einen Klumpen Erde in sich getragen habe; die Schwiegermutter sucht eine zweite Frau für ihren Sohn, da die erste Schwiegertochter nur Töchter bekommt.

Nur eine Mutter von Söhnen wird dereinst eine Schwiegermutter im indischen Sinne sein, eine Herrscherin über Schwiegertöchter und Enkel, und dies ist die einzige Machtstellung, die eine traditionelle indische Frau in diesem Leben erlangen kann. Nur eine Frau, die Enkel von ihrem Sohn hat, ist eine echte Großmutter, denn ihre töchterlichen Enkel sieht eine Frau viel seltener. Eine Mutter von Töchtern und somit eine Schwiegermutter für Schwiegersöhne zu sein, bedeutet keine Machtstellung, sondern ist eher eine gefährliche und leidvolle Rolle: Einem Schwiegersohn gegenüber müssen die Schwiegereltern unterwürfig und großzügig sein, andernfalls, so glaubt man, muß die Tochter leiden. Der Kontakt zwischen Schwiegermutter und Schwiegersohn ist spärlich und ritualisiert; KANTOWSKY schreibt über die Gepflogenheiten in nordindischen Dörfern, es sei undenkbar, daß Mütter ihre Töchter im Haus der Schwiegereltern besuchten (1970, S. 127), eine Beobachtung, die ich bestätigen kann: Sie gilt auch für die traditionellen muslimischen Familien Indiens und Pakistans.

PARISH gibt die Ansicht einer Newar-Frau im modernen Nepal wieder: „She also thought that daughters love their parents more than sons do, but that mothers and fathers love sons more than daughters. This asymmetry perhaps reflects the structural importance of sons in the patriline: the birth of sons enhances a woman's status within her husband's family, and helps her make a place for herself." (S. 137) Bemerkenswert ist die Aussage in dem oben zitierten Vers (IS 7588), ein Mann trauere um den Vater ein halbes Jahr, um die Mutter aber ein ganzes Jahr: sie belegt die unterstellte Nähe von Mutter und Sohn. Die altindischen Texte behandeln das Verhältnis zwischen Mutter und Sohn kaum, während sich seit etwa fünfzig Jahren indische und nicht-indische Anthropologen, Soziologen und Psychoanalytiker ausführlich mit dieser Beziehung beschäftigen (so CARSTAIRS, SPRATT, MANDELBAUM, PARISH, BOSS, KAKAR, NANDY, ROLAND, MANE). KAKAR, ein indischer Psychoanalytiker, und ROLAND, ein amerikanischer, indienerfahrener Psychologe, betonen beide die überragende Rolle der meist stark idealisierten und vorbehaltlos geliebten Mutter im Bewußtsein und im Leben vieler männlicher Hindus. ROLAND kommt zu dem Ergebnis: „*The boy never loses his mother*", (Hervorhebung im Original) und: „The woman as mother looms much larger in the male psyche than is characteristic in the West, so that women are unconsciously perceived as being very powerful – this being reinforced by the

Hindu pantheon of extremely powerful mother goddesses." (S. 136f.) MANDELBAUM beobachtete ähnliches: „Between mother and son there is everywhere in India a strong, tender, unchanging, dependable bond. [...] A mother is respected; motherhood is revered. Sons give abundantly of both the tokens and the substance of esteem." (S. 62) Der indische Psychiater MANE spricht in seinem Artikel über die psychische Gesundheit indischer Frauen sogar von „the near-pathological relationships that Indian mothers at times develop with their children, especially with their sons." (S. 134) Den Arbeiten der genannten Autoren ist zu entnehmen, daß gerade die gesellschaftlich geforderte und nach außen vollzogene Trennung von Mutter und Sohn ab seinem fünften oder sechsten Lebensjahr zu einer starken inneren, mehr oder weniger im Verborgenen gelebten Bindung beider führt, während die gesellschaftlich erwünschte Vater-Sohn-Beziehung zwar nach außen demonstriert wird, aber häufig von einer inneren Distanz auf beiden Seiten geprägt ist.

Daß enttäuschte Mütter ihre Töchter nicht selten ablehnen, schrieb SARASVATI schon vor über einhundert Jahren: „The mother, who has lost the favor of her husband and relatives because of the girl's birth, may selfishly avenge herself by showing disregard to infantile needs and slighting babyish requests. Under such a mother the baby soon begins to *feel* her misery, although she does not understand how or why she is caused to suffer this cruel injustice." (S. 18) Und KAPUR schreibt für unsere Zeit: „The humilating and degrading treatment that the girl child gets indirectly is also indicated by the fact of a mother's being neglected, humilated, harrassed and tortured for giving birth to a female child." (S. 9) Töchter verinnerlichen, wie KAKAR beschreibt, sehr früh die angebliche Minderwertigkeit des weiblichen Geschlechts und verstehen sich selbst als eine Belastung für ihre Familien (1978, S. 59). Auch die Untersuchung NEERJA SHARMAS bestätigt diesen Befund (S. 90, S. 94 und S. 100). Dies hinterläßt bei den Frauen Spuren. So schreibt BOSS: „Die anderen neurotischen Tragödien, die ich in Indien zu sehen bekam, waren vor allem Folgen frühgesetzter Minderwertigkeitsgefühle, die ihrerseits durch die allgemeine elterliche Geringschätzung des weiblichen Geschlechts und durch die Abneigung gegen eine dunkle Haut der Kinder geprägt worden war." (S. 114)

Die einzige Möglichkeit, Anerkennung zu finden, besteht für die traditionelle Inderin darin, die in ihr Geschlecht gesetzten Erwartungen vollkommen zu erfüllen: „[...] the girl's wishes for herself are almost always in relation to others; she asks the boons of being a good daughter, good wife, good daughter-in-law, good mother, and so forth." (KAKAR 1978, S. 62) Die Tochter und Frau definiert sich, wie die Texte dies seit Jahrtausenden fordern, nur über ihre Beziehung zu anderen, deren Wünsche es zu erfüllen gilt. „In order to maintain her family's love and approval – the ‚narcissistic supplies' necessary for firm self-esteem – the girl tends to conform, and even over-conform, to the prescriptions and expectations of those around her." (ebd.) In großen Teilen der indischen Gesellschaft werden die Mädchen zu Unterwerfung und zu Selbstlosigkeit erzogen. „Irrespective of her individual needs and potential she is expected to inculcate culturally designated ‚virtues' of womanhood. Submission and docility in conduct as well as skill and grace in performing household tasks are cherished values. Individualism as known in the West is not valued or tolerated. Conformity to the family's value system in order to maintain group identity is considered important." (NEERJA SHARMA S. 26) SHARMA schreibt auch, die von ihr befragten Mädchen äußerten sich kaum über sich selbst oder zu ihren Bedürfnissen: „There was no evidence of introspection and ‚thinking aloud' about their personal lives. Interestingly the use of the expression ‚I' in Hindi or Punjabi was rare. Since individualism is not emphasized, talking about oneself would be considered self-centered behaviour and hence a negative personality trait." (S. 93). Kann eine indische Tochter die Erwartungen der anderen nicht erfüllen oder ist sie ihren Eltern eine zu große Bürde, bleibt ihr, wie dem Vorbild indischer Mädchen, der Rāmāyaṇa-Heldin Sītā, die Selbstopferung. Nach KAKAR werden die selbstlosen, für die Familie zu jedem Opfer bereiten Heldinnen der altindischen Literatur den Mädchen auch heute noch als Ideale präsentiert: „I have quoted from the ancient texts in detail in order to emphasize the formidable consensus on the ideal of womanhood which, *in spite of many changes in individual circumstances in the course of modernization, urbanization and education*, still governs the inner imagery of individual men and women as well as the social relations between them in both the traditional and modern sectors of the Indian community." (1978, S. 68, Hervorhebung von mir.)

Das Drama von Kanpur in Uttar Pradesh, wo sich im Jahre 1995 vier Schwestern töteten, um ihre Eltern von der Last der Mitgift zu befreien, ist ein erschütterndes Beispiel, wohin die Selbstlosigkeit, zu der man indische Mädchen erzieht, im Extremfall führen kann.[10] Die Medien und die Öffentlichkeit waren darüber erschüttert, daß drei der vier jungen Frauen gemeinsam Selbstmord begingen, denn daß sich einzelne Töchter wegen der Mitgift das Leben nehmen, kommt häufiger vor und wird von den Medien kaum noch wahrgenommen. Auch junge Frauen, deren Eltern zusätzliche Mitgiftzahlungen nach der Hochzeit nicht erbringen können, wählen bisweilen den Tod.[11] Die Selbstmordrate ist in Indien bei Frauen doppelt so hoch wie bei Männern; die Mehrzahl der Mädchen und Frauen, die durch eigene Hand sterben, ist zwischen dreizehn und dreißig Jahre alt, die Hälfte aller Frauen begeht zwischen neunzehn und dreißig Jahren Selbstmord, meist sind familiäre Probleme der Grund.[12] AGARWAL schrieb 1989: „Suicidal thoughts as well as depressions are common due to adjustment problems amongst a large number of young brides. Also many psychiatric illnesses especially schizophrenia are likely to be precipitated during early years of marriage." (S. 1) Dies zeigt, daß vor allem das Leben als Braut und als junge Ehefrau für nicht wenige Inderinnen eine Leidenszeit bedeutet.

Quellen aus dem späten 18. Jahrhundert zeigen, daß sich im Distrikt Pune Frauen, die von ihrem Ehemann oder den Schwiegereltern mißhandelt wurden, häufig das Leben nahmen.[13] Wenn das Mädchen sich in die Familie ihres Ehemannes nicht eingliedern kann, hat es meist keinen Ort der Zuflucht, denn von seiner Herkunftsfamilie wird es nur ungern, wenn überhaupt, aufgenommen. So schreibt KAPADIA: „It is to be noted that the parents of the woman who suffers from physical and mental torture seldom stand by her or save her from this persecution; considerations of social prestige deter them from interfering in the exercise of rights conferred by the ideal of *pātivrātya* [the concept of the ideal wife, R. S.]." (S. 271)

Die Braut ist durch das Übersiedeln in die Familie des Mannes in vielen Fällen ganz, zumindest aber für längere Perioden, von ihrer Herkunftsfamilie abgeschnitten und daher mit ihren Konflikten allein gelassen. In dieser Isolation kann sie nur durch Anpassung und Unterwerfung überleben. KANTOWSKY zitiert aus einer Studie des Soziologen Oscar Lewis über das Dorf Rampur in der Nähe Neu Delhis, die

266 verheirateten Frauen des Ortes kämen aus etwa 200 verschiedenen Dörfern aus einem Umkreis von zwölf bis vierundzwanzig Meilen.[14] Die über 220 heiratsfähigen Mädchen Rampurs wurden wiederum in ungefähr 200 Dörfer verheiratet (1986 b, S. 47). Lewis und KANTOWSKY stellten fest, daß das genannte Dorf hierdurch mit mehr als 400 Dörfern seiner Umgebung verwandtschaftliche Beziehungen aufwies. KANTOWSKY berichtet auch, der Bräutigam für ein Mädchen dürfe weder aus dem Dorf des Mädchens noch aus einem Dorf, aus dem man bereits Mädchen bezogen habe, stammen (S. 66). Hierdurch erreicht man zweierlei: Die Dörfer und ihre Familien knüpfen über die Bräute Verbindungen,[15] und die einsamen Bräute müssen sich in ihre neuen Familien eingliedern.

Die Selbsttötung oder Selbstopferung von Frauen, die im Zentrum unlösbarer Konflikte zwischen ihren beiden Familien stehen, hat in der altindischen Mythologie Vorbilder. So setzte sich Satī, nach dem Mythos eine frühere Existenz der Göttin Pārvatī, durch yogische Kräfte selbst in Flammen und tötete sich, weil eine anhaltende Feindschaft zwischen ihrem Vater Dakṣa und ihrem Ehemann Śiva entstanden war, in deren Verlauf sich die Göttin mit beiden überwarf.[16]

Man glaubt in Indien seit altersher, die Folgen einer Verfehlung des Einzelnen hätten alle Sippenmitglieder zu erleiden, selbst die verstorbenen und die zukünftigen.[17] Hierdurch wird ein großer Druck auf den einzelnen Menschen ausgeübt, den Erwartungen der Gemeinschaft entsprechend zu handeln. Wenn alle Taten und Untaten des Einzelnen das Glück und das Unglück aller Familienmitglieder, selbst der Ahnen im Jenseits, bestimmen, darf es für das Individuum kein Handeln gegen das Familieninteresse geben. Dies gilt besonders für Frauen: Die Ahnen müssen das Menstruationsblut des unverheirateten Mädchens trinken, sie leiden, wenn die Gattin keine Söhne bekommt, die Vorväter verlassen das Haus, wenn eine Menstruierende kocht, und am Tod des Mannes ist seine Ehefrau aufgrund ihrer Verfehlungen im vorigen Leben schuld. Daher ehrt die Selbsttötung der Witwe die ganze Familie, einstmals wie heute. Roop Kanwar, die 1987 auf dem Scheiterhaufen ihres Mannes starb, wurde zur Heiligen (BUMILLER S. 62ff.). Eine Inderin erklärte BUMILLER den Grund für die Verehrung der *satī*, der Witwe, die den Scheiterhaufen ihres Mannes besteigt: „Committing sati […] guaranteed that a woman, her husband and seven generations of the family after her had a ‚direct passport‘ to heaven and would be released from the painful cycle of birth and rebirth." (S. 70)

Es gibt nicht nur kulturspezifische Formen der Wahrnehmung und des Verhaltens, sondern auch kulturspezifische und von den Mitgliedern einer Gesellschaft als normal verstandene und daher von den Betroffenen zu tolerierende Formen des Leidens. Viele indische Frauen akzeptieren über Jahrzehnte klaglos Lebensumstände, die nicht nur aus westlicher oder aus feministischer Perspektive, sondern auch aus ihrer eigenen Sicht leidvoll sind; das stumme Ertragen eines ehelichen oder familiären Martyriums bringt der Frau nicht selten sogar eine gesellschaftliche Anerkennung ein, sie ist dann eben eine wahre Sītā oder eine echte *pativratā*, eine treue Gattin, deren einziges Gelübde ihr Mann ist; NABAR spricht von einer „idealization of female martyrdom" in Indien (S. 115). Das von der altindischen Kultur zum Ideal erhobene und in literarischen Gestalten wie Sītā und Sāvitrī tradierte Frauenbild gilt auch heute noch vielen Mädchen als Vorbild (NABAR S. 22). „Little wonder that for an Indian girl rebellion against the constraints of impinging womanhood, with its circumscription of identity, becomes impossible. She internalizes the specific ideals of womanhood and monitors her behaviour carefully in order to guarantee her mother's love and approval [...]." (KAKAR 1978, S. 63f.)[18] Wenn indische Mädchen den Idealen Sītā und Sāvitrī nacheifern, führt dies, so SHOMA CHATTERJI, zu einer von der Gesellschaft gewünschten Passivität, zu einer „learned helplessness", der Mädchen (S. 23).

Die Unterordnung unter den Vater und die Brüder bereitet das Mädchen auf die Unterordnung unter den Ehemann und seine Familie vor. Der vollkommene Gehorsam gegenüber dem Ehemann soll aber nicht nur auf der sozialen, sondern auch auf der spirituellen Ebene erfolgen. Die religiösen und spirituellen Bestrebungen der Frau sollten im alten Indien ganz auf den Ehemann ausgerichtet sein; sein Wohlergehen hatte ihr wichtiger zu sein als das eigene. Die Ehefrau hatte ihren Mann mit Worten, mit dem Herzen und mit ihrem Leib wie eine Schutzgottheit zu verehren,[19] denn: „Der Gatte ist ein Gott, ein Lehrer ist der Gatte, er ist das Gesetz, der heilige Pilgerort und das Gelübde. Daher soll die Frau, alles aufgegeben habend, allein den Gatten verehren."[20] Zwischen einer Frau und den Göttern steht ihr Ehemann als Instanz, nur wenn sie ihm dient, kann sie die Götter erreichen. Die treue Gattin wird nach diesem Glauben im Jenseits mit ihrem Mann vereint sein, und dies verleitete die Brahmanin Ramabai Sarasvati zu der bitteren Bemerkung: „The only place where she can be independent of him is in hell." (S. 41)

Für viele Brahmaninnen des heutigen Orissa ist der Gatte immer noch ein Gott: „Adult men think of themselves as ‚moving gods', and they are treated that way by their wives, who are the first to point out that the husband is to be worshiped. And although the daily ritual of washing the husband's feet and swallowing a few drops of the water is in decline in the old town, a wife does not typically eat with her husband, and if she does, it is considered shameful, comparable to eating with God." (SHWEDER S. 263) Und PARISH schreibt über die Brahmanen im modernen Nepal: „Husbands are like gods; the wife ‚worships' the husband as godlike, performing many ritual acts of worship that are also performed on or for images of the Hindu deities. [...] I did not hear it say that wives are ‚like gods', although they have a dharma to follow as wives; this may reaveal the patriarchal bias of this patriarchal culture, where the dominant, ‚official', ideology asserts the subordination of women to men." (S. 87f.) Nach HARPER ist *pādapūja*, „die Verehrung der Füße", eine im Süden weitverbreitete Praxis der Respekterweisung, und die Frauen der Havik-Brahmanen in Malnad in Südindien waschen ihren Ehemänner die Füße regelmäßig als Zeichen der Unterwerfung und Verehrung (S. 182); auch ihnen gilt der Gatte als ein Gott, durch dessen Verehrung sie den anderen Göttern näherkommen (S. 181). Zum jährlichen Teej Brata-Fest, an dem Frauen mehrere Tage für ein langes Leben ihrer Ehemänner fasten, beten und feiern, gehörte in Katmandu die öffentliche Waschung der Füße des Ehemannes durch seine Frau auch im Jahre 1999 noch zum Ritual (DRÜKE S. 50).

Frauen gegenüber war man im alten Indien mißtrauisch: „Unter tausend Frauen nämlich trifft man irgendwann einmal eine, ja, wenn nicht unter hunderttausenden eine, die ihrem Gatten treu ist."[21] Dieses Mißtrauen gibt es auch heute noch. NANDY stellt für das Indien unserer Tage generell fest: „Indian society inculcates in women a certain self-doubt and in men a certain ambivalence toward womanhood." (*Women in Indian Society*, S. 74) Viele Familien erziehen ihre Töchter zu einer negativen Sicht des weiblichen Geschlechts und des weiblichen Körpers. Zur Diskriminierung der Frau gehört vor allem der Glaube an die Unreinheit des weiblichen Körpers. Die menstruierende Frau war im alten Indien einer Vielzahl keinesfalls nur aus westlicher Sicht demütigender Vorschriften ausgesetzt: Sie mußte sich absondern, fasten, sie durfte sich nicht waschen, kämmen, schmücken oder ihre Zähne reinigen, sie mußte das Blut in die Kleidung fließen lassen, die sie während der Menstruation nicht wechseln durfte. Die Menstruierende mußte die Berührung mit jeder Person vermeiden; man durfte nicht mit ihr sprechen und essen und es war verboten, Nahrung von ihr anzunehmen, sie wurde unrein und unberührbar und damit allmonatlich für einige Tage einem *śūdra*, dem Angehörigen einer tiefen und verachteten Kaste, gleich (SYED 1993, S. 114ff.).[22] Neuere Forschungen belegen, daß nicht wenige der Tabus und der Vorschriften, die mit der Menstruation zusammenhängen, auch heute gelten. SHWEDER berichtet über den Glauben der Brahmanen im heutigen Orissa: „Menstrual blood is poisonous. If the husband cohabits with his wife he will be destroyed. His beauty will vanish. He will become ill and after some days he will die. For four days an evil soul is inside the woman, making her inferior to an untouchable, so no one should touch her. A menstruating woman takes the form of the goddess Kali; so no one should look at her face. If she enters the kitchen the deceased ancestors will not come again to the home for seven generations.“ (S. 164ff.) Ähnliches berichten MARGLIN über Orissa (S. 59) und HARPER über die südindischen Havik-Brahmanen (S. 161).

Die Menarche gilt als das äußere Kennzeichen des Erwachens der als gefährlich angesehenen weiblichen Sexualität. Das Eintreten der Menstruation ist daher für nicht wenige Mädchen mit Gefühlen der Unreinheit und der Scham verbunden, zumal die erste Menstruation kein Geheimnis bleibt, sondern innerhalb der Familie bekanntgemacht wird.[23] Die Menarche ist keine Privatsache des Mädchens, weil sie Konsequenzen für das Verhalten des Mädchens und der Familienmitglieder sowie für die anstehende Verheiratung hat. Einer Menstruierenden sind traditionell viele Dinge verboten: Sie darf keinen Tempel betreten, die Verehrung der Götter im Hause nicht durchführen, der Zugang zur Küche und das Kochen sind ihr verboten. In orthodoxen Familien muß sich die Menstruierende nach wie vor absondern. Eine zu Anfang der neunziger Jahre in mehreren Dörfern in Maharashtra durchgeführte Studie ergab: „Of the 278 [girls, R. S.] who had started menstruating, 163 (58.6 per cent) cases felt that since attaining puberty, they were not allowed to move about freely. The girls had varied experiences – 115 (41.3 per cent) felt frightened, 40 (14.4 per cent) felt dirty and uncomfortable and 26 (9.3 per cent) felt shy. The remaining took it as a natural phenomenon. Of the 278, only 29 (10.4 per cent) had some restrictions on food, 82 (29.5 per cent) were isolated, 100 (36 per cent) were not allowed to play, 264 (95 per cent) were not allowed to participate in religious functions, 131 (47 per cent) were not allowed to touch males." (PANDEY S. 223) KUMARI et al. haben 1990 eine Studie vorgelegt, in der sie die Lebensumstände von 400 Mädchen zwischen zehn und sechzehn Jahren in ländlichen Gegenden Rajasthans und Uttar Pradeshs untersuchten. 21,75% der Mädchen waren bereits vor der Vollendung ihres zehnten Lebensjahres verheiratet, die Mehrzahl besaß den Autoren zufolge ein sehr geringes Selbstwertgefühl: „[...] this was due to the fact that they were always made to believe that their bodies are impure after puberty and that girls are weak and inferior, and are always object of attraction for males." (KUMARI et al. S. 113)[24]

Die oben zitierten Stellen aus den Dharmaśāstras schreiben dem Vater vor, die Tochter vor dem Eintritt der Menstruation oder so lange sie noch nackt oder frei von Scham, also ein Kind ist, zu verheiraten. Dies bedeutet: Solange die Tochter noch nicht menstruiert, ist sie asexuell und kann daher Scham nicht empfinden. Die weibliche Scham (Sanskrit: *lajjā*) kennzeichnet nach indischer Auffassung eine Frau, die um die Gefährlichkeit ihrer Sexualität weiß, diese aber beherrscht; *lajjā* ist daher ein Merkmal weiblicher Tugendhaftigkeit. PARISH zitiert eine Newar-Frau: „‚When your mother and father talk about you getting married, you feel lajya.' [...] This woman, asked to explain the meaning of the saying ‚lajya is a woman's jewel,' said it meant that a woman has more lajya than a man. Elaborating, she explained that lajya gives a woman beauty, makes her demure and quiet in ways consistent with women's subordination." (S. 202f.) Scham und die Verhüllung des Körpers sollen verhindern, daß körperliche und sexuelle Reize ausgesendet werden. Schamhaftigkeit und Scheu sind auch Verhaltensweisen, die eine Braut ihrem Ehemann und dessen männlichen Verwandten gegenüber zeigen muß. Die junge Frau muß sich besonders vor ihrem Schwiegervater verhüllen, sie soll ihn weder ansprechen noch mit ihm allein sein. Bereits zur Zeit des AB forderte man von der Braut Distanz zum Schwiegervater: „So wie in dieser Welt eine Schwiegertochter, vor ihrem Schwiegervater Scham empfindend, sich verhüllend davongeht […].“[25] MICHAELS schreibt über das Indien unserer Tage: „Wenn ihr [der jungen Schwiegertochter, R. S.] ein älteres männliches Mitglied der Familie begegnet, bedeckt sie ihr Gesicht mit dem Sari. Auf diese Weise zollt sie ihm Respekt.“ (1986, S. 65) Das Verhüllen des Körpers und des Gesichtes ist sicherlich auch ein Respekterweis, es soll aber auch den Kontakt zwischen einer jungen Frau und dem Schwiegervater verhindern, um bei diesem kein Begehren zu erwecken. Der Schwiegervater könnte die Frau seines Sohnes einfordern, da er die höchste Autoritätsperson der Familie ist. Da die von den Gesetzgebern selbstverständlich verbotene,[26] jedoch mögliche sexuelle Beziehung zwischen Schwiegervater und Schwiegertochter innerhalb der Familien ein Tabu ist, wird darüber geschwiegen, und eine institutionalisierte, vornehmlich von der Frau geforderte Verhaltensweise dient der Wahrung des Tabus. Indem die Schwiegertochter ihren Körper und ihr Gesicht verhüllt und ihren Schwiegervater nicht anspricht, zeigt sie ihre Keuschheit; indem der Schwiegervater seine Schwiegertochter übersieht, macht er sein Desinteresse deutlich.[27]

Der Gang der Jahrhunderte, die islamische und die britische Fremdherrschaft konnten die religiösen und sozialen Traditionen Indiens ebensowenig zerstören wie die moderne Gesetzgebung oder der Einfluß des Westens. Die Tradition wird von vielen Indern nicht in Frage gestellt. VERMA ist der Meinung, „Past, in India, was eternally contemporaneous even as present was eternally embodied in *dharma* which is *sanatan* [perennial, eternal, R. S.], knowing no beginning and no end.“ (S. 332) Und VRINDA NABAR schreibt in ihrem Buch „Caste as Woman“: „The importance of the hold of tradition and mythology on the Indian subconscious should not be undermined. […] Unlike the Western linear view of history, the Indian has tended to perceive history as a flowing together of layers of past and present. The Western view sees past, present and future as casually linked, but to the Indian the past has a living presence which serves contemporary needs. […] At any rate, the average Indian simply *accepts* the validity of the past without questioning too deeply, or threateningly, its sociocultural rationale or the desirability of viewing it as a universal absolute.“ (S. 22) Daß auch die Mythen des alten Indien in der heutigen Zeit eine große Bedeutung für das Verständnis von Selbst, Mensch und Welt besitzen, beschreibt KAKAR: „Myths in India are not part of a bygone era. […] Vibrantly alive, their symbolic power intact, Indian myths constitute a cultural idiom which aids the individual in the construction and integration of his inner world." (o. J. S. 65f.) Auch SHWEDER betont immer wieder die große Bedeutung alter Mythen und ihrer Figuren als Richtlinien und Autoritäten für das Verhalten des einzelnen Hindu und für seine Bewertung des Handelns anderer: „[…] orthodox Hindus […] do not treat the stories of the Puranas and Epics as fantasies, allegories, or poetic flights of the imagination. What we might view as a myth or fairy tale they view as a solid factual account. They believe that the recountable experiences of their forefathers recorded in those stories are a reasonable guide to reality; thus, most experiences about what the world is or should be like begin, ‚Let me tell you a story.'" (S. 158) Verschiedene neuere Untersuchungen zeigen, daß indische Schulbücher und Zeitschriften, das Fernsehen und das Kino immer wieder die traditionellen Frauenbilder aufgreifen und sie als Ideale darstellen (siehe DASGUPTA and HEDGE, PUNWANI sowie KALIA). BHATIA schreibt hierzu: „Cultural sanctions for the subjugation of females are also provided by government-regulated, televised renditions of Hindu texts such as the Ramayana, which celebrates the most regressive aspects of female sub-ordination through its female protagonist, Sita." (S. 149)[28]

Eine in den achtziger Jahren in Nordindien von SETHI und ALLEN durchgeführte Studie über „sex role stereotypes", bei der 112 junge Männer und 113 junge Frauen über die erwünschten und unerwünschten Eigenschaften und Verhaltensweisen beider Geschlechter befragt wurden, zeigte, daß die männlichen wie die weiblichen Befragten die folgenden Eigenschaften bei Frauen für wünschenswert halten: „It is more desirable for Indian women to be docile, domestic, generous, innocent, polite, religious and submissive." Für Männer gilt nach der Ansicht der Befragten beider Geschlechter: „It is significantly more desirable for Indian males to have traits such as adventurous, hardworking, authoritarian and powerful."[29] Nach einer etwa zehn Jahre später, nämlich in den neunziger Jahren, erhobenen Studie von JHA und PUJARI sollen indische Mädchen nach den Angaben der befragten Männer und Frauen „passive, homely, dutiful, patient, quiet, sensible, nice" sein (1996, S. 275). Diese Eigenschaften aber machen hilflos und verwundbar.

1 S. 263: *putr ko ratna samjhā thā putrī ko pūrvjanma ke pāpoṅ kā daṇḍ.*

2 M 1.145.35 ab: *bhartur arthāya nikṣiptāṃ nyāsaṃ dhātrā mahātmanā* |

3 WINTERNITZ zitiert in seiner Arbeit über das altindische Hochzeitsritual, in der er auch auf den Wunsch nach Söhnen eingeht, ein südslawisches Sprichwort, nach dem „der Sohn ‚des Hauses Fundament', eine Tochter dagegen ‚eines Fremden Abendessen' ist." (1892, S. 75)

4 Diese sich auf die weibliche Sexualität beziehenden Kategorien, die in der Realität sicherlich nicht so strikt beachtet werden wie sie in der Theorie formuliert sind, entsprechen den altindischen Vorstellungen von der Weiblichkeit, die in vier Formen erscheint: 1. Das Mädchen/die Jungfrau ist asexuell, unbedrohlich und rein, weil der *strīsvabhāva*, die weibliche Natur, noch nicht aktiviert ist. Diese von seiner angenommenen Asexualität (oder besser: Präsexualität) abgeleitete Reinheit ist es, die das Mädchen glückbringend macht und zu seiner Glorifizierung in der altindischen Literatur, hauptsächlich in den epischen Erzählungen und Märchen, führt. Hier gelten die keuschen Asketen und die asexuellen Töchter, soweit sie nicht vom Ideal abweichen, als die reinsten und vorbildlichsten Menschen: Der Asket ist nicht mehr sexuell und das Mädchen noch nicht. 2. Die Ehefrau ist sexuell aktiv, aber unbedrohlich, weil der wirkende *strīsvabhāva* durch die eheliche Sexualität kontrolliert wird. 3. Die unfruchtbare Ehefrau stört die Ordnung, weil sie ihre Aufgabe nicht erfüllt. Die Sexualität mit einer Unfruchtbaren ist überflüssig, vor allem aber schädlich, weil sie den Mann schwächt. 4. Die Witwe ist gefährlich, weil sie nicht der Kontrolle eines Gatten untersteht und sexuell unbefriedigt bleibt. Nach indischem Verständnis ist die sexuelle Abstinenz ohne die Umwandlung der entstehenden Energie durch religiöse Verhaltensweisen (Fasten, Yoga, Meditation und Gebet) nicht möglich. Da Witwen nicht Asketinnen werden konnten, blieb ihnen nur der Rückzug in eine religiöse Gemeinschaft, in der sie ein Keuschheitsgelübde ablegen konnten.

5 Siehe MANDELBAUM, der unter Verweis auf Autobiographien von Inderinnen zu dem Ergebnis kommt: „A girl, especially one who is a younger child, may have a particularly affectionate relationship with her father." (S. 83) Allerdings kamen die Frauen, die Autobiographien verfaßten, alle aus der gebildeten und vermögenden Oberschicht.

6 ṚV 1.91.20 b und c: [...] *sómo vīrám̐ karmaṇyàm̐ dadāti* | *sādanyàm̐ vidathyàm̐ sabhéyam̐ pitṛśrávanam̐* [...] ||

7 NANDY sieht die Verpflichtung zur Mutterschaft und die Vergöttlichung der Mutter kritisch: „Since motherhood is a compensatory mechanism, society

can manipulate and control a woman by forcing her to take on her motherly identity whenever cornered and a man by forcing him to take on the son's role whenever in crisis." (Women in Indian Society, S. 74)

8 Der Mythos bildet die gesellschaftliche Realität seiner Erfinder ab, und daher wünschen sich auch die indischen Göttinnen allesamt Söhne. TS 6.5.6.1: *áditiḥ putrákāmā sādhyébhyo devébhyo brahmaudanám apacat tásyā ucchéṣaṇam adadus tát prā́śnāt réto 'dhatta tásyai catvā́ra ādityā́ ajāyanta* || „Aditi, Söhne wünschend, kochte den Sādhya-Göttern eine Reisspeise, sie gaben ihr den Überrest, den sie aß, sie empfing und die vier Ādityas wurden von ihr geboren." Die Göttin gebiert durch eine unbefleckte Empfängnis; die von den Göttern übriggelassene Speise enthält ihren Samen, den Aditi aufnimmt. Auch Pārvatī und die meisten anderen Göttinnen hatten nur Söhne.

9 Die Geschichte erschien in Bengalisch und wurde ins Englische übersetzt; sie findet sich in THARU und LALITA S. 262–274.

10 Zu den zahlreichen Fällen von Selbsttötungen junger indischer Frauen siehe NARASIMHAN, zum Falle von Kanpur dort S. 59. Die drei Schwestern Poonam, Mamta und Alka töteten sich, um ihrem Vater die Mitgift von 70.000–80.000 Rupien zu ersparen, die er für jede Tochter hätte aufbringen müssen. Alka schrieb in ihrem Abschiedsbrief an den Vater: „[...] we are responsible for your troubles. We have been feeling helpless." (JHA und PUJARI 1996, S. 270) Nach dem Tode ihrer drei Schwestern nahm sich auch die 18jährige Premlata das Leben (ebd.).
CHATTERJI berichtet von ähnlichen Selbstmordfällen zu Beginn des Jahrhunderts. Die 15-jährige Snehalata Mukhopadhyay tötete sich im Jahr 1914, um ihrem Vater die Mitgift zu ersparen (S. 40).

11 Siehe hierzu JHA und PUJARI 1996, S. 265ff. S. 273 und S. 280.

12 „The Suicide Inquiry Committee which investigated 1.129 cases of suicide in Saurashtra during the years 1952–5 found that cases of female suicide were double those of male. The annual ratios, women to men, were as follows: 2.1:1 (1952), 1.6:1 (1953), 2.2:1 (1954), 2.2:1 (1955). Further, of the female suicide cases, 60 per cent were between the ages of 13 to 30 (51 per cent in the age-group 19–30 and nearly 9.5 per cent in the age-group 13–18). [...] When the causes of these female suicides were analysed, 44.7 per cent were found to be the results of family tensions." (KAPADIA S. 269f.) Eine 1983 erhobene Studie ergab, daß 63% aller Selbsttötungen in Indien von Hausfrauen begangen wurden (DAVAR S. 91).

13 Siehe WAGLE S. 20ff.

14 Oscar Lewis: Village Life in Northern India. Studies in a Delhi Village. New York 1958. Das Buch lag mir nicht vor.

15 LAMBERT schreibt über die Heiratsverbindungen zwischen rajasthanischen Dörfern: „[...] it is primarily through women that village cross-caste ties beyond the politico-economic sphere are articulated for men.“ (S. 99).

16 Siehe BhāP 4.2.3ff. Das Problem Satīs ergibt sich daraus, daß ihr Vater ihren Gatten nicht anerkennt und nicht zu seinem Opfer einlädt. Ihr Ehemann Śiva verbietet ihr wiederum, ihren Vater zu besuchen. Als Satī, zornig auf Śiva, dennoch in ihr Vaterhaus geht, wird sie dort nicht aufgenommen. Verstoßen von ihrem Vater und von ihrem Mann nimmt sie sich das Leben.

17 Für die Sünden der Väter büßen die Söhne oder die Enkel, siehe MS 4.173: *yadi nātmani putreṣu na cet putreṣu naptṛṣu | na tv eva tu kṛto 'dharmaḥ kartur bhavati niṣphalaḥ ||*

18 Narendra Nath Dutta (1863–1902), bekannter unter dem Namen Swami Vivekananda, der 1893 in Amerika auf dem „Weltparlament der Religionen“ die indische Philosophie und Religion vertrat, rühmt in seinen einflußreichen Schriften die Rāmāyaṇa-Heldin Sītā als die ideale Hindufrau, deren Opferbereitschaft und Selbstaufgabe zu ihrer Vergöttlichung führen: „[...] this glorious Sita, purer than purity itself, all patience, and all suffering. She who suffered that life of suffering without a murmur, she, the ever-chaste and ever-pure wife, she the ideal of the people, the ideal of the gods, the great Sita, our national God she must always remain.“ (Vol. III, S. 255f.) Vivekanandas Wunsch „she must always remain“ ist in Erfüllung gegangen. SALLY SUTHERLAND schrieb 1989: „A recent survey taken of one thousand men and women in the North Indian state of Uttar Pradesh revealed that from a list of twenty-four goddesses, literary heroines, and famous women of history, an overwhelming percentage chose for their ideal female role model Sītā, the heroine of the *Rāmāyaṇa* [...]. As [...] the great weight of the tradition shows, it is the conduct and character of Sītā, not Draupadī, that is regarded as normative in Hindu society.“ (S. 63) Draupadī, die bedeutendste weibliche Gestalt des Mahābhārata, hatte ihr Schicksal bekanntlich nicht so klaglos hingenommen wie Sītā.

19 Ra 12.1: *yuvatir api vihāya prātikūlyaṃ svanāthaṃ vacanahṛdayakāyaiḥ pūjayed iṣṭadaivam ||*

20 IS 4541: *bhartā devo gurur bhartā dharmatīrthavratāni ca | tasmāt sarvaṃ parityajya patim ekaṃ samarcayet ||* Siehe auch R 2.21.546*, wonach der Dienst am Ehemann die einzige Religion der Frau sein soll und sogar Verfehlungen tilgen kann: *bhartuḥ śuśrūṣayā nārī labhate svargam uttamam | api yā nirnamaskarā nivṛttā devapūjanāt ||* „Durch den Gehorsam dem Gatten gegenüber erlangt die Frau den höchsten Himmel auch dann, wenn

sie sich nicht respektvoll (vor den Ehrwürdigen) verneigt und die Götter nicht verehrt."

21 IS 6973, aus dem M: *sahasre kila nārīṇāṃ prāpyetaikā kadācana | tathā śatasahasreṣu yadi kācit pativratā ||*

22 Die Digambara-Jainas vertraten – im Gegensatz zu den Śvetāmbaras – sogar die Ansicht, die Frau könne wegen ihrer Menstruation die Erlösung, *mokṣa*, nicht erlangen: Die Menstruation erzeuge beständig Angst und Scham in der Frau, erinnere sie selbst und die anderen an ihre Sexualität und verhindere daher Konzentration, Meditation und Erkenntnis. Das Bewußtsein der Sexualität bewirke Scham, *lajjā*, in der Frau (siehe die ausführlichen Darlegungen bei PADMANABH S. JAIN, S. 13f.). Die Frau ist nach dieser Vorstellung in einem Körper gefangen, dessen natürliche Verhaftung in der Sexualität eine geistige Unfähigkeit erzeugt. Ein Vers der Digambara-Literatur sagt: „Women are not worthy of attaining mokṣa; because they are inferior to men (*hīnatvāt*); as are hermaphrodites." (ebd.)

23 Die erste Menstruation erfordert in traditionellen Gemeinschaften einen Reinigungsritus, der den Tatbestand auch über die Familie hinaus bekanntmacht. Siehe GOODs Aussagen über die Praxis in drei Dörfern südlich von Madurai: „When a girl first menstruates, she is excluded from social life because of her impurity (*tīṭṭu*), and confined in a temporary hut outside the house. […] Seclusion lasts for a notional 16 days." (S. 102)

24 Über die mit der Menstruation verbundenen negativen Gefühle der Mädchen berichten die Autoren in Kapitel 8: „Menstruation: The Unmentionable Phenomenon" (S. 73ff.). Menstruation und Scham gelten nicht nur in Indien als Kennzeichen der weiblichen Sexualität. Einmal im Monat ist die Frau mit dem sichtbaren Zeichen ihrer Unzulänglichkeit und Unreinheit konfrontiert und muß Scham über ihre Weiblichkeit empfinden und sich zurückziehen. Einen Menschen zur Scham über einen nicht verschuldeten und nicht zu verändernden Zustand zu erziehen, ist eine in allen Kulturen bekannte, wirkungsvolle Maßnahme der Disziplinierung, die die Bildung des Selbstwertgefühls erschwert, in manchen Fällen sogar verhindert. Werden die Gefühle der Wertlosigkeit und der Hilflosigkeit verinnerlicht, diszipliniert sich der Mensch selbst und unterwirft sich den Vorschriften und Restriktionen widerstandslos, so daß keine äußere Gewalt zur Anwendung kommen muß.

25 AB 3.22 (12.11): *tad yathaivādaḥ snuṣā śvasurāl lajjamānā nilīyamānaity* […]. Nach Sāyaṇa verhüllt sich die junge Frau aus Scham vor ihrem Schwiegervater und begibt sich in das Innere des Hauses: *yuvatiḥ snuṣā svakīyaṃ śvaśuraṃ dṛṣṭvā tasmāl lajjamānā lajjāṃ prāpnuvatī nilīyamānā*

vastrāvaguṇṭhanahastādyaṅgasaṃkocena tirohitavasanā eti gṛhābhyantaram āgacchati ||

26 Die MS verbietet den Geschlechtsverkehr mit der Frau des Sohnes in 11.58 und 11.170, NS 12.72–74 nennt unter den weiblichen Verwandten, mit denen ein Mann keinen Geschlechtsverkehr haben darf, die Schwiegertochter. Inzest, *gurutalpābhigamana*, besteht bei sexuellem Verkehr mit der Mutter, deren Schwester, der Schwiegermutter, mit der Schwester, der Tochter und der Schwiegertochter. Der Mann, der diese Verbote verletzt, ist ein *gurutalpaga* und wird mit Kastration bestraft, eine andere Strafe ist nicht vorgesehen: *śiśnasyotkartanaṃ daṇḍo nānyas tatra vidhīyate* ||

27 JEFFEREY beschreibt dasselbe Verhalten zwischen Schwiegervater und Schwiegertochter bei den muslimischen Syeds in Delhi; hier geht es um *sharm rakhnā*, „Scham bewahren" (S. 110 und S. 116f.). Meine eigenen Erfahrungen in Syed-Familien in Nordindien und Pakistan sind dieselben: Zwischen Schwiegervater und Schwiegertochter gab es so gut wie keinen Kontakt, ausgetauscht wurden weder Blicke noch Worte. Beide vermieden es, allein in einem Raum zu sein und die Schwiegertochter war immer sehr darauf bedacht, in der Gegenwart des Schwiegervaters den Kopf und sogar das Gesicht mit dem Schal zu bedecken.

28 RICHARDS schreibt über das zeitgenössische indische Kino, es vertrete: „the traditional views of society which, fearful of female sexuality, demands of the woman a subjugation of her desires." (S. 3)

29 Siehe SETHI und ALLEN: „All subjects were from the middle socioeconomic class and were tested in groups in their classrooms." (S. 102)

2. Indiens fehlende Töchter

Infolge der Abtreibung weiblicher Föten und der durch aktive oder, häufiger, passive oder unbewußte Vernachlässigung bedingten höheren Sterblichkeitsrate von Mädchen fehlen in Indien immer mehr Frauen.[1] Auch der Tod von Frauen bei der Geburt und im Kindbett trägt zum Frauenmangel bei,[2] allerdings ist die Müttersterblichkeit während des 20. Jahrhunderts beständig gesunken; in der Dekade 1980–1990 starben etwa fünf Frauen auf 1000 Geburten (GHOSH S. 50). Nach dem Census of India von 1991 betrug die Gesamtbevölkerung Indiens 846,3 Millionen Menschen, davon waren 439,2 Millionen männlich und 407,1 weiblich. Auf 1000 Männer kamen damit nur 927 Frauen, während nach dem Census des Jahres 1901 das Verhältnis immerhin noch 1000:972 betragen hatte. Indien hat, wie Vergleiche zeigen, ein überaus ungünstiges Geschlechterverhältnis: Im Jahre 1971 kamen in Indien auf 1000 Männer nur 930 Frauen, in den USA war das Verhältnis von Männern zu Frauen 1000:1054, in Großbritannien 1000:1060, in Italien 1000:1063. Eine ähnliche geringe Frauenrate wie Indien wiesen China und der Iran auf: nämlich 930 Frauen auf 1000 Männer bzw. 932 Frauen auf 1000 Männer (BOSE S. 153).

Im Laufe des letzten Jahrhunderts veränderte sich die „sex ratio“ immer stärker zu Ungunsten der Frauen; die Census nennen die folgenden Zahlen von Frauen auf 1000 Männer: 1911:964, 1921:955, 1931:950, 1941:945; 1961:941, 1971:930 (Quelle: Demographic profile...). Wie es zu dieser beständigen Abnahme von Frauen im Vergleich zu Männern kommen konnte, ist letztendlich allen Autoren ein Rätsel. Die genannten Durchschnittszahlen für Gesamtindien verschleiern, daß es Gegenden gibt, in denen das Zahlenverhältnis besonders unausgeglichen ist, während es anderswo günstiger ausfällt. So gab es nach dem Census von 1981 im Staat Uttar Pradesh nur 886 Frauen je 1000 Männer, in dem in Uttar Pradesh gelegenen Distrikt Bijnor betrug das Verhältnis sogar nur 863:1000 (PATEL S. 180). Die Soziologen JEFFERY, JEFFERY und ANDREW berichten, im Distrikt Bijnor, in dem die Tradition des Tötens neugeborener Mädchen bei den Rajputen und Jats für das 19. und 20. Jahrhundert nachzuweisen ist, werde neuerdings die Amniozentese eingesetzt, um Geburten von Mädchen zu verhindern (ebd.).

Auch in anderen Staaten mit ausgeprägt konservativer Bevölkerung und hoher Sohnespräferenz ist das Geschlechterverhältnis nach dem Census von 1991 besonders auffallend, so z. B. 911:1000 in Bihar und 865:1000 in Haryana. Im Punjab, wo man Söhne ebenfalls stark bevorzugt, beträgt das Geschlechterverhältnis 882 Frauen auf 1000 Männer.[3] Für Uttar Pradesh belegt der Census von 1991 schlechtere Zahlen als der Census von 1981, nämlich 879 Frauen auf 1000 Männer (1981 waren es noch 886), und dies ist auf die steigende Zahl der Abtreibungen weiblicher Föten zurückzuführen. Neben dieser Praxis und der Vernachlässigung der Töchter gibt es einen weiteren Grund für den Frauenmangel: „The declining sex-ratio in States like Tamil Nadu, Bihar, etc. would be due to the heinous practice of female infanticide reported in certain districts/communities in these States." (Zahlen und Zitat: Demographic Profile... S. 20f.) Indische Demographen gehen davon aus, daß im ersten Jahrzehnt des neuen Jahrtausends in Indien mindestens 50 Millionen Frauen fehlen werden.[4] Nach einem Bericht in der Times of India vom 2. Mai 1993 wird bei einem Gleichbleiben der damaligen Zahl von Abtreibungen weiblicher Föten und des Mädchen-Infantizids in 25 Jahren, also im Jahr 2018, im Staat Rajasthan nur noch eine Frau auf drei Männer kommen.

Das natürliche Geschlechterverhältnis beträgt 105–106 Knaben auf 100 Mädchen. Weibliche Säuglinge und Kleinkinder haben jedoch von Natur aus einen biologischen Vorteil gegenüber männlichen: Die Sterblichkeitsrate ist bei der Geburt sowie im Säuglings- und Kindesalter bei Knaben deutlich höher.[5] „In Deutschland, so sagt das *Statistische Jahrbuch*, starben 1995 vor ihrem ersten Geburtstag 2267 Buben, aber nur 1681 Mädchen. Auch unter den sogenannten Frühchen sterben häufiger männliche Babys. [...] Jungen bleiben übrigens ihre ganze Kindheit über anfälliger für Krankheiten [...]." (SCHNEIDER S. 32) Dieser Ausgleich führt dazu, daß es im Erwachsenenalter ungefähr gleich viele Männer und Frauen gibt. Fehlende Frauen sind somit immer das Ergebnis kultureller Praktiken, und Indien ist hierbei keineswegs ein Einzelfall, wie noch zu zeigen sein wird.

Die Sterblichkeit indischer Mädchen ist bedeutend höher als die der Jungen. In den ländlichen Gegenden Uttar Pradeshs starben im Jahre 1969 auf tausend Lebendgeburten im ersten Lebensjahr durchschnittlich 206 Mädchen und 154 Knaben, in Indien waren es im Durchschnitt 148 Mädchen und 132 Jungen; die Vernachlässigung von Mädchen ist die Ursache der hohen Mädchensterblichkeit in Uttar Pradesh (BOSE S. 155). Indische Frauen haben erst jenseits des Alters, in dem sie Mütter werden, eine höhere Lebenserwartung als Männer: „Only from age 40 onwards, the expectation of life of females is slightly higher than that of males.“ (BOSE S. 154) Die Lebenserwartung ist in Indien zwar während der letzten achtzig Jahre beständig gestiegen, die einst geringe Differenz zwischen den Geschlechtern vergrößerte sich jedoch bis 1971 und betrug in jenem Jahr 47,1 Jahre für Männer und 45,6 Jahre für Frauen, „was darauf hin deutet, daß die Jungen und Männer mehr als Mädchen und Frauen von den Verbesserungen im Bereich der öffentlichen Gesundheits- und Ernährungsfürsorge profitiert haben.“ (JEFFERY S. 40)

Der Frauenmangel ist in Indien in den Gegenden vorherrschend, in denen eine hohe Bevorzugung von Söhnen nachweisbar ist. Wirtschaftliche Faktoren spielen neben gesellschaftlichen und religiösen Gründen eine entscheidende Rolle bei der Ablehnung von Töchtern. BARBARA D. MILLER hat gezeigt, daß der Frauenmangel in Nordindien größer ist als im Süden; zu diesem Ergebnis kommt die Autorin durch eine genaue Analyse zahlreicher Forschungs- und Feldstudienberichte indischer und nichtindischer Autoren. Die Abwertung der Frau in den einzelnen Gebieten Indiens, die MILLER differenziert betrachtet und beschreibt, hängt ihr zufolge auch mit der Landwirtschaft zusammen: Im Norden, wo die Frau aufgrund der Bearbeitung des Bodens mit dem Pflug aus dem landwirtschaftlichen Arbeitsprozeß weitestgehend ausgeschlossen wird, ist die Auffassung von der Minderwertigkeit der Frau besonders intensiv und die Bevorzugung von Söhnen in hohem Maße ausgeprägt. Im Süden hingegen, wo Frauen im Reisanbau gebraucht werden, ist ihre Wertschätzung höher. MILLER legt überzeugend dar, daß sich wirtschaftliche Faktoren und kulturelle Vorstellungen vom Wesen der Frauen bedingen und einander verstärken. Die Aussagen MILLERs, deren Buch im Jahre 1981 erschien, werden durch die Entwicklungen der letzten zwanzig Jahre bestätigt: Im Norden und in der Mitte Indiens gibt es eine deutlich höhere Zahl von Abtreibungen weiblicher Föten und bedeutend mehr Mitgiftvergehen und -verbrechen als in Südindien. Das Geschlechterverhältnis ist, wie schon erwähnt, in den nordindischen Bundesstaaten Rajasthan, Haryana, Uttar Pradesh, Bihar und im Panjab für die Frauen indienweit am ungünstigsten.

Aber auch in Südindien gibt es in nicht wenigen Gebieten einen durch Benachteiligung und Infantizid erzeugten Frauenmangel. Gerade im Süden existieren viele Kasten, die jahrhundertealte Traditionen aufrechterhalten. Die Anthropologin GANESH berichtet über die Kottai Pillaimar,[6] bei denen sie 1979 und 1980 lebte, die Frauen hielten sich an die alten Kastenvorschriften und lebten streng zurückgezogen in einer Art Festung, die sie nur selten verlassen dürften. Mit dem Eintritt der Menstruation beginnt die Beschränkung der Mädchen auf das Haus: „From this time up to the time of marriage, the girl is completely confined to her house. Even standing on the threshold is not permitted." (S. 112) GANESH berichtet von einer jungen Frau, die zum Zeitpunkt des Aufenthaltes der Autorin das Haus seit zehn Jahren nicht verlassen hatte. Der Grund für diese Abschließung der Frauen ist nach GANESH die Angst der Männer vor der weiblichen Sexualität, die als bedrohlich empfunden wird, solange ein Mädchen nicht verheiratet ist. Auch Witwen gelten als sexuelle Bedrohung und dürfen daher ihre Häuser nicht verlassen (S. 113–115). „The KP women's seclusion (and its variants all over South India) can be seen as an expression of the conceptual concern in caste society with the (sexual) purity of women on which group ritual status is seen to depend." (S. 115)[7]

Die Frauen der Kottai Pillaimar betrachten ihre abgeschiedene Lebensweise als ein mit ihrer hohen Kaste einhergehendes Privileg und bemühen sich daher, dem traditionellen Weiblichkeitsideal zu entsprechen: „The KP women are familiar with the theme of ideal womanhood in Hindu sacred and secular literature. They perceive themselves as active links in carrying on this tradition." (GANESH S. 123) Zu dieser Tradition gehören selbstverständlich auch die Bevorzugung der Söhne, die Ablehnung der Töchter und die anderen bekannten Merkmale altindischer Kultur: „The preference for a male child, blaming barrenness on the woman alone, formal adoption of male children only, etc. are present though not excessively emphasised. Divorce is not recognised, but a man may marry more than one woman and remarry after his wife's death. The reverse is not permitted. There are no spinsters, but bachelors are common. This is attributed to the consistently low proportion of females to males." (S. 125) Auch hier kann nur die Vernachlässigung neugeborener Mädchen und weiblicher Säuglinge die Ursache für den deutlichen Frauenmangel sein, zu dessen Gründen sich die Autorin nicht äußert. Der Infantizid scheint hier unbekannt zu sein.

Wie sich der in künftigen Generationen zu erwartende Frauenmangel in Indien auswirken wird, ist nicht vorhersehbar. Es mag richtig sein, daß der Wert der einzelnen Frau durch den Mangel steigen und die Mitgiftpraxis hierdurch ein Ende finden wird. Der Frauenmangel muß jedoch keinesfalls zu einer ideologischen Aufwertung der Frauen generell und damit zur Verbesserung ihrer Lebensumstände führen. Da auch nach modernem indischen Verständnis jeder Mann heiraten und Söhne zeugen soll, könnten Kämpfe um die Frauen entstehen.

Es wurde bereits gesagt, daß The Indian Medical Association die Abtreibung weiblicher Föten scharf verurteilt und härtere Strafen für Ärzte fordert, die sie durchführen. Andererseits verteidigen nicht wenige indische Ärzte, wie auch Politiker, die Abtreibungen weiblicher Föten mit zwei Argumenten. Das erste Argument lautet, die Abtreibung von Mädchen trage zur gewünschten Senkung der Geburtenrate bei, denn traditionelle Ehepaare, und diese seien in der Mehrzahl, bekämen so lange Töchter, bis sich ein Sohn einstelle. Besäße ein Ehepaar bereits einen oder zwei Söhne, akzeptiere es, wenn überhaupt, nur noch ein weiteres Kind. Das zweite Argument betrifft das Wohl der Frauen. Ein indischer Gynäkologe erklärte mir, er treibe weibliche Föten ab, weil er davon ausgehe, daß unerwünschte Töchter ungeliebt seien und, vor allem wenn die Eltern arm seien, kein angenehmes Leben zu erwarten hätten. Weigerte er sich, einen weiblichen Fötus abzutreiben, ließe die Familie die Abtreibung von einem anderen Arzt vornehmen. Die Entscheidung für eine Abtreibung werde in den meisten Fällen nicht von der Frau allein getroffen, sondern sie sei ein Anliegen des Ehemannes und der Schwiegermutter, die meist schwer umzustimmen seien. Eine Frau, die eine Schwangerschaft mit einem weiblichen Fötus beende, habe größere Chancen auf eine erfolgreiche Ehe als eine Frau, die eine vom Ehemann nicht erwünschte Tochter zur Welt bringe. GEORGE und DAHIYA stellten in ihrer Studie über Dörfer in Haryana sogar fest: „Almost everybody, including women MCH [Medical College Hospital, R. S.] doctors felt that selective abortion of female foetuses would increase the status of women." (S. 5)

Da der Staat die Abtreibung gestattet habe, so manche Ärzte, stelle sich die Frage, warum die Abtreibung eines Kindes bekannten Geschlechts verwerflicher sein sollte als die Abtreibung eines Kindes unbekannten Geschlechts. Es geht aber nicht, wie die Äzrte meinen, um einen Fötus bekannten Geschlechts (dies beträfe beide Geschlechter), sondern nur um weibliche Föten, und daher bekämpfen indische Feministinnen die Abtreibung weiblicher Föten mit dem Hinweis auf die Artikel 14 und 15 der Indischen Verfassung, nach denen die Diskriminierung des weiblichen Geschlechtes untersagt ist. Das staatliche Verbot der Abtreibung von Mädchen ist ebenfalls von dieser Auffassung bestimmt. Die geschlechtsspezifische Abtreibung wird aus diesem Grund auch im Westen strikt abgelehnt; so erklärte mir im Sommer 1999 die Beraterin einer aus der Sicht deutscher Gesetzgebung liberalen Klinik in Leiden in den Niederlanden, die gezielte Abtreibung eines weiblichen Kindes werde in jedem Falle und konsequent verweigert, selbst wenn die Frau erkläre, sie lasse den Abbruch anderswo vornehmen.[8] Grundlage dieser Einstellung, so eine Ärztin, sei selbstverständlich die Wertschätzung des weiblichen Geschlechts, die eine gezielte Abtreibung weiblicher Föten verbiete.

Die geschlechtsspezifische Abtreibungen lehnen meist auch die Personen ab, die eine Abtreibung aus medizinischer, kriminologischer, eugenischer oder sozialer Indikation akzeptieren. Für die Inder und Inderinnen, die einen weiblichen Fötus abtreiben lassen wollen, ist das Geschlecht des Ungeborenen jedoch eine Indikation. Eine in den neunziger Jahren in Zeitschriften wie im Fernsehen veröffentlichte staatliche Anzeige gegen die Abtreibung weiblicher Föten stellte fest: „Medical science enables expecting parents to safely get rid of those unborn children that have genetic abnormalities. Unfortunately, a large number of parents think the abnormality includes the child being a girl."

Der von vielen indischen Ärzten und Sozialarbeitern vorgebrachte Einwand, die meist privilegierten Schichten angehörenden indischen und westlichen Intellektucllen und Feministinnen verstünden die Nöte armer indischer Frauen und Familien nicht und urteilten aus abstrahierender Perspektive überheblich, muß ernstgenommen und selbstkritisch bedacht werden. Wie kann man Frauen, die oftmals ihre Rechte nicht kennen, geschweige denn diese einfordern können, klarmachen, daß die geschlechtsselektive Abtreibung die Menschenrechte der

Frau und das Gesetz der Gleichberechtigung beider Geschlechter verletzt und von ihnen fordern, abstrakte Ideale über die Interessen des eigenen harten Lebens zu stellen? Angesichts der Armut und der Probleme, die sich bei der Erziehung und der Verheiratung der Töchter für viele Familien ergeben, kann man die indischen Frauen und ihre Familien in vielen Fällen verstehen. Einer Verurteilung sollte sich jede(r) Außenstehende enthalten.

Anmerkungen

1 Die Zahl der fehlenden Frauen benennt die Differenz zwischen der Zahl von Frauen, die es aufgrund natürlicher Verhältnisse geben müßte, und der Zahl von Frauen, die es tatsächlich gibt.

2 Für den Mädchenmangel war zu Anfang des 20. Jahrhunderts nicht nur der Infantizid verantwortlich; WINTERNITZ vermerkt: „Die Mädchentötung ist sicher eine, aber nicht nur e i n e Ursache für den bei allen Volkszählungen in Indien festgestellten Männerüberschuss. [...] Kirchhoff [...] hält die geschlechtliche Strapazierung des weiblichen Geschlechts durch die frühen Ehen und Wochenbetten für die Hauptursache des Frauenmangels. Doch hat auch er schon darauf hingewiesen, dass das Frauendefizit zum Teil nur ein scheinbares ist, da viele indische Hausväter bei der Volkszählung die weiblichen Mitglieder, insbesondere die unverheirateten Mädchen des Haushaltes den Zensusbehörden nicht angeben, teils unabsichtlich aus blosser Geringschätzung des weiblichen Geschlechts – die Mädchen sind für sie eben ‚nichts' –, teils absichtlich, da sie sich schämen, noch unverheiratete Mädchen im Hause zu haben." (1920, S. 25)

3 Der Census von 1971 wies den Panjab als den indischen Bundesstaat mit dem größten Frauenmangel aus, auf 1000 Männer kamen nur 865 Frauen, in Haryana war das Verhältnis 1000:867, in Uttar Pradesh 1000:879 (BOSE S. 151).

4 Nach SEAGER fehlten in Indien 1995 bei einer Gesamtbevölkerung von 931.044.000 Menschen 23 Millionen Frauen, in China fehlten 30 Millionen Frauen bei 1.238.319.000 Menschen, in Pakistan waren es 3,1 Millionen Frauen bei einer Gesamtbevölkerung von 134.974.000, und in Bangladesh fehlten 1,6 Millionen Frauen bei 128.251.000 Menschen (S. 35 und S. 96ff.). Diese vier Länder zeichnen sich durch eine besonders hohe Bevorzugung von Söhnen aus; in den islamischen Staaten Pakistan und Bangladesh gibt es aber, wenn überhaupt, nur wenige Kliniken und Ärzte, die die geschlechtsspezifische Abtreibung durchführen. Kulturbedingten Frauen-

mangel gibt es wegen hoher Sohnespräferenz auch in Ägypten, in der Türkei und in Nepal.

5 Siehe hierzu LEE und TAKANO sowie MATTHIESSEN und MATTHIESSEN. Das Verhältnis von Knaben zu Mädchen soll bei der Zeugung sogar 140:100 betragen; dadurch, daß in den ersten Monaten der Schwangerschaft 20 bis 30% mehr männliche als weibliche Embryonen abgehen, ist das Verhältnis bei der Geburt jedoch 105:100 (SCHNEIDER S. 32).

6 Die Kottai Pillaimar sind „a small subcaste of Vellalas, a major agricultural caste in Tamil Nadu. They live in a mud-walled fort in the town of Srivaikuntam in Tirunelveli district. [...] The KP rank high in the traditional hierarchy, immediately below Brahmins, and above all other upper castes." (GANESH S. 1 und S. 131)

7 SMITH berichtet in seiner Arbeit über Cidambaram, die Frauen der Priestergemeinschaft des Naṭarāja-Tempels, der Dīṭcitars, dürften die Stadt Cidambaram nicht verlassen (S. 58). Ein Dīṭcitar erzählte mir, die Frauen sollten nicht einmal den Bereich der um den Tempel liegenden Priesterhäuser verlassen, und wenn dies nötig ist, nur in männlicher Begleitung.

8 Es handelt sich um das Stichting Medisch Centrum voor Geboorteregeling, in dessen Broschüre es heißt: „Die Klinik hat sich auf den Schwangerschaftsabbruch nach dem dritten Monat spezialisiert". Die Klinik führt auch Sterilisationen, künstliche Befruchtungen und In-Vitro-Fertilisationen durch.

IV. Und anderswo?

Das für Indien nachzuweisende negative Frauenbild mit den daraus entstehenden Diskriminierungen von Mädchen und Frauen im realen Leben findet sich auch in allen anderen patriarchalischen Gesellschaften und in allen Epochen. Was seine Frauenfeindlichkeit angeht, stellt Indien weder qualitativ noch quantitativ einen Sonderfall dar; andere Länder, selbstverständlich auch die westlichen, weisen vergleichbare Mißstände auf, man denke nur an die hohen Zahlen von Abtreibungen und Vergewaltigungen, an das Ausmaß von Kindesmißbrauch und Prostitution und an die vielfältigen Gewaltdelikte in Deutschland, das eine im Vergleich mit Indien sehr kleine Bevölkerung besitzt. Indien kann hinsichtlich seiner patriarchalischen Strukturen exemplarisch für andere Kulturen stehen, ohne einen Sonderfall darzustellen.

Das universelle Kennzeichen patriarchalischen Denkens ist das von den Männern definierte negative Frauenbild, das die Frau als ein von Natur aus minderwertiges und unbelehrbares, hinterlistiges Geschöpf und als die Verkörperung einer als gefährlich angesehenen Sexualität versteht. Weltweit und zu allen Zeiten anzutreffende Kennzeichen patriarchalischer Kulturen sind die Bestimmung des weiblichen Körpers als generell oder zeitweilig unrein, die Tabuisierung der Menstruation, männlich-zentrierte Zeugungsvorstellungen und das Bevorzugen von Söhnen. Konkret äußert sich die Abwertung des weiblichen Geschlechts auch in einer weitgehenden Ausgrenzung der Frau aus dem Ritual und in ihrer untergeordneten Stellung innerhalb der Religion. Zur patriarchalischen Praxis gehören die Beschränkung der Frau auf das Haus und auf die Rolle als Ehefrau und Mutter, die damit verbundene Virilokalität, die frühe Verheiratung der Töchter, die Forderung der Jungfräulichkeit der Braut und der absoluten Treue der Ehefrau, die Kontrolle weiblicher Fruchtbarkeit und Sexualität, das Scheidungsverbot, die Institutionen der Polygynie und der Prostitution, die wirtschaftliche Abhängigkeit der Frau, die mangelhafte oder fehlende Ausbildung und Bildung der Mädchen, das Analphabetentum der Mehrheit der Frauen und vieles mehr. Die kulturspezifischen Besonderheiten Indiens sind jedoch nur die augenscheinlichen Details auf einer kulturellen Oberfläche, deren verborgenes Fundament das mit anderen Kulturen gemeinsame und sich in den Grundlagen nicht unterscheidende Patriarchat darstellt; dies zeigen Vergleiche mit anderen Kulturen nur zu deutlich. Im folgenden kann es nicht darum gehen, das Verhältnis zu Söhnen und Töchtern in anderen Kulturen auch nur in Umrissen darzustellen; vielmehr sollen einzelne signifikante Befunde, wie sie sich in einschlägiger neuerer Literatur darbieten, mit den jeweiligen Entsprechungen in der indischen Kultur alter und neuer Zeit verglichen werden.

Schon in der griechischen Antike gab es Ansichten über die Entstehung und Entwicklung des Embryos, die denen der Inder vergleichbar sind. So glaubte Anaxagoras, im männlichen Samen befänden sich bereits alle Elemente des zukünftigen Menschen in nicht wahrnehmbarem, aber bereits ausgebildetem Zustand; die Frau gewähre nur den Ort, an dem sich der Same festsetze (DÜRING S. 548). Nach HIPPELI und KEIL vertraten Hippon von Rhegion (5. Jahrhundert) und Anaxagoras von Klazomenei (etwa 500–425) die Ein-Samen-Lehre, nach der allein der männliche Same für die Entstehung des Embryos verantwortlich ist und die Frau nur zum Austragen der Frucht benötigt wird (S. 22ff.). Diese Vorstellung entspricht der indischen Sicht vom Mutterleib als einem Feld oder einem Behältnis, in das der männliche Same gelegt wird, der alle Wesenszüge des werdenden Menschen trägt. Aber auch die in Indien anzutreffende Auffassung von väterlicher und mütterlicher Zeugungssubstanz, die in Konkurrenz treten, findet sich im alten Griechenland, und zwar bei Demokrit. Dessen Meinung, „der Geschlechtsunterschied entstehe in der Mutter und beruhe darauf, welcher der von den Eltern herkommenden Samen die Oberhand gewinne“, wird von Aristoteles aufgenommen, der darlegt, „daß die Entwicklung des Embryos durch das Überwiegen der einen Kraft über die andere beeinflußt werden könnte [...]. Das Geschlecht des Kindes wird seiner Ansicht nach bei der Bildung des Keimes unmittelbar nach der Begattung bestimmt; es hängt davon ab, ob der Samen genügend innere Wärme hat, um den vom Weib ausgeschiedenen Stoff zu ‚besiegen‘ oder nicht“ (ebd.). Aristoteles „kommt [...] zu dem Ergebnis, daß das Menstrualblut der Samenausscheidung entspricht.“ (DÜRING S. 547) Das Männliche steht aber über dem Weiblichen, das nur Stoff ist: „Ein Höheres und ein Göttlicheres ist das Prinzip der Bewegung, das als Männliches den werdenden Geschöpfen zugrunde liegt; was als Weibliches zugrunde liegt, ist Stoff.“ (S. 545) Diese Auffassungen des Aristoteles wurden bekanntlich von den mittelalterlichen Scholastikern aufgegriffen und beherrschten das westliche Denken bis weit in die Neuzeit.

Auch für die europäische Antike lassen sich eine Bevorzugung der Söhne gegenüber den Töchtern, der daraus entstehende Mädchen-Infantizid (der für das alte Indien nicht belegt ist) und die schlechtere Versorgung der Töchter nachweisen: „There can be little doubt that female infanticide was practiced, apparently more in Hellenistic than in Classical Greece; the parents financial situation and the general political climate probably were the major determinants in deciding whether infant girls would be raised. Moreover, poor health resulting from a diet inferior to that accorded to boys – as indicated by the writings of Xenophon, the Persepolis inscriptions, and the discriminatory alimentary allotments at Rome – followed by childbearing at an immature age, resulted in women's life expectancy being shorter than men's by five to ten years. If fewer female infants were raised, and if women's lives were shorter, the result would inevitably manifest itself in a disproportionate sex ratio." (POMEROY S. 228) Ein altgriechischer Vers lautet: „Keine größere Last, als Töchter zu haben, Euktemon. Hältst du die Bürde für leicht, nun denn, so höre mich an. Du – du hast einen Bruch und ich eine Tochter; doch wenn du hundert Brüche mir gibst, nimm sie, die eine ist dein." („Bruch und Tochter", AGr 11,393, „Lukillios (Lukianos?)"; BECKBY S. 741)

Auch in Rom gab es einen Frauenmangel, der auf den Mädchen-Infantizid, auf das Aussetzen und auf die Vernachlässigung von Töchtern zurückzuführen war; Frauen hatten auch wegen ihrer Schwangerschaften und der damit verbundenen Risiken eine deutlich geringere Lebenserwartung (POMEROY S. 164). Mädchen durften unter Kaiser Augustus ab ihrem 12. Lebensjahr, Jungen ab dem 14. Lebensjahr verheiratet werden; die Mädchen heirateten meist zwischen zwölf und fünfzehn Jahren, und „[S]ince menarche typically occurred at thirteen or fourteen, prepubescent marriages took place." (ebd.)

Die Auffassung, die Frau sei nur für das Hervorbringen der männlichen Nachkommenschaft nützlich und ihre Existenz sonst überflüssig, ist ebenfalls nicht auf Indien beschränkt. Thomas von Aquin vertritt sie, in aristotelischer Begrifflichkeit denkend, genauso: „In funktioneller Hinsicht ist die Frau für die Zeugungsarbeit notwendig. Dabei stellt der Mann das aktive Prinzip (Sperma, Zeugungskraft), er ist die formgebende Wirkursache. Die Frau stellt das passive Prinzip, den Werkstoff (Gebärmutterblut), sie ist der stoffgebende, erleidende

Teil. Für alle anderen Arbeiten wäre sie eigentlich nicht notwendig." (Thomas nach BURRI S. 19)

Thomas ist in Übereinstimmung mit Aristoteles davon überzeugt, das Mädchen sei ein mißlungener Knabe: „Als Vater müßte er an sich (*per se*) ausnahmslos Knaben zeugen. Zeugt er trotzdem Mädchen, so geschieht dies *per accidens* oder wegen *occasiones*, sei es, daß der Vater und das väterliche Zeugungswerkzeug (Sperma) einen Defekt aufweisen, sei es, daß der mütterliche Zeugungsstoff (Gebärmutterblut) fehlerhaft ist, sei es, daß feuchte Südwinde gehen. Dennoch muß die Frau irgendwie vorgesehen sein, aber nicht *primae intentionis*, sondern *secundae intentionis*. Sie ist sozusagen ein mißratener Knabe, eine Ersatzbildung der Natur (*mas occasionatus*, *masculus occasionatus*.)" (BURRI ebd.) Die Zeugung einer Tochter erfolgt, und die Inder dachten ähnlich, bei einer Schwäche des Mannes. PESCH schreibt über die Auffassung des Thomas von Aquin hinsichtlich der Zeugung eines Mädchens: „Es kann nur daran liegen, daß die ‚aktive Kraft' des Mannes irgendwie behindert wird – entweder durch eine Schwäche eben jener männlichen Zeugungskraft oder durch eine ‚Indisposition' der Materie (die die Frau bereithält)." (S. 216) Die Inder machten neben der Schwäche des männlichen Samens äußere Einflüsse wie Sternkonstellationen für die Zeugung einer Tochter verantwortlich, und nach Thomas, der sich auf die Gedanken des Aristoteles stützt, galt: „Der Nordwind hilft zur Zeugung von Männern, der Südwind aber zur Zeugung von Frauen." (ebd.)

Die Auffassung von der Minderwertigkeit der Frau ist bei Thomas von Aquin wie bei den Indern die Grundlage der Zeugungstheorien. Die Frau wird als ein unvollkommenes Wesen betrachtet, das Gott aber wollte, denn „[E]s gehört zur Vollkommenheit und Schönheit des Alls, daß alle Stufen der Vollkommenheit, also auch das Minderwertige als *relative* Vollkommenheit in der Welt zum Sein gelangen. [...] Gewollt [ist die Frau] freilich um der Zeugung willen – denn für alle andere ‚Hilfe' (Gen 2,18) gibt Thomas zu, daß es ‚hilfreicher' gewesen wäre, wenn Gott dem Manne einen Mann zur Seite gegeben hätte." (PESCH S. 216)[1] Und: „Innerhalb der Spezies Mensch ist nach Thomas der Mann der vollkommenere, vollwertige (*perfectum*), die Frau der unvollkommenere, minderwertige (*minus perfectum, imperfectum*) Vertreter der Art. [...] Der biogenetischen Minderwertigkeit entspricht eine qualitative Minderwertigkeit, und zwar in körperlicher wie in geistiger Hinsicht." (BURRI S. 18) Die Ansichten des Thomas von Aquin sind, wie PESCH vermerkt, keinesfalls originell, sondern sie stellen das Wissen und die Anschauungen seiner Zeit dar (S. 217).

KLINGER dokumentiert Auffassungen vom Zeugungsbeitrag der Geschlechter und vom Sohn als dem biologischen und spirituellen Erben des Vaters im westlichen Denken, die wir ähnlich in Indien finden. Nach einer Untersuchung der Vorstellungen Fichtes und Kants kommt die Autorin zu dem Ergebnis: „[Es] wird der Frau ein aktiver, bestimmender Anteil am Reproduktionsprozeß abgesprochen – die Frau ist lediglich passives Gefäß, Nährboden, Matrix für den allein kreativen bzw. pro-kreativen Samen des Mannes. Die Aktivität-Passivität-Dichotomie impliziert zugleich die Transzendenz-Immanenz-Polarisierung: Während der Mann sich in seinen Nachkommen verewigt und damit seine Endlichkeit in gewissem Sinne transzendiert, gilt das für die Frau nicht, eben weil sie keinen aktiven Anteil daran hat." KLINGER zitiert CAROL DELANEY, die eine bemerkenswerte Arbeit über die Bedeutung der Vaterschaft in der westlichen Kultur vorgelegt hat: „The substance women contribute pertains only to this world – it is temporal and perishable and does not carry the eternal identity of a person. The child originates with the father, from his seed. This is the basis for what I call a ‚monogenetic' theory of procreation." (DELANEY 1986, S. 497, zitiert nach KLINGER S. 44) Diese Vorstellungen gleichen der indischen Auffassung, die Frau stelle nur das Feld oder den Schlauch für den männlichen Samen dar und der starke Same des Mannes bewirke die Geburt eines Sohnes. Auch in Indien sah man Transzendenz nur in Verbindung mit dem Mann. Während dieser durch seine Söhne unsterblich wurde, blieb von der Frau nichts übrig.[2] Die Frau hinterließ nach dieser Vorstellung abgesehen von ihren männlichen Kindern keine ihre Lebenszeit überdauernden Spuren ihrer persönlichen Existenz innerhalb der Familien.

Der Vater sieht, im Westen wie im Osten, einstmals wie heute, in seinem Sohn meist sein ureigenes Geschöpf, durch das er im Leben neue Möglichkeiten gewinnt und durch das er weiterlebt. Die älteren Indologen hatten daher niemals Schwierigkeiten mit der Akzeptanz altindischer Gedanken. PAUL DEUSSEN, der seine 1897 erschienenen „Sechzig Upanishad's des Veda" niemand anderem als „Den Manen Arthur Schopenhauer's" widmet, weiß sich in Übereinstimmung mit den Denkern des alten Indien und kommentiert die Darlegung der

Aitareyopaniṣad, der Sohn (und nur um das männliche Kind geht es hier) sei im Samen des Vaters enthalten, mit den Worten: „Übrigens beruht die hier hervortretende Anschauung, daß im Kinde [sic, R. S.] nicht die Mutter, sondern der Vater steckt, auf richtiger Beobachtung und ist ein philosophisch wertvoller Gedanke.“ (S. 15) Und MEYER stellt seinem 1915 veröffentlichen Buch über „Das Weib im altindischen Epos“ das Zitat des Schriftstellers Peter Hille voraus, das lautet: „Nur durch den Mann kommt das Weib zu Gott, durch den einen Mann, den es liebt.“ Dies entspricht dem indischen Denken, wonach die Frau in ihrem Ehemann ihren einzigen anbetungswürdigen Gott erkennen soll.

Unzählige weitere Beispiele könnten die Bevorzugung des Sohnes auch im Westen belegen. CHOWDHRY etwa verweist in Zusammenhang mit der Bitte um Söhne im Atharvaveda auf Shakespeares Macbeth, der in der 7. Szene des 1. Aktes zu seiner Lady sagt: „Bring forth menchildren only; For thy undaunted mettle should compose Nothing but males.“ (S. 84) Die Aussage eines berühmten deutschen Vaters anläßlich der Geburt seines ersten Kindes, einer Tochter, zu Beginn des 20. Jahrhunderts soll als weiteres Beispiel genügen: „Es ist also ein Mädchen: eine Enttäuschung für mich, wie ich unter uns zugeben will, denn ich hatte mir sehr einen Sohn gewünscht und höre nicht auf, es zu thun. Warum? ist schwer zu sagen. Ich empfinde einen Sohn als poesievoller, mehr als Fortsetzung und Wiederbeginn meiner selbst unter neuen Bedingungen.“[3]

ROUSSEAUs Aussagen über die Frau, geäußert im Jahre 1762, erinnern an die altindischer Autoren. So schreibt er über die Mädchen: „Elles doivent être genées de bonne heure. Ce malheur, si c'en est un pour elles, est inséparable de leur sexe; et jamais elles ne s'en délivrent que pour en souffrir de bien plus cruels. [...] Il résulte de cette contrainte habituelle une docilité dont les femmes ont besoin toute leur vie, puisqu'elles ne cessent jamais d'être assujetties à un homme, ou aux jugements des hommes, et qu'il ne leur est jamais permis de se mettre au-dessus de ces jugements. La première et la plus importante qualité d'une femme est la douceur [...]. [...] D'ailleurs, soumise au jugement des hommes, elle doit mériter leur estime elle doit surtout obtenir celle de son époux [...].“ (Emile, S. 461, 463 und 483) Die Inder waren ebenfalls der Meinung, die Frau müsse von der Geburt bis zum Tod männlicher Kontrolle unterstehen und zum

Gehorsam erzogen werden: „Tag und Nacht müssen die Frauen von ihren Männern in Abhängigkeit gehalten werden, und weil sie an den Objekten der Sinneswelt haften, müssen sie der Macht der Männer unterstellt sein.“[4]

In Indien „bewies“ die Theorie des *strīsvabhāva* die angebliche Minderwertigkeit des weiblichen Geschlechts. Die Auffassung, die Frau müsse aufgrund ihrer natürlichen Mängel beständiger Kontrolle durch den Mann unterworfen werden, weil es ihr wie dem Kind an der Vernunft fehle, ist selbstverständlich auch in der westlichen Kultur zu finden. So meinte SCHOPENHAUER, der Bewunderer der Upaniṣaden-Philosophie: „Zu Pflegerinnen und Erzieherinnen unserer ersten Kindheit eignen sich die Weiber gerade dadurch, daß sie selbst kindisch, läppisch und kurzsichtig, mit einem Worte: zeitlebens große Kinder sind – eine Art Mittelstufe zwischen dem Kinde und dem Mann.“ (S. 562) In Indien führte dieser Gedanke wie in den meisten patriarchalischen Kulturen zu der Sitte, den Jungen in den ersten Jahren bei der Mutter zu belassen, ihn zur Erziehung aber dem Vater und später einem Lehrer zu übergeben.

In biblischen Apokryphen finden sich Aussagen, die beinahe wörtlich mit den Äußerungen altindischer Texte übereinstimmen. Über die Tochter heißt es im Buch Jesus Sirach 42,9: „[...] die Sorge um sie (die Tochter) nimmt ihm (dem Vater) den Schlaf: in ihrer Jugend, daß sie nicht verschmäht wird [...]“, und in 7,24 und 25 wird gesagt: „Hast du Töchter, so behüte ihren Leib; zeige dich ihnen nicht allzu freundlich! [...] Bringe die Tochter aus dem Hause, dann zieht die Sorge aus; doch verheirate sie nur mit einem anständigen Manne.“ Und der Sohn ist auch hier das Ebenbild seines Vaters, dem er Unsterblichkeit gewährt: „Stirbt der Vater, so ist es, als wäre er nicht tot; denn er hat ein Abbild hinterlassen.“ (Jesus Sirach 30,4) Der im AV anzutreffende Vergleich der Söhne mit Pfeilen findet sich ähnlich in einem Loblied auf die Söhne in den Psalmen (127:3–5): „Sons are the provision of the Lord; the fruit of the womb, His reward, Like arrows in the hand of a warrior are sons born to a man in his youth. Happy is the man who fills his quiver with them; they shall not be put to shame when they contend with the enemy at the gate.“ (zitiert nach BIALE S. 13)[5] Seit dem Veda war auch in Indien der Sohn ein Held, *vīra*, der seinem Vater und seinen Vorvätern Ansehen und Stärke verlieh.

Die Fortpflanzung war im Judentum eine Pflicht, einen Sohn wollte man in jedem Falle; im Talmud (Jebamot 61 b–64 a) heißt es: „Der Mensch höre nicht mit der Fortpflanzung auf, wenn er nicht schon Kinder hat. Die Schule Schammais sagt: Zwei Knaben, und die Schule Hillels sagt: Ein Knabe und ein Mädchen, denn es heißt: ‚Als Mann und Frau schuf er sie' […]." (STEMBERGER S. 268) Zu der Bedeutung des Sohnes in der jüdischen Kultur sei auf einen Beitrag von KLEIN mit dem Titel „Eine Gottesgabe sind Söhne" verwiesen. Schon der Titel, ein Zitat aus Psalm 127, zeigt die Bevorzugung von Söhnen gegenüber den nicht genannten Töchtern, die Ablehnung der Töchter war aber im Judentum offenkundig nicht so stark wie in anderen patriarchalischen Gesellschaften; die Mitgift gab es aber auch hier.[6] Der Sohn hat auch hier eine wichtige religiöse Bedeutung. KLEIN zitiert Sohar Chadasch zu Ruth 89 a, wo es heißt: „Ein Mann mit einem Sohn in dieser Welt fühlt sich auch im Jenseits nicht einsam." (S. 240) Der Sohn war von Bedeutung, weil nur er das Totengebet, Kaddisch, für seine Eltern sprechen konnte, außerdem wurde seiner Frömmigkeit „ein erlösender Einfluß für seine verstorbenen Eltern zugeschrieben" (S. 240). Die Autorin weist darauf hin, daß „in jüdischen Gemeinden meist die Söhne bevorzugt wurden" und die Frauen Enttäuschung bei der Geburt einer Tochter äußerten (S. 250). Und die Frauen gelten auch in der jüdischen Kultur als eine Bedrohung für das religiöse Streben der Männer. ZBOROWSKI schreibt über die Auffassung jüdischer Männer im polnischen Schtetl des 19. Jahrhunderts: „Frauen sind gefährlich, nicht nur, weil sie selbst keine Tugenden haben, sondern mehr noch, weil sie im Manne ein Begehren wecken, das stärker als sein Wille und sein Urteilsvermögen ist. [...] Die Gefahr, die von den Frauen ausgeht, ist weniger eine persönliche Bedrohung des Mannes als vielmehr eine Bedrohung seiner Pflicht, die Gesetze zu erfüllen. [...] Eine Frau, die sich den Blicken preisgibt, würde die Gedanken des Mannes auf Sex richten, wo er sich doch auf das Studieren konzentrieren soll." (S. 103f.) Nach BIALE verstand die rabbinische Lehre „the sexuality of women as a biological fact but required men to ‚conquer their desire' (*yetzer*). As women are condemned to be prisoners of their own biology, incapable of willed sexual restraint, there is no point of teaching them the law." (S. 57) Ähnlich dachten die Inder. Auch in der jüdischen Kultur betrachtete man die Ehe als das einzige Mittel zur Kontrolle der Sexualität und verheiratete die Kinder daher möglichst früh, und dies mit Gottes Segen: „Ashkenazic Jews throughout the Middle Ages held that a man who marries off his sons and daughters near the period of puberty (*samukh la-firkan*) will receive the scriptural blessing.“ (S. 49)

Das islamische Denken kennt ebenfalls Vorstellungen, die den indischen Auffassungen vergleichbar sind. Die Sexualität der Frau gilt auch hier als eine gefährliche Kraft, die durch die Ehe befriedigt und kontrolliert werden muß, „denn eine unbefriedigte Frau ist in der Vorstellungswelt der Muslime gefährlicher als der Satan selbst.“ (HELLER und MOSBAHI S. 40f.) Dieses Konzept der weiblichen Sexualität ist die Begründung für die in einigen islamischen Ländern praktizierte Beschneidung der Mädchen. Töchter wurden auch in der islamischen Kultur nicht begrüßt; der Koran mißbilligt jedoch in 6:138 und in 16:58f. die im vorislamischen Arabien bisweilen vorgenommene Tötung neugeborener Mädchen und nennt in 17:32 Furcht vor Armut als die Ursache für dieses Verbrechen. Das Mädchen sollte in den traditionellen islamischen Gesellschaften bereits vor dem zwölften Lebensjahr verheiratet sein (WALTHER S. 67). Auch in neuerer Zeit verheiratet man in vielen islamischen Gesellschaften die Mädchen kurz nach oder sogar schon vor der Menarche. MERNISSI berichtet über das Marokko der siebziger Jahre: „In the most traditional rural society, there are no unmarried adolescent girls. A survey done by Malika Belghiti among the female rural population reveals that 50 percent of the girls are married before they reach puberty, and another 37 percent marry during the first two years following puberty. [...] According to my interviews, the ideal age for marriage in the traditional structure is thirteen.“ (S. 101) Auch im Islam ist die Menstruation mit zahlreichen Tabus belegt (HELLER und MOSBAHI Kapitel IX, S. 101ff.), auch hier wird von der Tochter der direkte und konfliktfreie Übergang von der Kindheit in die Rolle als Ehefrau und Mutter verlangt. Die indischen Muslime praktizieren ebenfalls die frühe Verheiratung der Töchter und geben in Anlehnung an hinduistische Bräuche anstelle des in der islamischen Welt weit verbreiteten Brautpreises eine Mitgift (JEFFERY S. 66 und S. 85), und auch hier gilt: „Nur Söhne bedeuten die Hoffnung, daß die Linie nicht zum Aussterben verurteilt ist.“ (S. 93) JEFFERY schreibt über Ansichten in der muslimischen Syed-Gemeinschaft in Süd-Delhi: „[...] vom Standpunkt der Familienabstammung ist es gleichgültig, ob Frauen sterben, unfruchtbar sind oder nur

Töchter gebären. Und selbst Söhne garantieren einer Frau nicht Unsterblichkeit. Frauen werden an den Rand gedrängt und vergessen.“ (S. 95) Denn auch im Islam galt: „Das wichtigste für eine junge Frau war, möglichst bald Kinder, vor allem Söhne, zu bekommen, um die geachtete Position einer Mutter einzunehmen (WALTHER S. 75).

In der Kultur des alten China bevorzugte man ebenfalls Söhne, auch hier kannte man magische und medizinische Praktiken, um männliche Nachkommen zu erlangen, und auch hier kam es bisweilen zur Tötung neugeborener Mädchen. RIEGEL schreibt in ihrer noch unveröffentlichten Dissertation über Fruchtbarkeit und Empfängnis in der traditionellen chinesischen Medizin, die Geburt eines unehelichen Kindes oder die „eines Kindes unerwünschten Geschlechts, d. h. eines Mädchens, waren Anlaß für eine Mutter, das Kind dem Tode auszusetzen“ (S. 15). Wie in Indien versuchte man auch in China, das Geschlecht des Ungeborenen zu beeinflussen: „Die Idee, einen bereits in der Entwicklung befindlichen Fötus vom weiblichen Geschlecht zum männlichen ‚umzuerziehen‘ (*zhuan nü wie nan*) geht auf vortangzeitliche Werke zur Sexualmedizin zurück. [...] Die im Aberglauben angesiedelten Methoden wurden in der Folge von quasi allen Autoren frauenheilkundlicher Literatur als ernstzunehmend anerkannt und übernommen, teilweise noch erweitert.“ (S. 30 und S. 122) Man glaubte, „in dieser Zeit sind männlich und weiblich noch nicht getrennt; deshalb kann man vor Ablauf des dritten Monats Arzneien verabreichen oder esoterische Verfahren anwenden, um [das Geschlecht des Fötus, R. S.] abzuwandeln und so einen Sohn entstehen zu lassen.“ (S. 90) Wie die Inder glaubten die Chinesen aber auch, der Geschlechtsverkehr an bestimmten Tagen des weiblichen Zyklus oder des Monats oder bei diesen und jenen Mond- und Gestirnkonstellationen führe zur Zeugung eines Kindes eines bestimmten Geschlechts (S. 101 und S. 141). Das indische Modell der Konkurrenz der Zeugungssubstanzen zum Zeitpunkt der Empfängnis ist auch in China bekannt: „Das erste theoretische System der Mingzeit zu Zeugung und Determination des Geschlechts geht auf Yu Qiao zurück. [...] Yu Qiao stützt sich im wesentlichen auf die Theorie Li Gaos, die besagt, daß zwischen dem ersten und dritten Tag nach Beendigung der Menstruation das Blutmeer der Mutter noch nicht aufgefüllt sei, die Essenz [des Mannes, R. S.] daher die Oberhand gewinne und damit ein männlicher Fötus gezeugt werde. Zwischen dem vierten und sechsten

Tag, da das Blut die Oberhand über die Essenz gewinne, seien dementsprechend Mädchengeburten zu erwarten.“ (RIEGEL S. 283) Wie das YDhŚ, das dem Mann zum Geschlechtsverkehr mit seiner nach der Menstruation durch den Blutverlust und das Fasten geschwächten Gattin rät, empfehlen auch chinesische Texte wie das um 1544 entstandene Guangsi yaoyu („Wichtige Erläuterungen zur Vermehrung der Nachkommenschaft“) den Geschlechtsverkehr in den ersten drei Tagen nach dem Ende der Menstruation zur Zeugung eines Sohnes (S. 188 und S. 194). Seit der frühen Han-Zeit herrschte in China die Vorstellung, der Embryo erhalte erst im dritten Monat sein Geschlecht, und dieses sei daher durch äußere Maßnahmen zu beeinflussen; fast immer geht es um die Schaffung eines männlichen Kindes: „Die Idee von der Umwandlung des Geschlechts nahm im Laufe der Zeit den Weg einer einseitigen Wandlung eines weiblichen in einen männlichen Fötus [...].“ (S. 143)

Mit dem Aufzeigen dieser Übereinstimmungen soll keine Abhängigkeit der chinesischen von der indischen Medizin oder umgekehrt impliziert werden; zwischen Indien und den anderen genannten Kulturen bestand hinsichtlich der dargelegten Ideen kein nachweisbarer Austausch.[7] Vielmehr bringt ein und derselbe Wunsch, in diesem Falle die Sehnsucht nach dem Sohn, in patriarchalischen Kulturen verschiedener Räume und Zeiten ähnlichen geistige Modelle und Praktiken zu seiner Erfüllung hervor.[8]

Aus diesem Grunde sind heute auch in anderen Kulturen, die den Ahnenkult und die mit ihm verbundene Bevorzugung der Söhne kennen, wie in China und Korea, dieselben Mißstände anzutreffen wie im modernen Indien. Auch in diesen Ländern führt die Abtreibung weiblicher Föten zu einem deutlichen Frauenmangel. CAROLINE HOY, eine Demographin der Dundee University, legte eine Studie zum Geschlechterverhältnis im heutigen China mit dem folgenden Ergebnis vor: „The male sex preference in China is clearly established with 118 or 119 male births for 100 female births. [...] a survey of migrant workers carried out in Beijing in 1994 put the skew higher, at an average 139 male births for 100 female births. For those women who had given birth before moving to Beijing for work, the figure was even higher at 159 male births.“ (Internet, „Abortion Main Page“, 1999.) Auch China scheint eine lange Tradition des Mädchen-Infantizids zu besitzen, so schreibt EBERHARD in seinem Kapitel über den Infantizid:

„Killing of girls only, although also documented for an area of former Yao settlement […], has occurred far beyond Yao territory almost universally in the entire area of the high-Chinese culture.“ (S. 108)[9] Die Gründe für die Tötung der Mädchen waren ähnliche wie in Indien: „It seemed that this was a specialized development of the high culture where women were not essential in economic production but caused economic losses to their families by the marriages in spite of the gifts coming in from the bridegroom because, in proportion to the value of these gifts, the bride's family had to make gifts in return.“ (ebd.)

Auf Taiwan ist seit den späten achtziger Jahren ein ständig wachsender Frauenmangel zu verzeichnen, wie CHANG CHING-JU in mehreren im Internet veröffentlichten Beiträgen berichtet. In Taipeh, wo die medizinische Infrastruktur bedeutend besser ist als auf dem Lande, gibt es besonders wenige Mädchen. Das traditionelle Bevorzugen von Söhnen, die auch in China eng mit dem Ahnenkult verbunden ist, gibt es auf Taiwan bis in unsere Tage. CHANG CHING-JU zitiert Lai Jehhang, einen Wissenschaftler am Academia Sinica's Sun Yat-sen Institute for Social Sciences and Philosophy, der glaubt, „that under the influence of the Chinese traditional concept whereby a family's descendants of the same surname burn incense to their ancestors and carry out the rituals of ancestor worship, it is unlikely that people's hopes that their progeny will respect and venerate them will die out in the short term.“ („Where Have All the Daughters Gone?“, S. 2) Wie vormals in Indien, wird auch auf Taiwan die Zweikind-Familie propagiert; viele Paare lassen daher in der ersten Schwangerschaft einen weiblichen Fötus abtreiben.

Auch in Südkorea werden immer weniger Mädchen geboren. 1982 kamen hier auf 100 Knaben 93 Mädchen, 1989 waren es nur noch 88 Mädchen; bei den erstgeborenen Kindern kamen im Jahre 1988 auf 100 Jungen 93 Mädchen, beim zweitgeborenen Kind 88 Mädchen, beim dritten Kind 58 und beim vierten Kind waren es nur noch 50 Mädchen je 100 Knaben (SEAGER S. 35). In der Stadt Taegu im Süden des Landes betrug 1998 das Geschlechterverhältnis 127 Knaben auf 100 Mädchen, bei den drittgeborenen Kindern kamen auf 100 Mädchen schon 320 Jungen, bei den Viertgeborenen sogar 351 (LUYKEN S. 17). Dies bedeutet, daß viele Frauen als ein drittes und viertes Kind nur einen Knaben akzeptieren und nach pränataler Geschlechtsbestimmung ein Mädchen abtreiben lassen.

Anmerkungen

1 Auch nach indischer Auffassung wollte Gott die Existenz der Frauen, allerdings gab es einstmals eine glückliche Zeit ohne sie. Gott schuf die Frauen, um die Männer, die göttergleich zu werden drohten, zu Fall zu bringen. Auf Yudhiṣṭhiras Frage, warum der Schöpfer überhaupt Frauen erschaffen habe, belehrt ihn Bhīṣma mit folgendem Mythos, M 13.40.5–7: *imāḥ prajā mahābāho dhārmikā iti naḥ śrutam* I *svayaṃ gacchanti devatvaṃ tato devān iyād bhayam* II *athābhyagacchan devās te pitāmaham arimdama* I *nivedya mānasaṃ cāpi tūṣṇīm āsann avāṅmukhāḥ* II *teṣām antargataṃ jñātvā devānāṃ sa pitāmahaḥ* I *mānavānāṃ pramohārthaṃ kṛtyā nāryo 'sṛjat prabhuḥ* II „Wir hörten, daß (einstmals) alle Geschöpfe (Männer) dem Gesetz gemäß lebten, o Starkarmiger, und dadurch selbst den Zustand der Göttlichkeit erlangten; dies machte den Göttern Angst. Da begaben sich die Götter zum Großvater (dem Gott Brahmā), o Besieger der Feinde, ließen ihn wissen, was sie bewegte und verfielen mit niedergeschlagenem Antlitz in Schweigen. Nachdem er das Innere der Götter erkannt hatte, erschuf der Großvater, der Herr, zum Zweck der Verblendung der Männer mittels seiner (magischen) Schöpferkraft die Frauen." Mit den Frauen kamen Zorn und Lust, die beiden Fallstricke für die Männer, in die Welt, Vers 10.

2 Über die Erlösung der Frau dachte man kaum nach; fast alle Äußerungen zu Erkenntnis, Askese, Erlösung und Transzendenz, Identität und Unsterblichkeit beziehen sich auf den Mann. Daher fragt der Heilige Vyāsa im SP Sanatkumāra, was denn mit den Frauen, den Barbaren (*mleccha*-s), den *śūdra*-s, dem Vieh, den Vögeln und den wilden Tieren sowie den Stummen, geistig Behinderten, Blinden und Tauben geschehe, die alle keine Askese üben könnten (5.1.8.3ff.). Die Digambara-Jainas leugnen die Erkenntnis- und Erlösungsfähigkeit der Frau gänzlich (PADMANABH S. JAIN S. 13).

3 THOMAS MANN in einem Brief an seinen Bruder Heinrich anläßlich der Geburt der Tochter Erika im November 1905. Nach der Geburt seines ersten Sohnes Klaus im Jahr 1906 schrieb Mann an seinen Freund Kurt Martens: „Vergnügten Herzens melde ich Dir die glückliche Geburt eines wohlgebildeten Knäbleins." (zitiert nach NAUMANN S. 18) Nach den Aussagen seiner Frau Katia antwortete Mann auf die Frage, ob er sich einen Sohn oder ein Mädchen wünsche: „Natürlich einen Jungen. Ein Mädchen ist doch nichts Ernsthaftes." (KATIA MANN S. 29) Allerdings wollte auch Katia keine Töchter: „Es war also ein Mädchen [...]. Ich war

sehr verärgert. Ich war immer verärgert, wenn ich ein Mädchen bekam, warum, weiß ich nicht." (ebd.)

4 MS 9.2: *asvatantryāḥ striyaḥ kāryāḥ puruṣaiḥ svair divāniśam | viṣayeṣu ca sajjantyaḥ saṃsthāpyā ātmano vaśe ||*

5 In der Jerusalemer Bibel heißt es in Psalm 127, 3–5: „Sieh, ein Geschenk Jahwes sind Söhne; ein Lohn ist des Lebens Frucht. Wie in der Hand des Kriegers die Pfeile, so sind die Söhne aus den Jahren der Jugend. Heil dem Mann, der mit ihnen füllt seinen Köcher: nicht versagen sie im Streit mit dem Gegner am Tore."

6 „In jüdischen Kaufmannskreisen war es praktisch kaum möglich, Töchter ganz ohne Mitgift an den Mann zu bringen. Die Elsässer Juden kannten daher folgende Steigerungsreihe: Positiv: Bat (*hebräisch Tochter*), Komparativ: Banot (*Töchter*), Superlativ: Ba-avanot (*in Schulden*)." (LANDMANN S. 350)

7 Eine Ausnahme stellt die islamische Kultur Indiens dar, die zahlreiche Praktiken der Hindus, wie eine kastenähnliche Struktur und Hierarchie, Reinheitsgebote, die Familienorganisation und die Mitgift übernommen hat. Zu der kontrovers diskutierten Frage, ob die indischen Muslime ein Kastensystem kennen, siehe die Beiträge von JAMOUS, FANSELOW und VATUK in FULLER, C. J.

8 Die Frage, ob es Kulturen gab oder gibt, in denen sowohl Frauen als auch Männer prinzipiell Töchter bevorzugen, vermag ich nicht zu beantworten. Eine kulturell bestimmte und konsequent praktizierte Tochterpräferenz ist wohl nur in Gesellschaften denkbar, in denen Frauen über die ideologische, politische und wirtschaftliche Definitionsmacht und Macht verfügen (also allgemeingültige Werte bestimmen, Gesetze erlassen und deren Einhaltung überwachen). Nach BENNHOLDT-THOMSEN, MÜSER und SUHAN herrschen in Juchitan, einer Stadt in Mexiko, matriarchalische Strukturen; die Frauen verdienen und verwalten ihr Geld, sie besitzen die häusliche und die öffentliche Macht und bevorzugen Töchter (S. 84ff.).

9 Siehe auch DE GROOT: „It is self-evident that in many parts of China where female infanticide is frequent, baby-towers are not only the depositories of victims of the vice, but also occasionally receive living infants." (Vol. 3, S. 1389)

Ausblick

Eine nicht geringe Zahl der indischen Töchter kennt keine unbeschwerte Kindheit und Jugend. GHOSH kommt zu dem Ergebnis: „Every year 12 million girls are born but 25 per cent do not survive to see their fifteenth birthday. [...] Every sixth death is specifically due to gender discrimination." (S. 48) Der Mädchen-Infantizid soll in Indien für 8% aller Fälle von Kindstod verantwortlich sein (SHOBHA WARRIOR). Ein großer Teil der Diskriminierungen geht auf die Tradition zurück; für die Mehrheit der Frauen Indiens hat sich nach Ansicht einer indischen Historikerin seit der Guptazeit im 4. und 5. nachchristlichen Jahrhundert wenig verändert: „Ideology for a man has changed since the Gupta age. [...] But the ideology for women remains, by and large, the same, until now." (CHITRAREKHA GUPTA S. 209)

Diese Erkenntnisse bleiben nicht ohne Auswirkungen. Die Lage der Mädchen in Südasien wurde von den Regierungen der Region auf dem Gipfeltreffen der South Asia Regional Cooperation (SAARC) im Jahr 1988 als so unbefriedigend und verbesserungswürdig angesehen, daß man das Jahr 1990 zum „Year of the Girl Child" erklärte; kurz darauf ernannte Indien das gesamte Jahrzehnt zur „Decade of the Girl Child" und legte in Zusammenarbeit mit den Vereinten Nationen einen „National Plan of Action" vor, dessen Ziel es ist, „to remove the gender bias and to improve the status of the girl child so as to provide her with equal opportunities for her survival and development." (GANGRADE, Social Development S. 70, CHOWDHRY S. 89, SETH S. 111).

Es ist aber nicht nur der Staat, der sich bemüht, die Lage der Mädchen und Frauen zu verbessern. Es gibt im heutigen Indien eine große Zahl von Institutionen und Initiativen in allen Bundesstaaten und auf allen Ebenen der Gesellschaft. Diese Projekte werden entwickelt und getragen von engagierten Männern und Frauen, darunter Feministinnen, die die Mißstände nicht nur analysieren und beschreiben, sondern sie mit großem Einsatz bekämpfen. Daher kann man mit einem gewissen Optimismus in die Zukunft blicken.

Literatur

I. Altindische Literatur

AĀ: *Aitareyāraṇyaka*. Aitareyāraṇyakam. Śrīmatsāyaṇācāryaviracitabhāṣyasametam. [Hg. von] Hari Nārāyaṇa Āpaṭe. Ānandāśramamudraṇālaye [Pune] 1898.

AB: *Aitareyabrāhmaṇa*. Das Aitareya Brāhmaṇa. Mit Auszügen aus dem Commentare von Sāyaṇācārya und anderen Beilagen herausgegeben von Theodor Aufrecht. Bonn 1879. (Zitate erfolgen nach dieser Ausgabe.)
The Aitareya Brāhmaṇa of the Ṛgveda. With the Commentary Vedārthaprakāśa of Sāyaṇācārya and ‚Saralā' Hindī Translation. Edited & Translated by Sudhakar Malaviya. 2 Vols. Varanasi 1980 und 1983. (Sāyaṇas Kommentar wird nach dieser Ausgabe zitiert.)

ĀDhS: *Āpastambadharmasūtra*. Das Āpastamba-Darmasūtra – Aufbau und Aussage. Elvira Friedrich. Frankfurt am Main 1993. (Diss. München; Text und Übersetzung.)

ĀGS: *Āpastambagṛhyasūtra*. Āpastamba-Gṛhya-Sūtra. With the ‚Anākulā' Commentary of Śrī Haradatta Miśra, the ‚Tātparyadarśana' Commentary of Śrī Sudarśanācārya and Notes in Sanskrit by Mahāmahopādhyāya A. Chinnasvāmī. Edited with Hindi Translation, Explanatory Notes, Critical Introduction & Index by Umesh Chandra Pandey. Varanasi 1971.

AK: *Amarakoṣa*. Amarakocha ou Vocabulaire d'Amarasinha publié en Sanskrit avec une traduction française, des notes et un index par A. Loiseleur Deslongchamps. Première Partie Paris 1839, Seconde Partie Paris 1845.
The Nāmaliṅgānuśāsana of Amarasimha with the commentary Ṭīkāsarvaswa of Vandhyaghatīya-Sarvānanda. Edited by T. Gaṇapati Śāstrī. 4 Parts. Trivandrum 1914–1917.

AN: *Aṅguttaranikāya*. The Aṅguttara-Nikāya. Part III. Edited by E. Hardy. Pañcaka-Nipāta, and Chakka-Nipāta. London 1896.

AP: *Agnipurāṇa*: Śrīmaddvaipāyanamunipraṇītam Agnipurāṇam. [Ed. by] Mahādeva Cimaṇājī Āpaṭe. Ānandāśramamudraṇālaye [Pune] 1957.

AŚ: *Arthaśāstra*. The Kauṭilīya Arthaśāstra. Part I. A Critical Edition with a Glossary. [Hg. von] R. P. Kangle. Bombay 1960.
Part II. An English Translation with Critical and Explanatory Notes. Second Edition. Delhi 1988 [1972].

Aśak: *Abhijñānaśakuntalā*. A. Scharpé: Kālidāsa-Lexicon. Vol. I: Basic Text of the Works. Part I: Abhijñānaśakuntalā. Brugge 1954.

ĀśGS: *Āśvalāyanagṛhyasūtra*. Āśvalāyanagṛhyasūtraṃ gṛhyapariśiṣṭaṃ Kumārilabhaṭṭasvāmipraṇītāśvalāyanagṛhyakārikāś ca. [Ohne Ort, ohne Jahr.]

ĀśŚS: *Āśvalāyanaśrautasūtra*. Nārāyaṇakṛtavṛttisametam Āśvalāyanaśrautasūtram. [Hg. von] K. V. Ś. R. Gokhale. Ānandāśramamudraṇālaye [Pune] 1927.

AV: *Atharvaveda*. Atharva Veda Sanhita. Herausgegeben von R. Roth und W. D. Whitney. Erster Band: Text. Berlin 1856. (Zitate erfolgen nach diese Ausgabe.)
Atharvavedasaṃhitā with the Commentary of Sāyaṇācārya. Edited by Shankar Pāndurang Pandit. 4 Vols. Bombay 1895–1898. (Sāyaṇas Kommentar wird nach dieser Ausgabe zitiert.)

BDhS: *Baudhāyanadharmasūtra*. Das Baudhāyana-Dharmasūtra. Herausgegeben von E. Hultzsch. Zweite, verbesserte Auflage. Leipzig 1922. (Zitate erfolgen nach dieser Ausgabe.)
The Baudhāyana-Dharmasūtra with the Vivaraṇa Commentary by Śrī Govinda Svāmī and Critical Notes by M. M. A. Chinnaswāmī Śāstrī. Edited with Hindi Translation, Explanatory Notes, Critical Introduction & Index by Umeśa Chandra Pāṇḍeya. Varanasi 1972.

BhāP: *Bhāgavatapurāṇa*. Śrīmadbhāgavatam. [Hg. von] Nārāyaṇa Rāma Ācārya. Bombay 1950. (Zitate erfolgen nach dieser Ausgabe.)
Bhāgavatapurāṇa with Hindi Translation. Gorakhpur 1951.

BJ: *Bṛhajjātaka*. The Bṛhajjātakam of Varāha Mihira. [Text.] Translated by Swami Vijnanananda alias Hari Prasanna Chatterjee. Second Edition. New Delhi 1979 [Allahabad 1912].

BP: *Brahmapurāṇa*. Sanskrit Indices and Text of the Brahmapurāṇa by Peter Schreiner and Renate Söhnen. Wiesbaden 1987.

BraP: *Brahmāṇḍapurāṇa*. Brahmāṇḍa Purāṇa of Sage Kṛṣṇa Dvaipāyana Vyāsa (with Introduction in Sanskrit and English and an Alphabetical Index of Verses). Edited by J. L. Shastri. Delhi, Varanasi, Patna 1973.

BS: *Bṛhatsaṃhitā.* Varāhamihira's Bṛhat Saṃhitā with English Translation, Exhaustive Notes and Literary Comments. [Hg. von] Ramakrishna Bhat. 2 Parts. Delhi u. a. 1981 und 1982. (Zitate erfolgen nach dieser Ausgabe.)
Bṛhat Saṃhitā. By Varāhamihirācārya with the Commentary of Bhaṭṭotpala. Edited by Avavadhavihārī Tripāṭhī. 2 Parts. Varanasi 1968. (Zitate des Kommentators erfolgen nach dieser Ausgabe.)

BU: *Bṛhadāraṇyakopaniṣad.* In: The Upanishads. The wellknown ten [Upaniṣads]: *īśa-kena-kaṭha-muṇḍaka-māṇḍūkya-aitareya-taittirīya-chāndogya-bṛhadāraṇyaka* and the *śvetāśvatara.* Revised by Vishvanāth P. Vaidya. Bombay 1932. (Zitate erfolgen nach dieser Ausgabe.)
The Bṛhadāraṇyaka Upaniṣad with the Commentary of Śrī Madhvāchārya. Translated by Rai Bahadur Śrīś Chandra Vasu with the assistance of Paṇḍit Rāmākṣya Bhattāchārya. Allahabad 1916.

CA: *Cāṇakya's Aphorisms.* The Spreading of Cāṇakya's Aphorisms over „Greater India". Ludwik Sternbach. Calcutta 1969.

CNŚS: *Cāṇakyanītiśākhāsampradāya.* The Cāṇakya-Nīti-Text-Tradition (Cāṇakya-Nīti-Śākhā-Sampradāyaḥ). By Ludwik Sternbach. 2 Vols. Hoshiarpur 1963–1968. (Die zitierten Verse sind Volume II, Part II entnommen.)

CS: *Carakasaṃhitā.* Carakadṛdhabalābhyāṃ pratisaṃskṛtā Carakasaṃhitā [Ed. by] Trivikramātmaja Yādavaśarman. Mumbayyāṃ 1933. (Zitate erfolgen nach dieser Ausgabe.)
The Carakasaṃhitā. Expounded by the Worshipful Ātreya Punarvasu, Compiled by the Great Sage Agniveśa and Redacted by Caraka & Dṛḍhabala. Edited and Published in Six Volumes with Translations in Hindi, Gujarati and English by Shree Gulabkunverba Ayurvedic Society. Jamnagar 1949.

D: *Divyāvadāna.* The Divyāvadāna. A Collection of Early Buddhist Legends, Now First Edited from the Nepalese Sanskrit MSS. in Cambridge and Paris. By E. B. Cowell and R. A. Neil. Cambridge 1886.

GDhŚ: *Gautamadharmaśāstra.* The Institutes of Gautama. Edited with an Index of Words by Adolf Friedrich Stenzler. Breslau 1876.

GGS: *Gobhilagṛhyasūtra.* Gobhilagṛhyasūtram with Bhaṭṭanārāyaṇa's commentary. Critically edited from original manuscripts with notes and indices by Chintamani Bhattacharya, with an introduction by Vanamali Vedantatirtha. New Delhi 1982 [Calcutta 1936].

GU: *Garbhopaniṣad.* In: Upaniṣadāṃ samuccayaḥ. [Hg. von] Vināyaka Gaṇeśa Āpaṭe. Ānandāśramamudraṇālaye [Pune] 1925.

H: *Harsacarita.* The Harṣacarita of Bāṇabhaṭṭa (Text of Ucchvāsas I-VIII). Edited with an Introduction and Notes by P. V. Kane. Delhi, Patna, Varanasi 1965 [1918].

IS: *Indische Sprüche.* Sanskrit und Deutsch. Herausgegeben von Otto Böhtlingk. Zweite, vermehrte und verbesserte Auflage. Drei Theile. St. Petersburg 1870–1873.

KāmS: *Kāmasūtra.* Śrīvātsyāyanapraṇītaṃ Kāmasūtram Yaśodharaviracitayā Jayamaṅgalākhyayā ṭīkayā sametam. [Hg. von] Paṇḍit Durgaprasāda. Mumbaī 1891.

KāS: *Kāṭhakasaṃhitā.* Kāṭhakam, Die Saṃhitā der Kaṭha-Śākhā. Herausgegeben von Leopold von Schröder. Drei Bücher. Leipzig 1900–1910.

KhGS: *Khādiragṛhyasūtra.* The Khādira Gṛyasūtra with the Commentary of Rudraskanda. Edited by A. Mahadeva Sastri and L Srinivasacharya. Mysore 1913.

KN: *Kuṭṭanīmata.* In: Kāvyamālā. A collection of old and rare Sanskṛit Kāvyas, Nāṭakas, Champūs, Bhāṇas, Prahasanas, Chhandas, Alaṅkāras &c. Part III. Edited by Paṇḍit Durgāprasāda and Kāśīnāth Pāṇḍurang Parab. Varanasi 1988.

KS: *Kauśikasūtra.* The Kauśika-Sūtra of the Atharva-Veda with Extracts from the Commentaries of Dārila and Keśava. Edited by Maurice Bloomfield. New Haven 1890.

KŚS: *Kātyāyanaśrautasūtra.* Kātyāyana Śrauta Sūtra. Rules for the Vedic Sacrifices. [Translated] by H. G. Ranade. Pune 1978.

KU: *Kauṣītakibrāhmaṇopaniṣad.* The Twelve Principal Upaniṣads (In Three Volumes). Text in Devanāgarī; and Translation with Notes in English from the Commentaries of Śaṅkarācārya and the Gloss of Ānandagiri and the Commentary of Śaṅkarānand. Vol III. Chāndogya and Kauṣītakibrāhmaṇa Upaniṣads. [Hg. von] Raja Rajendralal Mitra and E. B. Cowell. Madras 1932.

KuS: *Kumārasaṃbhava.* Kālidāsa's Kumārasaṃbhava. Cantos I–VIII (Complete). Edited with the commentary of Mallinātha, a Literal English Translation, Notes and Introduction by M. R. Kale. Sixth Edition. Delhi, Varanasi, Patna 1967 [1923].

M: *Mahābhārata.* The Mahābhārata. For the First Time Critically Edited by Vishnu S. Sukthankar with the Co-operation of Shrimant Balasaheb Pant Pranidhi [...]. Harivaṃśa, Pratīka-Index [34 Bde.]. Poona 1933–1972.

MaiS: *Maitrāyaṇīsaṃhitā*. Maitrāyaṇī Saṃitā. Herausgegeben von Leopold von Schröder. 4 Bücher. Leipzig 1923.

MP: *Mārkaṇḍeyapurāṇa*. The Mārkaṇḍeya Purāṇa in the Original Sanscrit. Edited by K. M. Banerjea. Calcutta 1862.
Mārkaṇḍeyapurāṇa with Hindi Translation. [Hg. von] Raghuraja Dube. Lucknow 1908.

MS: *Manusmṛti*. Śrīmatkullūkabhaṭṭaviracitayā Manvarthamuktāvalyā Ślokānāmakārādikośena ca sametā. [Hg. von] Vāsudevaśarman. Mumbaī [o. J.].
The Mānava-Dharma Śāstra with the Commentary of Govindarāja. Edited with Notes by Vishvanāth Nārāyan Mandlik. 3 Vols. New Delhi 1992 [Bombay 1886].

MSS: *Mahāsubhāṣitasaṃgraha*. Mahā-Subhāṣita-Saṃgraha, Being an Extensive Collection of Wise Sayings in Sanskrit Critically Edited with Introduction, English Translation, Critical Notes, etc. Vol. I: Edited by Ludwik Sternbach. Vols. II–VI Compiled by Ludwik Sternbach. Edited by S. Bhaskaran Nair. Hoshiarpur 1974–1987.

MT: *Mahānirvāṇatantra*. Mahānirvāṇa Tantra. With the Commentary of Hariharānanda Bharatī. Tantrik Texts Edited by Arthur Avalon. Vol. XIII. Madras 1929.

N: *Nirukta*. The Nighaṇṭu and The Nirukta. The Oldest Indian Treatise on Etymology, Philology, and Semantics Critically Edited from Original Manuscripts and Translated for the First Time into English, with Introduction, Exegetical and Critical Notes, Three Indexes and Eight Appendices by Lakshman Sarup. University of the Punjab [Lahore]. 6 Vols. 1921–1927. (Zitate erfolgen nach dieser Ausgabe.)
Durgācāryakṛtavṛttisametaṃ Niruktam. [Hg. von] Vināyak Gaṇeś Āpaṭe. Prathamo bhāgaḥ. Ānandāśramamudraṇālaye [Pune] 1951. (Durgas Kommentar wird nach dieser Ausgabe zitiert.)

NS: *Nāradasmṛti*. The Nāradasmṛti. Critically edited with an introduction, annoted translation, and appendices by Richard W. Lariviere. Part One: Text. Part Two: Translation. Philadelphia 1989.

P: *Pañcatantra*. Viṣṇuśarmasaṃkalitaṃ Pañcatantram. Saralāṭīkayā viṣayapadyānukramakośādibhiḥ. [Hg. von] Damodara Dharmānanda Kosaṃbī. 9. Auflage. Mumbaī 1950.
Panchatantra I. Edited, with Notes, by F. Kielhorn. Sixth Edition. Bombay 1896.

Par: *Parāśara*. The Institutes of Parāśara Translated into English by Kṛṣṇakamal Bhaṭṭāchāryya. Calcutta 1887. (Der Text lag mir nicht vor.)

PGS: *Pāraskaragṛhyasūtra*. Gṛhya-Sūtra by Paraskar. With Five Commentaries of Karka Upādhyāya, Jayarām, Harihar, Gadādhar and Vishvanāth. Edited by Mahādeva Gangādhar Bākre. New Delhi 1982 [Bombay 1917].

R: *Rāmāyaṇa*. The Vālmīki-Rāmāyaṇa. Critically Edited for the First Time by G. H. Bhatt, P. C. Divanjī [u. a.]. 7 Vols. Baroda 1960–1975.

Ra: *Ratirahasya*. Kāmaśāstra kā sarvottama apūrva grantha Ratirahasya Bhagīrathī bhāṣāṭīkā sahita. [Hg. von] Bhāgīratha Svāmī Āyurvedācāryya. Kalakattā 1930.

ṚV: *Ṛgveda*. Ṛg-Veda-Saṃhitā. The Sacred Hymns of the Brāhmans together with the Commentary of Sāyaṇācārya. Edited by F. Max Müller. 4 Vols. London 1890–1892 [1849–1873].

SaṃN: *Saṃyuttanikāya*. The Saṃyutta-Nikāya of the Sutta-Piṭaka. Part I: Sagātha-vagga. Edited by Léon Feer. London 1884.

ŚB: *Śatapathabrāhmaṇa*. The Śatapatha-Brāhmaṇa in the Mādhyandina-Śākhā with Extracts from the Commentaries of Sāyaṇa, Harisvāmin and Dvivedagaṅga. Edited by Albrecht Weber. Leipzig 1924.

ŚGS: *Śāṅkhāyanagṛhyasūtra*. The Gṛhya-Sūtras. Rules of Vedic Domestic Ceremonies. Translated by Hermann Oldenberg. Part I. Oxford 1886. (Der Text lag mir nicht vor.)

SM: *Samayamātṛkā*. Samayamātṛkā of Mahākavi Kṣemendra. Edited with The ‚Prakāśa' Hindī Commentary and Notes by Ramāśaṅkar Tripāṭhī. Varanasi 1967.

SN: *Suttanipāta*: The Sutta-Nipāta. New Edition by Dines Andersen and Helmer Smith. London 1913.

SP: *Skandapurāṇa*. Skanda Puranam by Shrimanmaharsi Krishna Dwaipayan Vedavyas. 6 Parts. Calcutta 1960–1965.

SS: *Suśrutasaṃhitā*. The Suśrutasaṃhitā of Suśruta with Various Readings, Notes and Appendix etc. Edited with the Co-operation of Vaidya Jādavji Trikamji Āchārya by Nārāyaṇ Rām Achārya „Kāvyatīrth". Bombay 1945.

ŚŚ: *Śāntiśataka*. Das Śāntiśataka. Mit Einleitung, Kritischem Apparat, Übersetzung und Anmerkungen herausgegeben von Karl Schönfeld. Leipzig 1910.

ŚŚS: *Śāṅkhāyanaśrautasūtra*. The Śāṅkhāyana Śrauta Sūtra together with the Commentary of Varadattasuta Ānartīya. Edited by Alfred Hillebrandt. 4 Vols. Calcutta 1888–1899.

TS: *Taittirīyasaṃhitā*. Padapāṭhayutā Kṛṣṇayajurvedīyataittirīyasaṃhitā Śrīmatsāyaṇācāryaviracitabhāṣyasametā [Hg. von] Hari Nārāyaṇa Āpaṭe. Ānandāśramamudraṇālaye [9 Vols., Poona] 1900–1908.

VāP: *Vāyupurāṇa*. Śrīmadvāyumahāpurāṇam. [Hg. von] Gaṅgāviṣṇu Śrīkṛṣṇadāsa. Lakṣmīveṅkateśvara Mudraṇālaya. Mumbaī 1895.

VDhŚ: *Vāsiṣṭhadharmaśāstra*. Aphorisms on the Sacred Law of the Āryas, as Taught in the School of Vasiṣṭha. Edited by A. A. Führer. Bombay 1883.

VP: *Viṣṇupurāṇa*. Śrīśrīviṣṇupurāṇa. [Hg. von] Munilāl Gupta. [Mit Hindī-Übersetzung.] Gītā-Press-Edition. Gorakhpur 1933.

Vṛddhacāṇakya: Stimmen indischer Lebensklugheit. Die unter Cāṇakya's Namen gehende Spruchsammlung in mehreren Rezensionen untersucht und nach einer Rezension übersetzt von OSKAR KRESSLER. Leipzig 1907. (Der Text lag mir nicht vor.)

VS: *Viṣṇusmṛti*. The Institutes of Viṣṇu Together with Extracts from the Sanskrit Commentary of Nanda Paṇḍita Called Vaijayantī. Edited with Critical Notes, an Anukramaṇikā, and Indexes of Words and Mantras by Julius Jolly. Calcutta 1881.
Viṣṇusmṛti with the Commentary Keśavavaijayantī of Nandapaṇḍita. Edited by Pandit V. Krishnamacharya. 2 Vols. Madras 1964.

YDhŚ: *Yājñavalkyadharmaśāstra*. Yājñavalkya's Gesetzbuch. Sanskrit und Deutsch, herausgegeben von Adolf Friedrich Stenzler. Breslau 1849. (Zitate erfolgen nach dieser Ausgabe.)
Die Yājñavalkyasmṛti. Ein Beitrag zur Quellenkunde des indischen Rechts. Hans Losch. Leipzig 1927.

II. Sekundärliteratur

AGARWAL, A. K.: Law on bride burning – A psychiatric point of view. (Editorial) In: Indian Journal of Psychiatry. 31 (1), 1989. S. 1–2.

ALTEKAR, A. S.: The Position of Women in Hindu Civilisation from Prehistoric Times to the Present Day. Banaras 1956.

Anonymus: Sister India: Critical Examination and a Reasoned Reply to Katherine Mayo's Mother India. World Citizen. Calcutta 1927.

ATHREYA, V. B. und CHUNKATH, S. R.: Gender Discrimination Strikes: Disquieting Aspects of Early Neonatal Deaths in Tamil Nadu. In: Frontline. Chennai 11.7.1997. S. 94.

BECKBY, HERMANN (Hg.): Anthologia Graeca. Griechisch-Deutsch. Band 3: Buch IX–XI. München 1958.

BENARD, CHERYL und SCHLAFFER, EDIT: Das Gewissen der Männer. Geschlecht und Moral – Reportagen aus der orientalischen Despotie. Reinbek bei Hamburg 1992.

BENNETT, LYNN: Dangerous Wives and Sacred Sisters. Social and Symbolic Roles of High-Caste Women in Nepal. New York 1983.

BENNHOLDT-THOMSEN, Veronika, MÜSER, MECHTHILD und SUHAN, CORNELIA: FrauenWirtschaft. Juchitan – Mexikos Stadt der Frauen. München 2000.

BETEILLE, ANDRE: Caste in Contemporary India. In: C. J. Fuller (Ed.): Caste Today. Delhi [u. a.] 1998 [Oxford 1997]. S. 150–179.

BHANDARKAR, R. G.: History of Child Marriage. In: Zeitschrift der Deutschen Morgenländischen Gesellschaft. 47. Band. 1893. S. 143–156.

BHANTI, RAJ: The tribal girl child in Rajasthan. In: *Girl Child in India.* S. 203–206.

BHATIA, NANDI: Twentieth-Century Hindi Literature. In: Nalini Natarajan (Ed.): Handbook of Twentieth-Century Literatures of India. Westport, Connecticut and London 1996. S. 134–159.

BHISHAGRATNA, KAVIRAJ KUNJALAL: An English Translation of the Sushruta Samhita Based on Original Sanskrit Text [...]. In Three Volumes. Varanasi 1963 [Calcutta 1907].

BIALE, DAVID: Eros and the Jews. From Biblical Israel to Contemporary America. New York 1992.

Die Bibel. Die Heilige Schrift des Alten und Neuen Bundes. Deutsche Ausgabe mit den Erläuterungen der Jerusalemer Bibel herausgegeben von Diego Arenhoevel, Alfons Deissler, Anton Vögtle. 2. Aufl. Freiburg 1968.

BLOOMFIELD, MAURICE: Hymns of the Atharvaveda Together with Extracts from the Ritual Books and the Commentaries. Translated. ‚The Sacred Books of the East‘, Band 42. Oxford 1897.

BÖHTLINGK, O.: Vermischtes. [Darunter:] 3. Pflegten die Inder Töchter auszusetzen? In: Zeitschrift der Deutschen Morgenländischen Gesellschaft. 44. Band. Leipzig 1890. S. 494–496.

BÖHTLINGK, OTTO und ROTH, RUDOLPH: Sanskrit-Wörterbuch. Herausgegeben von der Kaiserlichen Akademie der Wissenschaften. Erster Theil 1852–1855: Die Vocale. St. Petersburg 1855.

BOSE, ASHISH: A Demographic Profile. In: JAIN, DEVAKI (Ed.). S. 131–192.
BOSS, MEDARD: Indienfahrt eines Psychiaters. Pfullingen 1959.
BOVENSCHEN, SILVIA: Die imaginierte Weiblichkeit. Exemplarische Untersuchungen zu kulturgeschichtlichen und literarischen Präsentationsformen des Weiblichen. Frankfurt am Main 1979.
BRONGER, DIRK: Indien. Größte Demokratie der Welt zwischen Kastenwesen und Armut. Gotha 1996.
BUMILLER, ELISABETH: May You Be the Mother of a Hundred Sons. A Journey Among the Women of India. New York, Toronto 1990.
BURRI, J.: „Als Mann und Frau schuf er sie." Differenz der Geschlechter aus moral- und praktisch-theologischer Sicht. Zürich, Einsiedeln, Köln 1977.
BURTON, ANTOINETTE: From Child Bride to ‚Hindoo Lady': Rukhmabai and the Debate on Sexual Responsibility in Imperial Britain. In: American Historical Review. Vol. 103, No. 4. October 1998.
BUTLER, JUDITH: Das Unbehagen der Geschlechter. Frankfurt am Main 1991 [Gender Trouble, New York 1990].
CALMAN, LESLIE J.: Toward Empowerment. Women and Movement Politics in India. Boulder [u.a.] 1992.
CARSTAIRS, G. MORRIS: Die Zweimal Geborenen. München 1963 [The Twice-Born, London 1957].
CHANG CHING-JU:
„Where Have All the Daughters Gone?" (Translated by Robert Taylor). In: sinorama. Vol. 21, No. 2. February 1996.
„Put the blame on Mencius?" (ebd.)
„Why the lack of Debate on Abortion?" (ebd.)
http://www.gio.gov.tw/info/sinorama/8502/502006e1.html
CHATTERJEE, M.: A Report on Indian Women from Birth to Twenty. New Delhi 1990.
CHATTERJI, SHOMA A.: Indian Women. From Darkness to Light. Calcutta 2000.
CHATURVEDI, B. K.: Durga The Great Goddess. (Mythological References, Tales of Glory, Hymns, Orisons, and Devotional Songs.) New Delhi [o. J.].
CHOWDHRY, D. PAUL: Girl child and gender bias. In: *Girl Child in India*. S. 84–93.

CONRAD, DIETER: Rechtssystem und Verfassung. In: Indien. Kultur, Geschichte, Politik, Wirtschaft, Umwelt. Ein Handbuch. Herausgegeben von Dietmar Rothermund. München 1995. S. 409–426.

DANGE, SINDHU S.: Symbolism in the Rite of Sīmantonnayana. In: Journal of the Asiatic Society of Bombay. Volumes 52–53/1977–1978 (New Series). Bombay 1981. S. 83–87.

DASGUPTA, SHAMITA DAS and HEDGE, RADHA SARMA: The Eternal Receptacle: A Study of Mistreatment of Women in Hindi Films. In: *Women in Indian Society*. S. 209–216.

DASHORA, REKHA: Status of tribal girl child. In: *Girl Child in India*. S. 207–216.

DAVAR, BHARGAVI V.: Mental health of Indian women. A feminist agenda. New Delhi, Thousand Oaks, London 1999.

DE GROOT, J. J. M: Religious System of China. 6 Vols. Leiden 1892–1910.

DELBRÜCK, BERTHOLD: Die indogermanischen Verwandtschaftsnamen. Ein Beitrag zur vergleichenden Alterthumskunde. Leipzig 1889.

Demographic profile...: Demographic profile and future strategies for development of the girl child in India. In: *Girl Child in India*. S. 19–31.

DERRETT, J. D. M: An Introduction to Legal Systems. In: J. D. M. Derrett (Ed.): Hindu Law. London 1968. S. 80–104.

DESAI, MURLI: Empowering the family for girl child development. In: *Girl Child in India*. S. 38–43.

DESAI, N.: Born to die. In: The Indian Post. October 7th, 1988.

DE SILVA, LILY: Place of Women in Buddhism. In: Dialogue, New Series. Vol. XIX–XX. 1992–1993. S. 24–35.

DEUSSEN, PAUL: Sechzig Upanishad's des Veda aus dem Sanskrit übersetzt und mit Einleitungen und Anmerkungen versehen. Leipzig 1897.

DEVAHUTI, D.: Harsha. A Political Study. Oxford 1970.

D'MONTE, DARRYL: World Without Women. In: The Girl Child and the Family. A Collection of Articles and Clippings. SNDT, Research Centre of Women's Studies. Bombay 1990.

DOSSI, BEATRICE: Samen, Seele, Blut. Die Zeugungstheorien des alten Indiens. München 1998. (Diss. München.)

DRÜKE, MILDA: Katmandu: Ein Fest für Shiva. In: marie claire. April 2000. S. 44–52.

DUBOIS, ABBÉ J. A.: Hindu Manners, Customs and Ceremonies. Translated from the Author's Later French MS. and Edited with Notes, Corrections, and Biography by Henry K. Beauchamp. Third Edition. Oxford 1959 [1906].

DÜRING, INGEMAR: Aristoteles. Darstellung und Interpretation seines Denkens. Heidelberg 1966.

EBERHARDT, WOLFRAM: The Local Cultures of South and East China. Leiden 1968.

FANON, FRANTZ: A Dying Colonialism. New York 1965.

FEINSTEIN, ALISA et al.: Social Issues and Problems Facing the Children of India. Homepage: Children and Society at Tulane University of New Orleans. http://www.meadeu.gov.in/social/child/icdes.htm10/25/97

FELDHAUS, ANNE (Ed.): Images of Women in Maharashtrian Society. Albany, NY 1998.

FILIPPI, GIAN GIUSEPPE: Mṛtyu. Concept of Death in Indian Tradition. Transformation of the Body and Funeral Rites. New Delhi 1996.

FLEET, JOHN FAITHFUL: Corpus Inscriptionum Indicarum. Vol. III: Inscriptions of the Early Gupta Kings and Their Successors. Calcutta 1888.

FORBES, GERALDINE: Women in Modern India. In: The New Cambridge History of India. IV. 2. Cambridge 1996.

FOX, RICHARD G.: East of Said. In: Michael Sprinker (Ed.): Edward Said: A Critical Reader. Oxford 1992. S. 144–156.

FULLER, C. J. (Ed.): Caste Today. Delhi [u. a.] 1998 [Oxford 1997].

GANDHI, LEELA: Postcolonial Theory. A Critical Introduction. New York 1998.

GANESH, KAMALA: Boundary Walls. Caste and Women in a Tamil Community. Delhi 1993.

GANGRADE, K. D.: Sex Discrimination – A Critique. In: Social Change 18 (3), 1988. S. 63–70.

GANGRADE, K. D.: Social development and the girl child. In: *Girl Child in India*. S. 70–83.

GELDNER, KARL FRIEDRICH: Der Rig-Veda aus dem Sanskrit ins Deutsche übersetzt und mit einem laufenden Kommentar versehen. 3 Teile. Cambridge, Massachusetts 1951.

GEORGE, S. M., ABEL, R., MILLER, B. D.: Female Infanticide in South Indian Villages. In: Economic and Political Weekly 27. Mumbai 1992. S. 1153–1156.

GEORGE, SABU M. und DAHIYA, RANBIR S.: Female Foeticide in Rural Haryana. In: Economic and Political Weekly. Mumbai 32/33. 1998. S. 2191–2198. http://www.hsph.harvard.edu/Organizations/healthnet/SAsia/forums/foeticide/articles/haryana.html S.1–13.

GHADIALLY, REHANA und KUMAR, PRAMOD: Bride Burning. The Psycho-Social Dynamics of Dowry Deaths. In: *Women in Indian Society*. S. 167–177.

GHOSH, SHANTI: Integrated health of the girl child. In: *Girl Child in India*. S. 44–54.

Girl Child in India: Social Change. Issues and Perspectives. Journal of the Council for Social Development Vol. 25, Number 2–3. New Delhi, June–September 1995.

GONDA, JAN: Vedic Literature. Saṃhitās and Brāhmaṇas. History of Indian Literature, Edited by Jan Gonda. Vol. I, Fasc. 1. Wiesbaden 1975.

GONDA, JAN: The Ritual Sūtras. History of Indian Literature, Edited by Jan Gonda. Vol. I, Fasc. 2. Wiesbaden 1977.

GONDA, JAN: Vedic Ritual. The Non-Solemn Rites. Leiden, Köln 1980.

GOOD, ANTHONY: The Female Bridegroom. A Comparative Study of Life-Crisis Rituals in South India and Sri Lanka. Oxford 1991.

GOPALDAS, TARA und GUJRAL, SUNDER: Girl child and environment. In: *Girl Child in India*. S. 226–234.

GUPTA, CHITRAREKHA: Women, Law and the State in Classical India. In: Recht, Staat und Verwaltung im klassischen Indien. The State, the Law and Administration in Classical India. Herausgegeben von Bernhard Kölver unter Mitarbeit von Elisabeth Müller-Luckner. München 1997. S. 195–209.

HARPER, EDWARD B.: Ritual Pollution as an Integrator of Caste and Religion. In: Edward B. Harper (Ed.): Religion in South Asia. Seattle 1964. S. 151–196.

HAY, STEPHEN (Ed.): Sources of Indian Tradition. Volume Two: Modern India and Pakistan. Second Edition Edited and Revised by Stephen Hay. New York 1988 [1958].

HELLER, ERDMUTE und MOSBAHI, HASSOUNA: Hinter den Schleiern des Islam. Erotik und Sexualität in der arabischen Kultur. München 1994 [1993].

HIPPELI, ROMAN und KEIL, GUNDOLF: Zehn Monde Menschwerdung. Biberach an der Riss 1982.

HOLDREGE, BARBARA: Veda and Torah. Transcending the Textuality of Scripture. Albany 1996.

ILAIAH, KANCHA: Why I Am Not a Hindu. A Sudra Critique of Hindutva Philosophy, Culture and Political Economy. Calcutta 1997 [1996].

INDEN, RONALD: Orientalist constructions of India. In: Modern Asian Studies 20,3. 1986. S. 401–446.

INDEN, RONALD: Imagining India. Oxford 1990.

India. Women & Children in Focus. Data from the National Family Health Survey, 1992–1993. International Institute for Population Sciences. Mumbai March 1996. (Faltblatt)

IYENGAR, PUSHPA: Tamil Nadu Villagers Kill Baby Girls to Keep Dowry Woes Away. The Sunday Times, New Delhi, 23. August 1992.

JAIN, DEVAKI (Ed.): Indian Women. New Delhi 1976 [1975].

JAIN, PADMANABH S.: Gender and Salvation. Jaina Debates on the Spiritual Liberation of Women. New Delhi 1992 [University of California 1991].

JEFFERY, PATRICIA: Purdah. Muslimische Frauen in Indien. Berlin 1985 [Frogs in a Well, London 1979].

JEFFERY, PATRICIA, JEFFERY, ROGER and LYONS, ANDREW: Labour Pains and Labour Power: Women and Childbearing in India. London 1989.

JHA, UMA SHANKAR, MEHTA, ARATI und MENON, LATIKA (Eds.): Status of Indian Women. Crisis and Conflict in Gender Issues. Vol. 3: Female Exploitation and Women's Emancipation. New Delhi 1998.

JHA, UMA SHANKAR und PUJARI, PREMLATA (Eds.): Indian Women Today. Tradition, Modernity and Challenge. Vol. 2: Women in the Flames. New Delhi 1996.

JOLLY, J.: Beiträge zur indischen Rechtsgeschichte. 5. Zur Geschichte der Kinderehen. In: Zeitschrift der Deutschen Morgenländischen Gesellschaft. 46. Band. 1892. S. 413–426.

JUNG, ANEES: Unveiling India. A Woman's Journey. New Delhi 1987.

KADAM, V. S.: The Dancing Girls of Maharashtra. In: Images of Women in Maharashtrian Society. In: FELDHAUS. S. 61–89.

KAKAR, SUDHIR: The Inner World. A Psycho-analytic Study of Childhood and Society in India. Second Edition, Sixth Impression. Delhi 1994 [1978].

KAKAR, SUDHIR: Culture and Psyche. Psychoanalysis & India. New York o. J.

KALIA, NARENDRA NATH: Women and Sexism: Language of Indian School Textbooks. In: *Women in Indian Society*. S. 233–245.

KANE, PANDURANG VAMAN: History of Dharmaśāstra (Ancient and Mediaeval Religious and Civil Law). Vol. II, Part I, Vol. II, Part II. Poona 1941. Vol. V, Part II. Poona 1962.

KANTOWSKY, DETLEF: Dorfentwicklung und Dorfdemokratie in Indien. Bielefeld 1970.

KANTOWSKY, DETLEF: Indien. Gesellschaft und Entwicklung. Frankfurt am Main 1986 a.

KANTOWSKY, DETLEF: Bilder und Briefe aus einem indischen Dorf. Frankfurt am Main 1986 b.

KAPADIA, K. M.: Marriage and Family in India. Calcutta 1977 [1955].

KAPUR, PROMILLA: Girl child abuse: Violation of her Human Rights. In: *Girl Child in India*. S. 3–18.

KEITH, ARTHUR BERRIEDALE: The Veda of the Black Yajus School Entitled the Taittiriya Sanhita, Translated from the Original Sanskrit Prose and Verse. 2 Parts. Cambridge, Massachusetts 1914.

KERSENBOOM-STORY, SASKIA C.: Nityasumangali: Devadasi Tradition in South India. New Delhi 1987 [Utrecht 1984].

KING, RICHARD: Orientalism and Religion. Postcolonial Theory, India and ‚The Mystic East'. London and New York 1999.

KISHWAR, MADHU: When daughters are unwanted. In: Manushi. New Delhi, January/February 1995.

KLEIN, MICHELLE: „Eine Gottesgabe sind Söhne." Schwangerschaft und Geburt im Leben einer jüdischen Frau. In: Jüdische Lebenswelten. Essays, Herausgegeben von Andreas Nachama, Julius H. Schoeps, Edward van Voolen. Berlin 1992. S. 239–256.

KLIMKEIT, HANS-JOACHIM: Der politische Hinduismus. Indische Denker zwischen religiöser Reform und politischem Erwachen. Wiesbaden 1981.

KLINGER, CORNELIA: Beredtes Schweigen oder verschwiegenes Sprechen: Genus im Diskurs der Philosophie. In: Hadumod Bußmann/Renate Hof (Hg.): Genus. Zur Geschlechterdifferenz in den Kulturwissenschaften. Stuttgart 1995. S. 34–59.

Der Koran. Übersetzung von Rudi Paret. Siebente Auflage. Stuttgart 1996 [1979].

KOSAMBI, MEERA: Child Brides and Child Mothers: The Age of Consent Controversy in Maharashtra as a Conflict of Perspectives on Women. In: FELDHAUS. S. 135–162.

KRISHNA, K. P.: Girl child and sexual victimisation. In: *Girl Child in India*. S. 124–132.

KRISHNASWAMY, S.: Female Infanticide in Contemporary India: A Case-Study of the Kallars of Tamil Nadu. In: *Women in Indian Society*. S. 186–195.

KUMARI, RANJANA: Rural female adolescence: Indian scenario. In: *Girl Child in India*. S. 177–188.

KUMARI, R., SINGH, R., DUBEY, A.: Growing Up in Rural India: Problems and Needs of Adolescent Girls. New Delhi 1990.

KURIAN, K. J.: Female Infanticide in India. In: Eubios Ethics Institute Newsletter 3 (1993), 3. http://www.biol.tsukuba.ac.jp/macer/index.html

LAMBERT, HELEN: Caste, Gender, and Locality in Rural Rajasthan. In: C. J. Fuller (Ed.): Caste Today. Delhi [u. a.] 1998 [Oxford 1997]. S. 93–123.

LANDMANN, SALCIA: Der jüdische Witz. Vollständig neu bearbeitete und wesentlich ergänzte Ausgabe. Herausgegeben und eingeleitet von Salcia Landmann. Freiburg im Breisgau 1977 [1960].

LARIVIERE, RICHARD, W.: Dharmaśāstra: Its Present Value Relevance. In: The Perennial Tree. Select Papers of the International Symposium on India Studies. New Delhi 1996. S. 177–189.

LEE, SUNG und TAKANO, KIICHI: Sex Ratio in Human Embryos Obtained from Induced Abortion: Histological Examination of the Gonad in 1.452 Cases. In: American Journal of Obstetrics and Gynecology 108 (8). 1970. S. 1294–1296.

LELE, JAYANT: Gender Consciousness in Mid-Nineteenth-Century Maharashtra. In: FELDHAUS. S. 163–191.

LESLIE, I. JULIA: The Perfect Wife. The Orthodox Hindu Woman according to the *Strīdharmapaddhati* of Tryambakayajvan. Delhi u. a. 1989.

LIENHARD, SIEGFRIED: A History of Classical Poetry. Sanskrit – Pali – Prakrit. A History of Indian Literature, Edited by Jan Gonda. Vol. III, Fasc. 1. Wiesbaden 1984.

Lok Sabha Debates 1971. Fifth Series, Vol. 7. New Delhi.

LOOMBA, ANIA: Colonialism/Postcolonialism. London and New York 2000 [1998].

LUYKEN, REINER: Im Land der toten Töchter. Korea führt Krieg gegen die Frauen […]. In: Die Zeit Nr. 51, 10.12.1998. Dossier. S. 17–21.

MACDONELL, ARTHUR ANTHONY and KEITH, ARTHUR BERRIEDALE: Vedic Index of Names and Subjects. 2 Vols. London 1912.

MALAMOUD, CHARLES: Cooking the World. Ritual & Thought in Ancient India. Delhi [u.a.] 1996.

MANDELBAUM, DAVID G.: Society in India. Volume One: Continuity and Change. Berkeley, Los Angeles, London 1970.

MANE, P.: Mental health of Indian women. Realities and needed response. In: Mental health in India. Issues and Concerns. Edited by P. Mane and K. Y. Gandevia. Bombay 1993. S. 119–143.

MANI, LATA: Contentious Traditions: The Debate on Sati in Colonial India. In: F. Sangari and S. Vaid (Eds.): Recasting Women. New Delhi 1989. S. 88–126.

MANJUSHREE [ohne weitere Namensangaben]: The Position of Women in the Yājñavalkyasmṛti. New Delhi 1997.

MANN, KATIA: Meine ungeschriebenen Memoiren. Herausgegeben von Elisabeth Plessen und Michael Mann. Frankfurt am Main 1974.

MARGLIN, FREDERIQUE APFFEL: Wives of the God-King. The Rituals of the Devadasis of Puri. Delhi 1989 [1985].

MATTHIESSEN, P. C. und MATTHIESSEN, M. E.: Sex Ratio in a Sample of Human Fetuses in Denmark, 1962–1973. In: Annals of Human Biology 4 (2), 1977. S. 183–185.

MAYO, KATHERINE: Mother India. London 1927.

MAYRHOFER, MANFRED: Etymologisches Wörterbuch des Altindoarischen. 3 Bände. Heidelberg 1986–1999.

MEHRA, JYOTI und CHATTORAJ, B. N.: Sexual abuse of the girl child. In: *Girl Child in India*. S. 133–142.

MENON, AMARNATH: Nobody's Babies. In: India Today. April 12, 1999. S. 30–31.

MENSKI, WERNER F.: Die Sozialisation des Kindes bei den Hindus. In: Historische Anthropologie. Zur Sozialgeschichte der Kindheit. Herausgegeben von Jochen Martin und August Nitschke. Freiburg, München 1986. S. 191–224.

MENSKI, WERNER: Indian Legal Systems Past and Present. Occasional Paper No. 3. School of Oriental and African Studies. London, May 1997.

MERNISSI, FATIMA: Beyond the Veil. Male-Female Dynamics in Modern Muslim Society. Revised Edition. Bloomington and Indianapolis 1987 [Cambridge Massachusetts 1975].

MEYER, JOHANN JAKOB: Das Weib im altindischen Epos. Ein Beitrag zur indischen und vergleichenden Kulturgeschichte. Leipzig 1915.

MEYER, JOHANN JAKOB: Das altindische Buch vom Welt- und Staatsleben. Das Arthaśāstra des Kauṭilya. Aus dem Sanskrit übersetzt und mit Einleitung und Anmerkungen versehen. Leipzig 1926.

MICHAELS, AXEL: Ritual und Gesellschaft in Indien. Ein Essay. Frankfurt [Main] 1986.
MICHAELS, AXEL: Der Hinduismus. Geschichte und Gegenwart. München 1998.
MILLER, BARBARA D.: The Endangered Sex. Neglect of Female Children in Rural North India. Ithaca and London 1981.
MOHANTY, CHANDRA TALPADE: Under Western Eyes: Feminist Scholarship and Colonial Discourse. In: Boundary 2, 12 (3), 13 (1). 1984. S. 333–358.
MOHANTY, CHANDRA TALPADE and MOHANTY, SATYA P.: Truth Tales: Contemporary Stories by Women Writers of India. New York 1990 [New Delhi 1986].
MOHANTY, CHANDRA TALPADE and MOHANTY, SATYA P.: The Slate of Life. More Contemporary Stories by Women Writers of India. New York 1994 [New Delhi 1990].
Darin: CHUDAMANI RAGHAVAN: Counting the Flowers. S. 79–86.
MOORE, ERIN P.: Gender, Law, and Resistance in India. Tucson 1998.
MÜLLER, MAX: The Upanishads. Translated. Part II. Oxford 1884.
MÜLLER, REINHOLD F. G.: Altindische Embryologie. In: Nova Acta Leopoldina. Abhandlungen der Deutschen Akademie der Naturforscher (Leopoldina) zu Halle/Saale. Neue Folge, Nummer 15, Band 17. Leipzig 1955.
MUKHOPADHYAY, K. K.: Girl prostitution in India. In: *Girl Child in India*. S. 143–153.
MYLIUS, KLAUS: Geschichte der altindischen Literatur. Die 3000jährige Entwicklung der religiös-philosophischen, belletristischen und wissenschaftlichen Literatur Indiens von den Veden bis zur Etablierung des Islam. Bern, München, Wien 1988 [Leipzig 1983].
NABAR, VRINDA: Caste as Woman. New Delhi 1995.
NAIR, G. GOVINDAN: Flying On Only One Wing. In: Social Welfare, Vol. 37, Nos. 11–12. February–March 1991.
NAMOUCHI, NICOLE: Käufliche Liebe. Prostitution im alten Indien. Frankfurt am Main 1995.
NANDY, ASHIS: The Intimate Enemy. Loss and Recovery of Self Under Colonialism. New Delhi 1983.
NANDY, ASHIS: Woman Versus Womanliness in India: An Essay in Social and Political Psychology. In: *Women in Indian Society*. S. 69–80.
NARASIMHAN, SAKUNTALA: Born Unfree. A selection of articles on practices and policies affecting women in India. Bangalore 1989.

NAUMANN, UWE (Hg.): „Ruhe gibt es nicht, bis zum Schluß.“ Klaus Mann (1906–1949). Bilder und Dokumente. Reinbek bei Hamburg 1999.

O'FLAHERTY, WENDY DONIGER: Tales of Sex and Violence. Folklore, Sacrifice and Danger in the *Jaiminīya Brāhmaṇa*. Delhi [u. a.] 1987 [Chicago 1985].

OLDENBURG, VEENA TALWAR: Lifestyle as Resistance: The Case of the Courtesans of Lucknow. In: Contesting Power: Resistance and Everyday Social Relations in South Asia. Edited by Douglas Haynes and Gyan Prakash. Berkeley 1991. S. 22–61.

PAKRASI, K.: On Female Infanticide in India. In: Bulletin of the Cultural Research Institute 7, 314. 1968. S. 33–48.

PAKRASI, KANTI B.: Female Infanticide in India. Calcutta 1970.

PAKRASI, K.: The Genesis of Female Infanticide. In: Humanist Review. July–September 1970. S. 255–281.

PAKRASI, K.: Infanticide, Vital Statistics and Proclaimed Castes of India. In: Bulletin of the Socio-Economic Research Institute, Calcutta 4, 1 and 2. 1970. S. 81–98.

PANDEY, DIVYA: Girl child and family in Maharashtra. In: *Girl Child in India*. S. 217–225.

PARIKH, F.: Sex Selection by IVF: Detrimental to Indian Women. In: Issues of Medical Ethics 6. 1998. S. 48–59.

PARISH, STEVEN M.: Moral Knowing in a Hindu Sacred City. An Exploration of Mind, Emotion, and Self. New York 1994.

PATEL, VIBHUTI: Sex Determination and Sex Preselection Tests: Abuse of Advanced Technology. In: *Women in Indian Society*. S. 178–185.

PESCH, OTTO HERMANN: Thomas von Aquin. Grenze und Größe mittelalterlicher Theologie. Eine Einführung. Mainz 1988.

POLLOCK, SHELDON: Deep Orientalism? Notes on Sanskrit and power beyond the Raj. In: Carol A. Breckenridge and Peter van der Veer (Eds.): Orientalism and the Postcolonial Predicament. Philadelphia 1993. S. 76–133.

POMEROY, SARAH B.: Goddesses, Whores, Wives, & Slaves. Women in Classical Antiquity. London 1994 [New York 1975].

PORTER, DENNIS: Orientalism and its Problems. In: Francis Barker, Peter Hulme, Margaret Iversen and Diana Loxley (Eds.): The Politica of Theory, Proceedings of the Essex Sociology of Literature Conference, University of Essex: Colchester 1983. S. 179–193.

PREMCAND: Subhāgī. In: Mānasarovar 1. Ilāhābād 1957. S. 261–270.

PUNALEKAR, S. P.: Culture, political economy and gender marginalisation: A case of girl child in India. In: *Girl Child in India*. S. 55–69.

PUNEKAR, S. D. and RAO, KAMALA: A Study of Prostitutes in Bombay. Bombay 1962.

PUNWANI, JYOTI: Portrayal of Women on Television. In: *Women in Indian Society*. S. 225–232.

PUREWAL, JASJIT: Sexual violence and the girl child. In: *Girl child in India*. S. 154–160.

RADHAKRISHNAN, S.: Religion und Gesellschaft. Persönliche Freiheit und Soziale Bindung. Darmstadt und Genf [o. J.].

RAJAN, JULIE: Will India's Ban on Prenatal Sex Determination Slow Abortion of Girls? In: Hinduism Today, April 1996. http://www.spiritweb.org/HinduismToday/96–04

RAVINDRA, R. P.: The Campaign Against Sex Determination Tests. In: Chhaya, Datar (Ed.): The Struggle Against Violence. Calcutta 1993. S. 45–111.

REITER, ANNA: Die Tochter ist das ärgste Elend. Wie Frauen in Indien zu Frauen gemacht werden. Frankfurt/New York 1997.

REYNOLDS, H. B.: The Auspicious Married Woman. In: S. S. Wadley (Ed.): The Powers of Tamil Women. Syracuse, New York 1980. S. 35–60.

RICHARDS, A.: Hidden Pleasures: Negotiating the Myth of the Female Ideal in Popular Hindi Cinema. London 1995. (Unveröffentlichtes Papier, vorgelegt auf einem Kongreß der School of Oriental and African Studies, London, 19.–21.6.1995.)

RIEGEL, ANDREA MERCEDES: „Das Streben nach dem Sohn." Fruchtbarkeit und Empfängnis in der traditionellen chinesischen Medizin. [Unveröffentlichte] Dissertation München 1998. (Die Autorin gestattete mir, aus ihrer Arbeit zu zitieren.)

ROBBINS, BRUCE: The East is a career: Edward Said and the logics of professionalism. In: Michael Sprinker (Ed.): Edward Said: A Critical Reader. Oxford 1992. S. 48–73.

ROCHER, LUDO: The Purāṇas. A History of Indian Literature, Edited by Jan Gonda. Vol. II, Fasc. 3. Wiesbaden 1986.

ROLAND, ALAN: Cultural Pluralism and Psychoanalysis. The Asian and North American Experience. New York 1996.

ROSS, AILEEN D.: The Hindu Family in Its Urban Setting. Toronto 1967.

ROUSSEAU, JEAN JACQUES: Emile ou de L'Education. Nouvelle édition, avec une introduction, une bibliographie, des notes, et un index analytique par Francois et Pierre Richard. Paris [o. J.].

SAID, EDWARD W.: Orientalism: Western Concepts of the Orient. London 1995 [1978].

SAID, EDWARD W.: Cultures and Imperialism. New York 1993.

SARASVATI, RAMABAI: The High Caste Hindu Woman. Reprint New Delhi 1984 [Philadelphia 1888].

SARKAR, TANIKA: Pragmatics of the Hindu Right. Politics of Women's Organisations. In: Economic & Political Weekly, 31.7.1999. S. 2161–2167.

SCHARPÉ, A.: Kālidāsa-Lexicon. Vol. I: Basic Text of the Works. Part III: Kumārasaṃbhava, Meghadūta, Ṛtusaṃhāra and Incerta. Brugge 1958.

SCHMIDT, RICHARD: Liebe und Ehe im alten und im modernen Indien (Vorder-, Hinter- und Niederländisch-Indien). Berlin 1904.

SCHMIDT, RICHARD: Beiträge zur Indischen Erotik. Das Liebesleben des Sanskritvolkes nach den Quellen dargestellt. Berlin 1922 [Halle 1901].

SCHNEIDER, SUSANNE: Eine sensationelle Nachricht. Männer haben es schwerer als Frauen. Schon in der Fruchtblase beginnt die Benachteiligung – und nicht einmal der Tod ist fair. In: Süddeutsche Zeitung. Magazin No.14, 9.4.1999. S. 32–33.

SCHOPENHAUER, ARTHUR: Sämtliche Werke. 7. und 8. Band: Parerga und Paralipomena. Kleine philosophische Schriften. Berlin 1851.

SCHRADER, O.: Reallexikon der Indogermanischen Altertumskunde. Grundzüge einer Kultur- und Völkergeschichte Alteuropas. Strassburg 1901.

SEAGER, JONI: Der Fischer Frauen-Atlas. Daten, Fakten, Informationen. Frankfurt am Main 1998.

SETH, PADMA: Girl child and social change. In: *Girl Child in India*. S. 107–115.

SETHI, RENUKA R. und ALLEN, MARY J.: Sex Role Stereotypes in Northern India and the United States. In: *Women in Indian Society*. S. 99–108.

SHARMA, ADARSH: Socio-cultural practices threatening the girl child. In: *Girl Child in India*, S. 94–106.

SHARMA, NEERJA: Identity of the Adolescent Girl. New Delhi 1996.

SHULMAN, DAVID DEAN: Tamil Temple Myths. Sacrifice and Divine Marriage in the South Indian Śaiva Tradition. Princeton 1980.

SHWEDER, RICHARD A.: Thinking Through Cultures. Expeditions in Cultural Psychology. Cambridge, Massachusetts and London 1991.

SINGH, N. K.: Highway Hurdles. Prostitution still stalks a tribal community due to tardy rehabilitation efforts. In: India Today, November 1, 1999.

SMITH, DAVID: The Dance of Śiva. Religion, art and poetry in South India. New Delhi 1998 [Cambridge 1996].

SONTHEIMER, GÜNTHER-DIETZ: The Joint Hindu Family. Its Evolution as a Legal Institution. New Delhi 1977.

SPIVAK, GAYATRI CHAKRAVORTY: Three women's texts and a critique of imperialism. In: Critical Inquiry. Vol. 12. 1985. S. 242–261.

SPIVAK, GAYATRI CHAKRAVORTY: French feminism in an international frame. In: Other Worlds: Essays in Cultural Politics. New York 1987. S. 134–153.

SPIVAK, GAYATRI CHAKRAVORTY: Can the Subaltern Speak? [1985] In: Cary Nelson & Lawrence Grossberg (Eds.): Marxist Interpretations of Culture. London 1988. S. 271–313.

SPIVAK, GAYATRI CHAKRAVORTY: Poststructuralism, Marginality, Postcoloniality and Value. In: P. Mongia (Ed.): Contemporary Postcolonial Theory. London 1996. S. 198–222.

SPRATT, P.: Hindu Culture and Personality. A Psycho-Analytic Study. Bombay 1966.

SRINIVAS, M.N.: Caste in Modern India and Other Essays. Bombay 1962.

STARCK, DIETRICH: Embryologie. Ein Lehrbuch auf allgemein biologischer Grundlage. 3., neubearbeitete und erweiterte Auflage. Stuttgart 1975.

STEMBERGER, GÜNTER: Der Talmud. Einführung, Texte, Erläuterung. München 1982.

STENZLER, A. F.: Elementarbuch der Sanskrit-Sprache. Grammatik. Texte. Wörterbuch. Fortgeführt von Richard Pischel und umgearbeitet von Karl F. Geldner. 16. Auflage. Berlin 1970 [1868].

STERNBACH, LUDWIK: Subhāṣita, Gnomic and Didactic Literature. A History of Indian Literature, Edited by Jan Gonda, Part of Vol. IV. Wiesbaden 1974.

STOPPARD, MIRIAM: Empfängnis, Schwangerschaft und Geburt. Berlin 1998 [Conception, Pregnancy and Birth, New York 1993].

SUNIL, K. P.: Born to die. In: The Illustrated Weekly of India. March 4th, 1990.

SUTHERLAND, SALLY J.: Sītā and Draupadī: Aggressive Behavior and Female Role-Models in the Sanskrit Epics. In: Journal of the American Oriental Society. Vol. 109, Number 1. January–March 1989. S. 63–79.

SVEDJA-HIRSCH, LENKA: Die indischen *devadasis* im Wandel der Zeit. „Ehefrauen“ der Götter, Tempeltänzerinnen und Prostituierte. Bern u. a. 1991.

SYED, RENATE: Die Flora Altindiens in Literatur und Kunst. Diss. München 1992 [1990].

SYED, RENATE: Draupadī in der sabhā. rajasvalā, ekavastrā, prakīrṇakeśī. In: Beiträge des Südasien-Instituts der Humboldt-Universität zu Berlin. Heft 4/1993. S. 113–142.

SYED, RENATE: Materie, Göttin, Frau. Zur Vorstellung des Weiblichen im indischen Denken, dargestellt anhand ausgewählter śivaitischer Purāṇas. In: Die Rolle des Weiblichen in der indischen und buddhistischen Kulturgeschichte. Hrsg.: Manfred Hutter. Graz 1998. S. 185–220.

SYED, RENATE: Objekt des Begehrens – Objekt des Abscheus. Zum Bild des weiblichen Körpers in ausgewählten altindischen Texten. In: Asiatische Studien/Etudes Asiatiques. LII, 1. Bern u. a. 1998. S. 193–259.

SYED, RENATE: Die Tragik der Tradition. Mitgift und Mitgiftverbrechen im heutigen Indien. In: Beiträge des Südasien-Instituts der Humboldt-Universität zu Berlin. Heft 10/1998. S. 73–106.

THAROOR, SHASHI: India. From Midnight to the Millennium. New Delhi 1997.

THARU, SUSIE and LALITA, K.: Women Writing in India. Vol. I: 600 B. C. to the Present. Delhi [u.a.] 1991. Vol. II: The Twentieth Century. London 1993.

THIEME, PAUL: „Jungfrauengatte“, Sanskrit *kaumārah patiḥ* [...]. In: Paul Thieme. Kleine Schriften. Teil 2. Wiesbaden 1971. S. 426–513 [KZ 68, 1963. S. 161–248].

TOD, JAMES: Annals and Antiquities of Rajasthan or the Central and Western Rajput States of India. Edited with an Introduction and Notes by William Crooke. In Three Volumes. London [u. a.] 1920 [1829–1832].

UNISA, SAYEED: Demographic profile of the girl child in India. In: *Girl Child in India*. S. 30–37.

VENKATRAMANI, S. H.: Born to Die: Female Infanticide. In: India Today. 15. Juni 1986. S. 26–33.

VENZKY, GABRIELE: Nichts ist schlimmer als ein Mädchen. In: Die Zeit Nr.4. 19. Januar 1996. S. 67.

VERMA, NIRMAL: India and Europe – Some Reflections on Self and Other. In: Between Tradition and Modernity. India's Search for Identity. A Twentieth Century Anthology. Editors: Fred Dallmayr and G. N. Dew. New Delhi [u.a.] 1998. S. 326–352.

VIRANI, PINKI: bitter chocolate. Child Sexual Abuse in India. New Delhi 2000.

VIVEKANANDA, SWAMI: The Complete Works of Swami Vivekananda. Mayavati Memorial Edition. Vol. III. Tenth Edition. Calcutta 1970 [1847].

WADLEY, SUSAN S.: Struggling with Destiny in Karimpur, 1925–1984. Berkeley 1994.

WAGLE, N. K.: Women in the Kotwāl's Papers, Pune, 1767–1791. In: FELDHAUS 1998. S. 15–60.

WALDSCHMIDT, ERNST: Die Legende vom Leben des Buddha. In Auszügen aus den heiligen Texten, aus dem Sanskrit, Pali und Chinesischen übersetzt und eingeführt. Berlin 1929.

WALTHER, WIEBKE: Die Frau im Islam. Leipzig 1997 [1980].

WARRIER, SHOBHA: „Again a girl! Are you not ashamed of yourself?" The Rediff Special.
http://www.rediff.com/news/1999/mar/08woman-.htm
Und: „Female infanticide contributes to about 8 per cent of infant deaths." ebd.

WEBER, ALBRECHT: 2. bhrūṇa, *phrynos*. In: Indische Studien. Beiträge für die Kunde des indischen Altertums. Neunter Band. Leipzig 1865. S. 481–482.

WEZLER, ALBRECHT: „Dowry Death" – Bemerkungen zu einer neuen Form von Gewalt in Indien. In: Aufgeklärte Kriminalpolitik oder Kampf gegen das Böse? Band II: Neue Phänomene der Gewalt. Herausgeber: Klaus Lüderssen. Baden-Baden 1998. S. 284–308.

WHITNEY, WILLIAM DWIGHT: Atharva-Veda Saṃhitā. Translated with a Critical and Exegetical Commentary. Revised and Brought Nearer to Completion and Edition by Charles Rockwell Lanman. First Half: Introduction. Books I to VII; Second Half: Books VIII to XIX. Indexes. Cambridge, Massachusetts 1905.

WINTERNITZ, M.: Das altindische Hochzeitsrituell nach dem Āpastambīya-Gṛhyasūtra und einigen anderen verwandten Werken. Mit Vergleichung der Hochzeitsgebräuche bei den übrigen indogermanischen Völkern. Wien 1892.

WINTERNITZ, M.: Die Frau in den indischen Religionen. I. Teil: Die Frau im Brahmanismus. Leipzig 1920.

WINTERNITZ, M.: Geschichte der indischen Litteratur. 3 Bände, Leipzig. Erster Band 1907, Zweiter Band 1920, Dritter Band 1922.

Women in Indian Society. A Reader. Edited by Rehana Ghadially. New Delhi 1996 [1988].

YOUNGER, PAUL: The Home of Dancing Śivan. The Traditions of the Hindu Temple in Citamparam. New York, Oxford 1995.

ZBOROWSKI, MARK und HERZOG, ELIZABETH: Das Schtetl. Die untergegangene Welt der osteuropäischen Juden. München 1991 [New York 1952].

ZEHNDER, THOMAS: Atharvaveda-Paippalāda, Buch 2: Text, Übersetzung, Kommentar. Eine Sammlung altindischer Zaubersprüche vom Beginn des 1. Jahrtausends v. Chr. Idstein 1999.

ZIMMER, HEINRICH: Altindisches Leben. Die Cultur der vedischen Arier nach den Saṃhitā dargestellt. Berlin 1879.